浙江警察学院资助出版

债之相对性视角下的债权性占有研究

叶　涛◎著

ZHEJIANG UNIVERSITY PRESS
浙江大学出版社

前　言

　　债权性占有是指相对人之间基于债之关系占有他人动产或不动产的事实状态。它是一种以债权为权源的占有状态。在物权债权二元权利体系中，债权性占有是相对于物权性占有而言的，两者共同发挥着分离物的使用与归属功能，构成了财产所有与利用的二元模式。债权性占有的本权是债权，债权的本质为相对性，债权性占有是一种债之关系的体现。债权人之所以享有对物的占有、使用或收益的权利，是债权的受领结果。

　　不同于普通债权的是，债权性占有中"占有和债权的结合"使其呈现出了对物"支配"的外观。因而，债权性占有中债之相对性属性在司法实践和理论研究中受到诸多质疑。例如，有研究认为债权不能对抗物权，但债权性占有却可以对抗原物返还请求权；有研究认为债权具有平等性，但债权性占有却在多重债权中具有优先受领给付的效力；有研究认为债权只能向相对人主张权利，但债权性占有却享有对第三人的侵权保护和诉讼保护。本书将上述观点归纳为债权性占有的对抗性、优先性和侵权保护中的绝对性。这些观点均认为债权性占有突破了债之相对性，并将其作为"债权物权化"研究的重要内容。

　　因此，需要明确债之相对性及其突破的基本理论问题。债之相对性的本质在于债务人的特定性。债之相对性是债权的根本属性，也是债之相容性、平等性、非公示性等特征的基础。而债之相对性突破是指债之效力对第三人产生了作用。债之相对性是形式理性的结果，债之相对性突破是实质理性的结果。在民法上，债之相对性及其突破体现了民法个人本位和社会本位的关系。在民法制度的建构中，个人本位关注的是民事权利体系内部的逻辑与结构，而社会本位关注的是社会政策和价值对民法的影响。

债权性占有的对抗性，是指债权阻却某些物权人对占有物的返还请求权，包括债权性占有可拒绝债务人对动产或不动产的返还请求，以及债务人将动产转让给第三人时可阻却第三人之原物返还请求。债权性占有的对抗性并非物权效力或"物权化"效力，而是相对人之间债之效力的体现。现有民法理论足以说明"债权性占有的对抗性"，不宜轻易否定或突破物权债权二元权利体系。当债务人依照《物权法》的规定行使物权支配及请求权时，债权人可基于对物权人的债权对抗其物权请求权。这一点可通过债之保持力和请求权竞合理论中的"请求权相互影响说"来加以分析和说明。而承租人基于"买卖不破租赁"的规则"对抗"租赁物之买受人的依据是，"居者有其屋"的立法政策所确立的债权债务法定概括移转规则。

债权性占有的优先性，是指在多重债权中占有标的物的债权具有优先受领给付的效力。债权的优先性和对抗性是两个不同的命题。债权性占有的对抗性是指债权人对抗原物返还请求权的问题。而债权性占有的优先性解决的是债权之间效力先后的问题。债权性占有的优先性问题依旧是债法内的效力问题，不涉及支配性或者排他性效力。在债之给付为占有时，如租赁合同，先行占有之承租人已经受领给付，基于债之保持力保有债之给付以优先于其他债权。在债之给付为登记时，如不动产买卖合同，从债权平等的理论和债权履行的实际效果来看，占有都不应当成为债权优先受偿的理由。

债权性占有在侵权保护中的绝对性问题，是指第三人侵害占有物时债权人能否对第三人直接行使侵权保护和诉讼保护。当第三人侵害占有物时，应当区分占有事实保护和债权本权保护。在占有事实保护上，债权性占有人享有的是暂时性的保护，包括占有物返还请求权、占有妨害排除请求权、占有妨害防止请求权和占有损害赔偿请求权。在债权本权保护上，债权性占有人享有的终局性保护基于债之相对性，其债权利益损失只能向所有权人主张。此外，所有权人享有针对侵害人的物上请求权，占有事实保护不能对抗本权意义上的所有权保护和债权保护。

综上所述，本书的核心观点是强调在物权债权二元权利体系中，债权性占有基于债之关系而产生，故应当在债之相对性视角下分析其效力问题。因此，我们需要检讨债权性占有对抗性、优先性、侵权保护中的绝对性等诸多被论及为"债权物权化"的现象。对于债权性占有的相关效力问题，均可以在债之相对关系中予以解释。在不一定要承认债权性占有"物权化"的基础上，可通过债之相对性及由此产生的债之相容性、平等性、受领力、保持力、债权公示制度等予以解释与定义。

目　录

导　论

一、问题的提出及研究意义

　　占有是一种人对物进行支配的事实状态,其对民法之财产权体系构建的影响深刻而广泛。自罗马法开端,占有和所有就保持着密切的亲缘关系。占有最初被认为是对物据为己有的控制,对物占有即为所有,占有成为一个附属于所有权的问题。大陆法系的物权法体系,一直维持了权利和事实的两个维度:前者以权利为基础,包括了所有权和他物权制度;后者以事实为基础,即占有制度。因而,占有被认为是一个物权法上的概念,占有理论在物权的权利取得、权利推定、权利公示等方面都具有重要意义。

　　另一方面,随着社会经济的发展变迁,占有的概念也在不断变化。占有逐渐摆脱"据为己有"观念的控制,占有不再依附于所有权,而成为客观上对物进行控制的事实状态。"所有权不再是现实的权利,而是与现实之支配分离,对物为观念之支配。"①由此,占有除了是所有权的构成内容之外,还具有了自身的独立价值。除了物权之外,占有作为一种事实状态,与债权也产生了密切联系。相对于物权法定主义对占有形式的局限与固定,债权法上的占有概念和内容获得了极大的丰富。在经济生活中,债权可以成为占有的重要权源,甚至成为占有的主要权利依附。有学者甚至提出,随着所有权和他物权的观念化,多数情况下占有体现为基于债权关系对他人物之利用,占有诉权存在的主要

---

　　①　谢在全:《民法物权论》(上册),中国政法大学出版社1999年版,第10页。

意义也在于对债权利用权人的保护。① 可见,在物权债权二元权利体系下,占有除了和物权密不可分外,其和债权的结合同样是一个重要问题。

从我国现有理论研究来看,关于物权和占有关系的研究文献和成果十分丰富,对于债权和占有的关系问题却探讨甚少。② 在立法层面上,《物权法》对占有制度的规定过于简略,对占有与权利关系的规定存在诸多缺失,以至于理论和实践中对债权性占有的效力争议颇多。③ 因此,本人认为债权性占有在民法理论和司法实践中均存在必要和可行的研究价值。

债权性占有系基于债之关系对他人之物的占有,从债权性占有产生的时间结构上分析,以给付受领标的物为时间点可以分为前后两个阶段:前一阶段纯粹为受领给付阶段,债务人交付标的物,债权人受领占有标的物,双方基于法定或者合同约定承担给付和受领的权利及义务;后一阶段是债权人占有标的物阶段,债务人承担对债权人占有标的物的消极容忍义务,债权人可以占有标的物。债权性占有形成于后一阶段,此时债权人持续性地享有物的占有和对债务人的给付受领。占有事实和债权本权分别为债权人提供了从事实到权利的双重保护。在占有保护上,占有事实可产生返还原物、排除妨害、消除危险等占有保护请求权,在发生损害时产生占有损害赔偿请求权。在权利保护上,债权人享有对相对人的债权请求权,由此具备了对他人之物行使占有、使用或收益权利的正当性基础。当占有人与所有权人或第三人发生物的归属或请求纠纷时,占有保护请求权具有绝对性,而债权保护却具有相对性。因而,占有和债权的结合对权利效力会产生什么影响,成为债权性占有诸多效力问题产生的根源。

与物权性占有不同的是,物权性占有系基于物权本权对自己之物(所有权)或他人之物(他物权)的占有。物权性占有也受到占有事实和物权本权的双重保护。占有事实为物权人提供返还原物、排除妨害和消除危险的占有保护请求权,物权本权为物权人提供了物上请求权的权利保护。占有保护请求权和物权请求权具有同一性,两者均具有向第三人主张的绝对性。权利人无

---

① 该观点以日本学者川岛武宜为代表。参见刘得宽:《民法诸问题与新展望》,中国政法大学出版社 2002 年版,第 364 页;刘智慧:《占有制度原理》,中国人民大学出版社 2007 年版,第 112 页。

② 在中国知网以"占有"和"物权"为主题词进行检索,论文达四千余篇,而以"基于债权的占有(占有权、支配权)"、"债权性占有"、"占有型债权"等作为研究对象的论文只有寥寥数篇。

③ 石佳友:《〈物权法〉占有制度的理解与适用》,《政治与法律》2008 年第 10 期。

论以物权人还是以占有人的身份,均可直接向第三人主张占有保护请求权或者物权请求权。因此,物权性占有是物之支配性、绝对性的体现,是物权效力的结果,在占有事实保护和物权权利保护上并无多大分歧。

虽然权利结构完全不同,但债权性占有和物权性占有在权利外观上都具有对他人之物的"支配"现象。两者均是对他人之物的占有、使用和收益权益。由此,债权和占有的结合能否使债权具有类似于物权性占有的部分效力,就成了理论和实务争论的焦点,也成了"债权物权化"或者"中间型权利"相关理论的重要讨论内容。

司法实践和理论学说在论证债权性占有的权利形态及效力原因时出现了诸多不同的观点。

其一,债权性占有可以对抗物权。债权人具有对抗物权人或者第三人的原物返还请求权的效力。这表现在"买卖不破租赁"规则赋予了承租人对抗租赁物受让人的原物返还请求权的权利,还表现在债权性占有人可以依据占有对抗作为债务人的动产所有人的原物返还请求权,或者可以对抗动产所有权之受让人的原物返还请求权。依据《德国民法典》第 986 条第 2 款的规定,因让与返还请求权而发生所有权变动之占有人,可以其对受让的请求权享有的抗辩对抗新的所有权人。例如,某甲将动产借给某乙,并将借用物移转给某乙占有,嗣后某甲将该借用物之所有权移转给某丙,当某丙请求某乙返还该借用物时,某乙可基于对某甲的抗辩事由对抗某丙的原物返还请求权。

其二,债权性占有在多重债权中可以享有优先受偿给付的效力。最高人民法院在诸多司法解释中均规定了涉及多重之债时"债权顺位保护"的审判原则,而且数次明确了在多重买卖、租赁等中先行占有的买受人或承租人具有优先受偿效力。此外,相类似的规定还有《合同法》明确规定了承租人在租赁物转让过程中也具有优先购买权。

其三,债权性占有具有针对第三人的侵权保护和诉讼保护的效力。即在发生第三人侵害占有时,对物占有的债权人具有对第三人的绝对请求权。

上述观点伴随着"债权物权化"的理论学说在学界不断被提及,并冲击着传统民法理论语境中由债之相对性所构建的债权效力体系。

面对上述债权性占有的效力问题,学界分别从不同的角度进行了论证与界定。有的学者将债权效力进行扩大,将其称为债权效力的物权化;有的学者认为应当将债权性占有区分为债权和占有两层关系,债权是相对权,而占有是一种绝对权,在占有基础之上的使用或收益的权利在本质上是一种用益物权;有的学者认为这是具有物权性对抗效力的"相对化的物权"(支配权、占有权);

有的学者认为是"物权化的债权";还有的学者认为是介于物权和债权的"中间型权利"等。这些观点都从不同角度提出债权性占有发生了效力"异化"现象,认为债权性占有不再是纯粹的债权。① 学界的诸多学说论证均与传统民法所构建的物权债权二元权利体系及突破问题相关联。在各种学说观点中,民法财产权利体系中原本清晰的物权债权区分被划分为多谱的权利现象。而如何透过这些权利现象去观察和解释债权性占有的权利本质,就成了一个关键的问题。

对债权性占有的性质和效力的理解必然要在现有理论体系中展开。延续传统民法学的体系和逻辑,物权债权二元权利体系作为民事财产权利的理论基础是极具束缚力的,理念型物权即为对特定物的支配权,理念型债权即为对特定人的请求权。占有是一种事实,物权和债权都可以作为本权与占有发生联系,从而产生物权性占有或者债权性占有。所不同的是,物权性占有体现的是物权的属性与效力,即根据"物权法定主义",其权利内容依据的是法律规定,体现的是法律意志。物权性占有人可以在法律规定的范围内按照自己的意志使用占有物,对物享有独立的权利。债权性占有的产生则来源于合同的约定,体现的是所有权人对债权人在所有权人的意志范围内对物的占有、使用和收益。债权人之所以能够使用物是因为所有权人通过合同的默许,使债权人可以依据合同来使用占有物。因而,虽然债权性占有表面上是对物的"支配",但其实是债权人请求受领对方为自己持续性地占有物的给付结果,其本质是相对人之间请求给付的结果,而非权利人对物的支配结果。债权性占有的权利依旧属于债权范畴,占有、使用和收益是债之关系的内容。因而,债之相对性是债权性占有的本质特征,是解释债权性占有各种效力的理论基础,也是债权性占有与物权性占有相区分的根本原因。

此外,债权性占有的相关争议问题还与我国《物权法》对占有的规定过于简略有关。债权性占有被认为出现物权化效力的根源就在于"占有"上,然而《物权法》对占有的规定仅有五条条文,其中关于占有和本权的内容只在第241条作了规定:"基于合同关系等产生的占有,有关不动产或者动产的使用、收益、违约责任等,按照合同约定;合同没有约定或者约定不明确的,依照有关法律规定。"从表述上看,《物权法》第241条只是明确了债权性占有的本权为债权,并未就理论中争论最多的效力问题予以说明,特别是为占有之绝对性和债权之相对性的衔接问题留下了解释空间。《物权法》对占有内容的规定不够

---

①　相关代表性观点及理论学说参见本章第二部分"研究现状"。

完整,使得学界在分析债权性相关效力问题时难以形成方向一致的解释路径。

在民法理论上,占有作为一种事实,对权利具有重要意义,在权利构成、权利保护、权利推定以及权利公示等方面具有多种含义。对于债权而言,占有到底会对债权效力产生何种影响,债权性占有围绕占有而产生相关权利的性质和内容应当如何界定,债权性占有是否意味着债之相对性的突破,这些问题均需要从本质上予以规范并展开有效研究。

从实务上看,这些问题的研究是对相关司法热点问题的探讨与回应。债权性占有的形式是分离所有权功能、发挥物之价值的重要手段。随着我国市场经济的发展,实践中涉及债权性占有的相关法律问题也日渐突出。作为债务人的所有权人“多重转让”、“一物二租”、“先租后卖”,占有标的物后的债权人出卖标的物、随意转租他人、以占有物作为融资担保标的等现象时有发生。在上述情形中,均发生了在债权债务关系中对他人之物占有的事实,以此为基础产生了涉及所有权人、债权性占有人和第三人的法律关系。此时,如何准确分析三者之间的法律关系,明晰相互之间权利效力的作用结果等,就显得至关重要。因而,本书希望通过对司法实践中买卖、租赁、寄存、运输等行业一些相关典型纠纷类型的分析,提出我国债权性占有纠纷案件准确规范的解决方式和裁判路径。

综上所述,对“债权性占有”相关问题的研究,期望从物权债权二元权利体系出发,结合相关立法例和制度史的研究,对物权、债权、占有等相关基础理论进行论证,克服我国《物权法》对占有制度规定的残缺状态。本书将从债之相对性和占有保护理论两个角度入手,更加深入地探讨债权性占有的物权性或绝对性问题。同时,从债权人(占有人)、债务人(所有权人)、第三人的相互关系角度,来探析债权性占有的性质和效力特征。

二、研究现状

债权性占有是基于债权对他人之物的占有。债权性占有并不体现为一时性受领给付的债权债务关系,而是一种持续性的债权债务关系。梅迪库斯将债权性占有归入“长期性的债之关系”中,“长期债务关系中那些尚未起算履行时段的债权,即可认为是未来的债权,即附延缓期限的债权”。[①] 拉伦茨将基于债权的占有界定为“在买卖合同和所有权之间存在着的一种长期债权债务

---

① 〔德〕迪特尔·梅迪库斯:《德国民法总论》,邵建东译,法律出版社 2000 年版,第 21页;孙宪忠:《德国当代物权法》,法律出版社 1997 年版,第 24 页。

关系",“这些关系是比较特别的,这些关系的参与者不是一次性地履行义务,而是在特定的时间范围持续和重复履行他人的义务"。① 我妻荣将其称为"债权内容继续发展,在未来产生更多的具体的债的关系的持续性的契约"。② 金可可从时间结构上对债权性占有的法律关系进行分析,认为在标的物交付前后,权利人所具有的权利不同:“第一阶段是标的物使用移转之前,属于纯粹的债权阶段;而第二阶段则是标的物使用移转之后,产生了基于债务关系的支配权。"债权性占有是第二阶段的法律关系,在结构上具有双重性的特殊之处,是一种"长期债务关系",另一种是在债权人与第三人之间产生的占有、支配关系。③

关于债权性占有的性质与效力,由于债权性占有中存在债权人对物长期性的占有、支配关系,虽然这种占有支配状态来自债权债务关系,但这种占有支配效力被认为无法被债权或者债权请求权所涵盖。由此,债权性占有的效力问题被认为是"债权物权化"或"中间型财产权利"④研究中的重要内容。学界要么针对债权性占有的全部,要么从某些方面(如租赁权、所有权保留买卖、不动产买卖中的先行占有)来论述和界定债权性占有的性质与效力,所提出和涉及的理论观点也有很多。

德国民法学界的部分学者认为债权性占有是一种"相对的支配权"。通过对权利的产生和内容分析,支配权可以分为绝对的支配权和相对的支配权。物权属于绝对的支配权,债权性占有属于相对的支配权。卡尔·拉伦茨提出:“使用承租人、用益承租人、借用人根据债务关系而享有的占有和使用的权利也应算是对物的支配权。"⑤当然,这种支配权不同于物权,是一种"相对的支配权",因为"它们只能针对某个通过债务合同而与之相联系的个别的人,而不是像真正的物权那样是针对所有的其他人的,所以不是《德国民法典》意义上

---

① 〔德〕卡尔·拉伦茨:《德国民法通论》(上册),王晓晔等译,法律出版社 2003 年版,第259 页。

② 〔日〕我妻荣:《我妻荣民法讲义·新订债权总论》,王燚译,中国法制出版社 2008 年版,第 22 页。

③ 金可可:《基于债务关系之支配权》,《法学研究》2009 年第 2 期。

④ 有学者提出不能停留在物权债权化和债权物权化的含混概括中,而应在财产法的二元架构之外构建中间型权利以作为现有民事权利体系。参见冉昊:《论"中间型权利"与财产法二元架构》,《中国法学》2005 年第 6 期。

⑤ 〔德〕卡尔·拉伦茨:《德国民法通论》(上册),王晓晔等译,法律出版社 2003 年版,第284 页。

的物权"。① 有德国学者认为,占有使债权性权利得以强化,产生了"债权权利物权化"的效力,通过占有转移而增强的债权性的占有权,在许多方面享受了准物权之保护。② 这种物权化效力表现为,债权性占有只能对特定的相对人产生对抗效力,包括了对抗所有权人的返还请求权以及对抗物之买受人或继承人的返还请求权。在关于"相对的支配权"的基础上,赖泽尔认为,所有权包括了占有之权利,在所有权人将物交给占有人时,不仅确立了债的关系,还就占有内容确立了物的关系,从而改变了所有权人的法律地位。迪德里希(Diederichse)认为,基于债权关系不能产生物权效果,在物上有一个含有占有权能的支配权,与占有权能的请求权相对,占有之权利是与债权合同相对立的独立的主观权利,不是债权排除了所有物返还请求权,而是对该物支配权排除了所有物返还请求权。③

我国民法学界在对租赁权的论述中也提出了债权物权化的观念,租赁权的物权化观点为目前理论通说,作为以占有为内容的租赁权在债权属性的基础上产生了物权化的效力。④ 王泽鉴认为"租赁权之物权化"赋予了债之关系对抗第三人的效力,"相对性之债权具有若干程度之物权绝对性,以对抗第三人"。⑤ "此种物权化之债权,其本身仍为债权,惟具有若干物权之效力。"⑥苏永钦亦将债权区分为"物权化的债权"和"一般债权"两种类型,其中债权性占有虽然是债之关系的体现,但却属于物权化的债权。⑦

金可可从债权物权区分说的角度,提出支配权、请求权、绝对权、相对权这四种要素之间的四种组合方式,包括绝对的支配权、相对的请求权、绝对的支配权和相对的请求权。⑧ 其中,基于债务关系之支配权属于相对的支配权范畴。在效力性质上,基于债务关系之支配权在法律关系上存在着债权与支配

---

① ［德］卡尔·拉伦茨:《德国民法通论》(上册),王晓晔等译,法律出版社 2003 年版,第285 页。

② ［德］鲍尔、施蒂尔纳:《德国物权法》(上册),张双根译,法律出版社 2004 年版,第108页。

③ 转引自王洪亮:《原物返还请求权构成解释论》,《华东政法大学学报》2011 年第 4 期。

④ 史尚宽:《物权法论》,中国政法大学出版社 2000 年版,第 11 页。

⑤ 王泽鉴:《基于债之关系占有权的相对性及物权化》,载《民法学说与判例研究》(第七册),中国政法大学出版社 2005 年版,第 47—67 页。

⑥ 王泽鉴:《买卖不破租赁:第 425 条规定之适用、准用及类推适用》,载《民法学说与判例研究》(第六册),中国政法大学出版社 2005 年版,第 216 页。

⑦ 苏永钦:《私法自治中的经济理性》,中国人民大学出版社 2004 年版,第 71 页。

⑧ 金可可:《债权物权区分说的构成要素》,《法学研究》2005 年第 1 期。

权的双重结构,使其既具有物权之部分特征,又受到债务关系之制约。具体而言,基于债务关系之支配权,在针对任意第三人的诉讼保护、破除债之处分保护或继受保护、抵御破产及强制执行三方面呈现出绝对性效力。在针对任意第三人的诉讼保护上,债权人享有占有事实和占有权两个不同层面的保护请求权。在处分保护和继受保护上,基于债之关系之动产占有权可以以现实占有为前提,对抗新所有权人之返还请求权。非自愿丧失占有的,可以前占有人身份,要求物权取得人返还标的物;基于债务关系之不动产支配权中,仅不动产承租人基于"买卖不破租赁"享有强化的处分保护和继受保护。此外,不动产承租具有抵御破产和强制执行中的效力。基于债务关系的支配权属于债权物权化的现象,但是与物权又存在明显的区别,在绝对保护的前提、保护范围与强度、受债务关系的制约方面均不同于物权。①

彭诚信从占有权角度对债权性占有的性质和效力予以界定。根据占有背后的法律依据,可以把占有的基本形态区分为"绝对的有权占有"、"相对权的有权"和"无权占有"。债权性占有属于"绝对的占有权",可以对抗包括原权利人在内的所有人。② 在探讨房屋多重买卖问题上,可以通过"绝对的占有权"理论进行解释。从性质上看,"绝对的占有权"既不是所有权,也不是其所依附的本权,而是一种介于所有权与其所依附的本权之间的中间权利。在对绝对的占有权的性质认定上,"尽管有权占有来源于形式多样的权利基础(本权),但正是借助于占有表征,源于本权的占有权却发生了质变,质变为接近于所有权的对世效力(绝对性)。说它接近于所有权,意味着它还不是所有权,而是在所有权与其所依附的本权之间的一种中间权利"。③ 在解释房屋多重转让中的权利保护上,已经先行占有不动产的买受人基于其占有权基础完全可以对抗原权利人的返还请求或者其他形式的侵害或妨害,对于第三人的相同请求,占有人更是有权进行对抗。④

还有学者通过占有权理论来解释租赁权的效力,"作为承租人的占有权人和作为出租人的所有权人之间是平等主体之间的相互承诺和约束,是所有权、

---

① 金可可:《基于债务关系之支配权》,《法学研究》2009 年第 2 期。

② 彭诚信:《占有的重新定性及其实践应用》,《法律科学(西北政法大学学报)》2009 年第 2 期。

③ 彭诚信:《占有的重新定性及其实践应用》,《法律科学(西北政法大学学报)》2009 年第 2 期。

④ 彭诚信、岳耀东:《房屋多重转让中权利保护顺位的确立——以"占有优先保护说"为核心》,《山东社会科学》2012 年第 5 期。

占有权同设于一物而构成的法律关系"。① 通过完整的占有权理论的构建,完成了对债权性占有相关效力体系的证成,在解释其绝对效力上具有了一定的逻辑性和合理性。

此外,诸多学者在具体论述某种类型的债权性占有时,分别从不同的角度提出了债权性占有超出债之相对性的关系范畴,从而出现权利效力"异化"的现象。

在论述债权性占有中租赁权的性质和效力论述时,有观点认为,具有使用收益性质的债权性占有其实就属于物权范畴,是一种用益物权。对于债权性占有,应当将基础关系和占有事实进行区分,处于基础关系的债权债务关系属于债的范畴,其所表现的使用和收益权益则属于物权范畴,"租赁权与用益物权都是使用他人之物,本质上没有任何区别,租赁权在性质上是用益物权而非传统理论上的债权"。② 一个完全相反的观点是,温世扬等认为,租赁权依旧属于债权,并未出现所谓的物权化。在债权的具体效力分析上,应当区别涉他性和物权性的概念,"买卖不破租赁"只是债权涉他性的效力体现。"'买卖不破租赁'并不能反映出债权物权化效力,问题的逻辑缺陷主要在于将涉他性等同于物权性,在某些特定债权具有涉他效力时,就认为其具有物权属性,这些债权就物权化了。"③此外,李锡鹤提出,区分租赁权的效力是物权还是债权的关键在于,承租人是否必须按照出租人意志处置标的物。如果租赁权含转租、转让权能,那么就是物权,如果不含转租、转让权能,那么就是债权。④

债权性占有也体现在所有权变动中占有的效力上,包括动产所有权保留和不动产买卖中先行占有的情形。学界对此也有较多解释的观点和分析,包括期待权理论、事实物权理论、占有公示理论等。

德国民法理论中的期待权理论,虽然在德国立法中并未明确规定,但在理论中却得到广泛阐述。期待权的构成需要具备"对未来取得某种完整权利的期待"、"已经具备取得权利的部分要件"和"期待权是一种受保护的法律地位"

---

① 鲍家志、蒙旭:《论租赁权的本质——占有权》,《广西政法管理干部学院学报》2005 年第 6 期。

② 宋刚:《论我国用益物权的重构——以租赁权性质展开》,《河南社会科学》2005 年第 3 期;章杰超:《对所谓"债权物权化"的思考——以"买卖不破租赁"为例》,《法学论坛》2005 年第 5 期。

③ 温世扬、武亦文:《论租赁权的非物权化进路》,《当代法学》2010 年第 3 期。

④ 李锡鹤:《对债权不可侵性和债权物权化的思考——兼论物权与债权之区别》,《华东政法学院学报》2003 年第 3 期。

三个要件。德国民法理论认可在不动产交易过程中买受人的期待权。例如，冯·图尔认为，期待权包含了不动产登记前让与合意受领人之地位；拉伦茨认为，在不动产转让合意达成和双方已经提出登记申请的前提下，尚未获得所有权的不动产受让人应当享有期待权；赖泽尔认为，不动产所有权移转登记前，受让人之地位系期待权。①

孙宪忠等提出了事实物权说。事实物权包含了不动产买卖中的先行占有情形。在不动产买卖过程中，出卖人将自己的房屋权属证书交付给了买受人，或者将交易指定的房屋交给了买受人，买受人便取得了事实上的房屋所有权。基于事实物权说，不动产交易中先行占有的买受人处于事实物权的地位，其实质上是物权人的身份，而非债权人的身份。其具备的是基于物权支配性和排他性的优先性，相对于其他债权人享有登记优先请求权，从而进一步完成事实物权向法律物权的转化。② 一些学者在论述不动产的多重买卖权利保护中，也提出了类似的观点。③

还有学者从占有的公示功能出发，分析了债权性占有的对抗性问题。占有的公示功能的论证建立在不动产登记公示公信欠缺的背景下。有观点指出，我国登记簿记载规则不尽如人意，不动产登记尚未完全覆盖所有土地和房屋，尤其是农村地区的大量宅基地尚未进行登记等。因此，我国应当对不动产登记公信力予以弱化，而不能使其绝对化适用。登记公信力弱化一方面意味着某些不动产物权变动情形可以游离于物权登记生效规则之外，这些物权变动可以依据交付占有或者其他民间习惯来判断物权是否转移；另一方面意味着不能过度信赖登记簿，除查看登记簿外，受让人尚负有查看不动产占有状况的义务。④ 占有符合物权法规范要求的权利外观，占有人的合理信赖、后买人恶意认定的正当性都表明，占有在不动产交易中具有正当性基础，在不动产买卖中应当赋予先行占有对于其他债权的对抗效力。⑤

通过对已有成果的分析可见，学界从整体或者某一部分对债权性占有的

① 申卫星：《期待权理论研究》，中国政法大学博士学位论文，2001年，第13页。
② 孙宪忠、常鹏翱：《论法律物权和事实物权的区分》，《法学研究》2001年第5期。
③ 田士永：《一房二卖案案例研习报告》，《中德私法研究》2011年第7卷，第184页；刘竞元：《不动产交付占有物权变动效力的证成及其对抗力分析》，《政治与法律》2015年第10期。
④ 王洪亮：《论登记公信的相对化》，《比较法研究》2009年第5期；许德风：《不动产一物二卖问题研究》，《法学研究》2012年第3期；江河：《不动产占有人在交易中的权益保护》，《北方法学》2014年第4期。
⑤ 马新彦、邓冰宁：《论不动产占有的公示效力》，《山东社会科学》2014年第3期。

性质、效力进行了论述,它们为本书的写作提供了重要的借鉴意义。对于债权性占有的某些方面均有相对一致的结论,如债权性占有以债权作为本权,其债权的长期性、享有占有保护请求权等。当然,从资料整理中也可以看出,债权与占有的结合在表象上会产生某些不同于普通债权的特征,而在对这些特征进行解释的过程中,也产生了诸多不同的研究路径与结论。对租赁权的效力论证、对多重债权中先行占有的效力论证均存在对同一个事实问题的诸多不同见解。这一系列的债权权利"异化"和债权效力之间的关系到底如何,能否在债之相对性的框架内解释这些权利现象,抑或只能在物权范围或者某种中间型权利范围内探寻其效力基础,还有待予以详尽论述。要解释这些问题,占有和债权结合后的效力变化是一个关键的基础性问题,特别是在占有和债权结合的过程中,占有事实之绝对性会对债权之相对性产生何种影响。在物权债权二元权利体系之下,上述问题需要在民法权利体系和逻辑构架内予以进一步研究与论证。

三、研究内容、价值意义与研究方法

(一)研究内容

对债权性占有基本概念和现象的研究。在既有的理论框架下,以物权和债权的区分为基础,探讨物权性占有和债权性占有的概念区别。从债权债务关系的内容出发,对债权性占有的基本含义、历史演变、价值意义、基本特征、主要分类进行归纳分析。

债之相对性原则及其突破与债权性占有的法理分析。包括债之相对性原则的概念、历史发展和基本内容,债之相对性突破的概念、基本形式。债之相对性及其突破的价值关系,包括形式理性和实质理性的关系、社会本位和权利本位的关系。基于债之相对性理论,梳理债权性占有之相对性的具体表现。

债权性占有之对抗性的法理分析。包括债权性占有对抗原物返还请求权的依据、内容和立法例,债权性占有对抗性的相关学说及评析,债权性占有的支配性和绝对性分析。债权性占有对抗效力的法理基础,包括动产的债权性占有和不动产的债权性占有的对抗效力,以及对抗债务人原物返还请求权和对抗第三人原物返还请求权。

债权性占有之优先性的法理分析。包括债之平等性和优先性的关系,债权性占有优先性的表现形式和内容,债权性占有优先性的立法学说及评析,民事权利平等性与优先性的分析,债权性占有优先性的理论分析与制度建构。

第三人侵害债权性占有的法律关系分析。包括债权性占有人对第三人的请求权分析,占有保护请求权和本权保护的含义与关系,所有权人的请求权与债权性占有人的代位权的构成,债权性占有的内部求偿关系分析。

(二)价值意义

1. 理论价值和意义

本书的研究,有利于更加清晰地阐述物权债权二元权利体系的基础理论问题。具体而言,包括物权与债权的效力区别、债权的相对性与绝对性、债权的平等性和优先性、占有保护与本权保护的关系、占有损害的构成要件及具体内容等问题。

在此基础上,围绕债权性占有的效力展开分析,有利于探讨债权性占有的债权性与物权性的表现。在债权性占有的对抗性问题上,明确所谓"物权具有对抗力,债权不具有对抗力"的本意,理清债权性占有人"对抗"所有权人或第三人的法理关系。在债权性占有的优先性问题上,明确所谓"物权具有优先性,债权不具有优先性"的本意,探讨在多重之债中债权性占有具有优先受偿的正当性问题。在债权性占有的可侵害性上,明确所谓"物权具有绝对性、可侵害性;债权具有相对性、不可侵害性"的本意,理清当第三人侵害债权性占有时,应当如何设置占有人、物权人和第三人之间的求偿关系。这一系列理论问题的论述,有利于认识物权和债权二元区分的价值内涵,从而准确把握债权性占有的性质与效力。

2. 实践价值和意义

债权性占有本身是司法实践中买卖、租赁、借用、储存等合同产生纠纷的基础理论问题。债权性占有的理论问题可以反映出实践中诸如租赁合同的履行,房屋买卖中的占有,未物权化的居住权、典权,占有的侵害保护等一系列问题。司法解释和实务判例也对这些问题表明了许多观点和结论,但也存在比较多的争议。本书的研究,可以为相关债权性占有的类型在实践中的适用问题提供具体的解释依据,同时为相关法律规范的正确适用提供理论指导。

(三)研究方法

本书采用的主要研究方法如下。

1. 历史研究方法

债权性占有是一个恒远演变的问题,其与占有制度、物权债权二元体系密切相关,发轫于罗马法中的占有相关制度,历经社会变迁而形成了现有的面貌。本书通过对立法例和制度史的梳理,寻找围绕债权性占有的相关概念发展的关键,分析占有制度、对人之诉、对物之诉、物权债权二元结构等制度的演变节点。现有法律制度的形成离不开历史的考察和分析,历史研究方法为本书相关论证的开展提供了立法例和制度史依据,同时为相关结论的证成提供了更多的理论支撑。

2. 比较研究方法

本书通过对其他国家现有立法例的梳理分析,找到债权性占有在我国民法理论体系中的位置。比较研究方法,将主要局限于大陆法系中的德国法系、法国法系、日本法系的主要理论研究和基本制度,同时对英美法系中涉及债权性占有的制度进行借鉴分析。通过比较法上的分析,跳出目前我国理论研究中没有对债权性占有问题进行系统梳理以及物权法上占有制度不完整的困境,转而观察其他国家如何结合本国的制度环境来研究债权性占有的相关问题。从比较法的角度,吸收其他国家在债权性占有相关制度中的立法演变与经验教训,为完善我国的相关理论研究提供更多有益的路径。

3. 法解释学方法

法解释学方法是在历史研究方法和比较研究方法基础上分析我国现有制度的重要方法,也是本书得出主要研究结论的主要证成方法。本书的研究以我国《合同法》、《物权法》、《侵权责任法》等相关法律规范及司法解释中所涉及债权性占有的实定法律规范为基础,梳理理论研究和实务裁判中涉及此问题的相关经验,通过概念分析和逻辑证成的方法来探讨法律问题。

4. 案例分析方法

在理论阐述之后,本书将对现有的审判实务进行总结和检讨,通过对实务的评析,对现有法律制度的衔接、立法与学说间的差距等问题将会有一个更加清晰的认识。对现有司法解释和审判态度的利弊进行深入分析,从理论上指出其应当坚持和需要改进的方法,是本书研究的目的之一。

综上,本书主要从历史研究、比较研究、法解释学和案例分析四个方向切入问题。只有将债权性占有的问题放置到具体的法律制度和价值理念之中,才能审阅出其应有的逻辑性、科学性和合理性。而立法和制度的介绍,又要回到我国法律制度的制度分析中进行,这样才能对债权性占有在我国法律制度中的理论结构进行准确分析和定位。历史研究、比较研究和法解释学都要挖掘制度与理论中的逻辑与观念,并且探讨这些制度设置在理论中是否衔接得当。在此基础之上,再回到我国具体的法律规范与现有的审判理念中,检视相关实务操作的合理性与可行性。从理论研究和实务探讨两个方面,为债权性占有构建具有解释力和实践理性的制度规范。

四、本书的框架结构及基本观点

本书主要包括以下五个部分。

第一章，通过对关于债权性占有的大陆法系各国制度史和立法例的考察，追溯债权性占有的制度源流，把握其历史变迁的历程。同时，考察我国相关法律中涉及债权性占有的制度规范，指出债权性占有作为债权性方式对他人之物享有占有、使用、收益权益的制度由来和现实价值，提出债权性占有的概念、特征和基本类型。

第二章对债之相对性及其突破进行系统梳理和论述。债之相对性及其突破理论是债权性占有效力论证的理论基础。本章要解决的是债之相对性的内涵和价值问题。本章提出形式理性和个人本位是债之相对性的价值基础，实质理性和社会本位是债之相对性突破的价值基础。在此基础上，本章论证了债权性占有之相对性的效力表现和基本理论。

第三章对债权性占有的对抗性问题进行分析。债权性占有的对抗性是指债权人对抗原物返还请求权的问题。本章梳理了关于债权性占有对抗性的代表性学说观点，对其中的物权说、债权说、物权化效力说进行分析，论证债权性占有在支配性和绝对性上与物权性占有的差异，从债之保持力和请求权竞合相互影响说两个支点，论证债权性占有对抗原物返还请求权的本质。

第四章对债权性占有的优先性问题进行分析。债权性占有的优先性是指在多重之债中，债权性占有相对于其他债权享有优先受偿给付的效力。本章梳理分析了关于债权性占有优先性的理论学说，探讨债权平等原则及其突破的依据和限度，论证债权性占有优先性的实质含义和应有路径。

第五章对债权性占有是否享有侵权保护进行分析。本章对债权性占有中的占有保护和债权保护进行阐述，论证债权性占有能否享有针对第三人的侵权保护和诉讼保护，提出债权性占有人对第三人享有暂时性的占有保护请求权和占有损害赔偿请求权，债权人占有人同时可以就债权损害向债务人主张债权损害赔偿请求权，论述所有权人、债权性占有人和第三人之间的求偿关系和请求权基础。

第一章 债权性占有概述

深受潘德克顿法学体系影响的我国民法,以物权和债权的区分为基础形成了民法财产二元体系,并由此形成了完备的财产法理论体系。占有作为一种事实,在财产法体系中具有重要意义。占有可以作为物权权能而存在,由此形成了物权性占有。占有也可以基于债权而发生,由此形成了债权性占有。债权性占有是相对于物权性占有而存在的,两者都表现为对物的占有、使用或收益的权利外观,但是两者的本权基础不同,由此导致两者在权利效力的表现上存有诸多差异。对债权性占有的研究,应当以物权债权二元权利体系作为理论背景和逻辑前提,由此展开对其内涵、特征、价值、类型等基本问题的梳理分析。

第一节 债权性占有的基本含义

债权性占有作为对物的事实控制和支配,在权利外观上与物权性占有相类似,但其以债权作为占有权源,权利的产生来自于相对人之间的给付请求受领关系。对债权性占有中基本法律关系的把握应当从债之关系的角度切入。债权性占有和占有权、用益债权、基于债权的利用权等概念既存在关联,也存在区别。

一、债权性占有的概念

债权性占有是指相对人之间基于债权债务关系持续性地占有他人动产或

不动产的权利形态。在债权性占有中,权利人对他人之物的占有属于以债权为本权的有权占有。占有是因债权债务关系而发生的,占有、使用及收益是债权的主要内容。在债的履行过程中,债之关系并不因交付占有而消灭,而是体现为一种持续性的债权债务关系。

在债权性占有中,债之关系和占有事实同时存在,且债权是占有的发生原因,而非结果。债之关系和占有事实同时存在,并不意味着就构成了债权性占有。例如,基于无因管理、不当得利、侵占等而占有他人财产的,虽然当事人之间形成了债权债务关系,但此时是因占有而导致债之关系,即无权占有的事实导致了债权债务关系的发生,故不构成基于债之关系的占有,不属于本书所探讨的债权性占有。①

从债权债务关系产生的原因上看,债权性占有的产生包含了约定原因和法定原因。债权性占有因约定原因而发生的情形很多。权利人可能基于租赁合同、借用合同、保管合同、寄存合同、运输合同等将自己之物交由他人占有,这些均构成了债权性占有。例如,读者从图书馆借阅书之后对书的占有,保管人基于保管合同对他人之物的保管,出租车司机从租赁公司承租车辆后的占有运营等,都属于典型的债权性占有。

在所有权的转让过程中,出让人已经将标的物让与受让人占有,但尚未完成所有权变动的,也会构成债权性占有。例如,依照我国《合同法》第 134 条的规定,出卖人保留所有权的,或者在登记要件主义物权变动模式下不动产买卖中先行占有但未完成登记的,或者购买小产权房而无法获得物权时买受人对房屋的占有等,也都属于典型的债权性占有。

此外,在一些特殊情形中,债权性占有也会依照法定原因而产生。如根据《婚姻法》的相关规定,在发生离婚时,双方可以依照协议或者基于法院判决,将属于一方个人财产的住房提供给另一方居住。② 因而,离婚时一方依据法

---

① 占有可以作为保护或者取得本权的物权或债权的前提性条件,其与债权发生关联通常有两种方式:一是因占有的某种事实行为而导致法定之债的产生,如无法律原因占有他人财产致使他人受到损害,构成不当得利之债;二是没有法定或约定义务为避免他人损害占有他人财产,构成无因管理之债。债权性占有是因债之关系而构成对他人财产的占有,并产生相对人之间的债权债务关系,占有来自于债权。

② 参见我国《婚姻法》第 42 条。

院判决享有的居住权,即属于法定的债权性占有。①

二、债权性占有中的法律关系

作为以占有为内容的债之关系,债权性占有包含了事实意义上的占有关系和本权意义上的债之关系,对其法律关系的分析应当从债权和占有两个角度展开。

(一)事实意义上的占有关系

占有是一种人对物的控制与支配状态。占有既可能基于物权而产生,也可能基于债权而产生,还可能因单纯的事实状态而产生(如拾得遗失物、盗窃后对他人之物的占有)。债权性占有作为占有的基本形态之一,符合占有事实的构成要件,具有占有的各种效力。债权性占有作为占有形态的一种,在对第三人的效力上,享有占有保护请求权和占有损害赔偿请求权。

在占有所体现的权利内容上,债权性占有是基于债之原因而对他人之物的占有,与物权中的占有具有明显的区别。

在所有权变动、用益物权设定或者质权的合同中,交付占有是处分行为的结果。基于所有权、用益物权、质权等原因对他人之物的占有,体现的是一种排他性的绝对效力。其中,所有权人的占有,属于自主占有,是对物最全面的占有,享有对物使用、收益、处分的权利。基于用益物权的占有,享有对物使用的权利。质权人的占有,享有当特定条件满足时(债务人对担保之债陷于无力清偿)对物的收益、处分的权利。这些占有均是物权关系的体现。

债权性占有对于他人之物是债权债务关系的体现,是因债权而产生的占有,其占有来自于他人的负担行为,占有状态是债之关系的重要内容和体现。在租赁、借用等合同过程中,债权人对他人之物的占有属于债权性占有。在买卖合同中,当双方通过所有权保留方式转让动产,或者不动产买卖中以登记作为所有权变动的要件,此时买受人对物的占有也是债权性占有。因而,债权性占有不同于其他占有形态之处在于,其占有事实是债之关系的结果,体现了债权性利益。

---

① 当然,关于《婚姻法》第 42 条所确立的居住权性质仍存有争议,《物权法》明确排除了居住权可作为物权类型,通说认为居住权应属于债权范畴的用益权。参见陈信勇、蓝邓骏:《居住权的源流及其立法的理性思考》,《法律科学(西北政法学院学报)》2003 年第 3 期。

（二）本权意义上的债之关系

从债的关系角度看，债权性占有是存在于相对人之间的给付受领关系，其客体是交付并容忍占有的行为。在相对人之间达成债之关系后，债权人享有要求债务人将物交付并维持对其长期性占有的权利，债务人有交付物并容忍他人对物长期性占有的义务。

在债权性占有形成过程中，相对人存在两个不同性质的交付内容。从时间结构上看，债权债务关系可以分成性质不同的两个阶段。在标的物占有交付前，债权人享有对债务人请求交付占有的债权请求权；在标的物占有交付后，债权人享有对标的物持续性保有占有的债权请求权。[①]

对两个阶段进行比较可以发现，前一阶段是一种"一次性给付"，其类似于典型的买卖关系，此时给付受领关系相对简单，权利义务关系按照买卖合同的法律规定即可明确，在完成交付的时间点之后，给付受领关系即告消灭。而后一阶段是一种"持续性给付"，是一种"长期性的债权债务关系"。[②] 债权性占有是针对后一阶段的"持续性给付"而言的，以对物占有为内容的持续性给付受领为特征，此阶段因占有在时间上的延续而使债之关系出现了特殊性质，产生了诸多理论争议，有待进一步研究。

三、债权性占有与相关概念辨析

债权性占有作为一种权利现象，在关于债权或者占有的理论研究中，有许多与其相关联的概念，对这些概念进行区分有助于加深对债权性占有内涵的理解与认识。

在相关研究中，有学者提出了与债权性占有接近的用益债权[③]、债权利用权[④]等概念。用益债权和债权利用权强调的是，在债权债务关系中通过某种

---

① ［日］我妻荣：《我妻荣民法讲义·新订债权总论》，王燚译，中国法制出版社 2008 年版，第 22 页。

② ［德］迪特尔·梅迪库斯：《德国民法总论》，邵建东译，法律出版社 2000 年版，第 638 页；金可可：《基于债务关系之支配权》，《法学研究》2009 年第 2 期。

③ 隋彭生：《用益债权——新概念的提出与探析》，《政法论坛》2008 年第 3 期；陶铸：《浅析用益债权的支配性及类物权保护》，《法制日报》2009 年 9 月 9 日。

④ 王泽鉴提到："关于土地的利用，除设定用益物权外，尚得成立债权的利用权（尤其是土地租赁），而发生所谓土地利用的二元体系。""用益物权系属物权，受类型强制及内容固定的限制。土地租赁等债权利用权，有广泛的自治空间，惟不具有物权性。"参见王泽鉴：《民法物权（用益物权·占有）》，中国政法大学出版社 2001 年版，第 15 页。

形式对他人财产的债权性利用利益,两者在权利内容上阐述的是同一个内涵。债权性占有同样以债权债务关系为权利存续的基础,但是其与这两个概念有明显的区别。

其一,用益债权、债权利用权强调的是对他人之物的使用,而债权性占有对他人之物的占有并不仅限于使用目的。债权性占有包含了占有、使用、收益等各种不同的目的。例如,基于保管关系对他人之物的占有,是出于被保管人对物利益而为的单纯占有;已经交付占有但还未办理登记的不动产买卖合同,是以获取所有权为目的的占有等。

其二,用益债权和债权利用权并不以对他人之物的占有为必要条件。例如,两者可以涵盖在知识产权领域对他人专利或技术的债权性质的使用,但是这些用益或者利用并不以对专利或者技术的占有为前提。

此外,债权性占有和占有权也是相关的概念。占有权本身是一个在理论研究中经常被提及或使用的概念。在日本民法中,占有被认为是一种权利,占有权指的就是占有概念。[①] 在德国民法中,占有被认为是一种事实,占有权则被认为是一种权利。

占有权的概念来自于罗马法古典时期的占有权程式诉讼,是原物返还诉讼之一种。"占有权之诉和占有之诉不同,其需要以权利之主张为基础,包括所有物返还之诉、役权标的物返还之诉、所有权自由之诉、质物追及之诉、遗产返还之诉等。"[②]孟勤国提出:"占有权是非所有权人利用他人财产的物权,非所有权人在占有他人财产的基础上以占有、使用、收益、处分或其他允许的方式直接支配物的权利。"[③]因而,具有本权的占有被认为是享有权利保护的占有权,占有权既不同于占有,也不同于本权,属于独立的权利类型。而基于债权的占有权只是占有权的一种。占有权的概念将债权性占有作为一种独立于物权和债权之外的权利形态,由此赋予债权和占有更为有力的保护。彭诚信把占有权分为"绝对的占有权"、"相对绝对的占有权"和"相对的占有权",其中基于债权和物权的有权占有属于"绝对的占有权",占有权系独立于物权和债权之外的权利。[④]

---

① [日]我妻荣:《我妻荣民法讲义Ⅱ·新订物权法》,罗丽译,中国法制出版社 2008 年版,第 473、474 页。

② 金可可:《基于债务关系之支配权》,《中国法学》2009 年第 2 期。

③ 孟勤国:《物权二元结构论》,人民法院出版社 2009 年版,第 199 页。

④ 彭诚信:《占有的重新定义及其实践应用》,《法律科学》2009 年第 2 期。

因而,占有权和债权性占有的区分关系是:债权性占有是一种权利现象,有待在物权债权二元权利体系下对其效力展开研究;而占有权的概念则是一种权利性质的描述,占有权的理论体系包含了对各种占有权能的研究,债权性占有是占有权理论研究的一个组成部分。

第二节　债权性占有的历史考察及价值分析

债权性占有的基本概念与权利内涵,是伴随着物权债权二元权利体系以及占有制度的发展而逐步演化和得到确立的。对债权性占有的内涵发展与价值认识,与所有权制度和占有理论密切相关。因而,我们需要结合物权债权二元权利体系和占有制度的历史发展,来把握债权性占有的内涵演变和价值问题。

一、债权性占有的内涵演变

(一)罗马法时期

罗马法中的对人之诉和对物之诉是近代物权债权二元权利体系的思想基础。对人之诉是指"据以针对某个因契约或者私犯行为而向负债的人提起的诉讼",对物之诉是指"据以主张某个有形物归属使我们的或者主张我们享有某项权利的诉讼"。①

对人之诉和对物之诉涵盖了对所有民事权利的保护。对人之诉主要针对的是债务纠纷,罗马法将特定当事人之间的债权债务关系称为"法锁"(juris vinelum)。对物之诉主要针对物之归属的纠纷,同时还包括财产权之外的身份资格、家庭权利等绝对权利的纠纷。对人之诉和对物之诉具有明确的适用范围,对人之诉适用于相对人之间的法律关系,对物之诉适用于对任意第三人的法律关系。对人之诉和对物之诉是财产法领域物权与债权区分的最原始形态。

占有及占有制度同样源于罗马法,而且一开始它们与对物之诉具有密切联系。

"罗马人没有为占有下任何定义,他们所关心的不是占有的抽象定义,而

---

① ［意］盖尤斯:《法学阶梯》,黄风译,中国政法大学出版社 1996 年版,第 288 页。

是它如何取得和丧失这一实际问题。"①罗马法中的占有被称为 possession，是指一种对物的事实管领，而非权利。罗马法对占有的构成进行了严格限定，占有需要符合体素和心素的要求。占有的体素即一种对物管领的事实，占有的心素被限定为一种占有人"据为己有"的主观状态。占有人必须以自己所有的观念来占有物，一切非所有权人意愿的持有他人之物都不被认为是占有。

由此，罗马法区分了"占有"和"持有"概念的不同。占有必然包含"据为己有"的意思，而持有则是无"据为己有"的意思而对他人财产的控制。对物有无"据为己有"的意思，成为区分占有和持有的关键。② 这种占有的概念构造也直接导致了罗马法中占有和所有权紧密相连。伴随着财产私有制的形成和发展，占有概念的形成必须具备"据为己有"的意思，并且成为一个附属于所有权的法律问题。

综上，在罗马法中占有属于对物之诉的范畴，占有和对人之诉是两个完全不同的问题。因用益、租赁、保管等债权原因而占有他人之物的事实，不具有对物"据为己有"的支配和控制含义，均不能被认为是占有。其也不适用于罗马法中的对物之诉，而只是属于对人之诉的范畴。债权人和物权人之间的关系可通过"法锁"的观念予以调整。

（二）日耳曼法时期

在 12 世纪罗马法复兴之前，中世纪日耳曼法就受到了罗马法的渗透与影响，其中对人之诉与对物之诉的概念及区分为日耳曼法所继受。在占有的诉讼制度上，主要以是否具备一种占有（Gewere）的特殊形式作为判断标准。两者之间的区分，同样需要依靠占有才得以明确。③

日耳曼法中的占有概念不是指一种单纯的事实，而是指一种权利。其占有构成包含了两个要件：一是实际控制，强调在客观上对物的支配权利；二是权利主张，强调在主观上具有对物的权利要求。这其实与罗马法中对占有的体素和心素的构造是相一致的。但是，日耳曼法中对于体素和心素的认定，并

---

① ［英］巴里·尼古拉斯：《罗马法概论》，黄风译，法律出版社 2000 年版，第 116 页。

② ［德］萨维尼：《论占有》，朱虎、刘智慧译，法律出版社 2007 年版，第 342 页。

③ 虽然不能认为日耳曼法已经就对物权与对人权的观念作了区分，但是在罗马法中，对人之诉与对物之诉的诉讼及所体现的权利是被区别对待的。参见金可可：《持有、向物权（ius ad rem）与不动产负担——论中世纪日耳曼法对债权物权区分论的贡献》，《比较法研究》2008 年第 6 期。

不同于罗马法中的严格限制。①

其一,日耳曼法认为,人支配物的实际控制是具有多种形式的,从而有了直接占有和间接占有的区分。占有可以是对物的直接控制,也可以没有直接占有物但实际享有对物的支配权利。因而,日耳曼法中承认了所有权人将物交付给他人占有之后形成的"多重占有"现象。最常见的现象是,当时土地领主将土地交给他人耕种,而由他人向其交付地租,此时土地领主成为该土地的"高级占有人",耕种者成为该土地的"低级占有人"。

其二,在权利主张上,日耳曼法也不像罗马法那样要求占有人内心对物具有"据为己有"的意思。持有人可以基于行使所有权的意思而持有,也可以基于其他诸如用益、租佃、保管等原因而持有他人之物。只要有内心占有物之意思,都属于日耳曼法中的占有。由此,日耳曼法中出现了在同一物上直接占有和间接占有并存的多层占有关系。基于债权原因而占有他人之物也属于占有范畴,并且成为实践中一种重要的占有形态。

（三）近代法时期

在罗马法复兴运动中,注释法学派将罗马法中的对人诉讼和对物诉讼由诉讼模式概括为权利概念,提出了对人权和对物权。② 前者如自然人对物品的权利,可以实现支配;后者如他人应当为自己做的事情,无法支配而只能请求对方履行。

在对物权和对人权划分的认识基础上,法国的波蒂埃和德国的萨维尼提出了物权和债权的划分。两人以意思支配对象是物或他人行为为出发点,将权利关系分为物权和债权。物权的权利客体是物,调整的是人对物的法律关系;债权的权利客体是行为,调整的是人与人之间的法律关系。物权是对物的支配,债权是对他人行为的"支配"。这一时期,债权中的"支配"脱离了古罗马时期奴役债务的强制性,如不得在他人不履行债务时将他人降为奴隶。因而,物权中对物的支配是一种支配权,债权中对人的行为"支配"则是一种请求权。在此基础上,近代民法典进一步确立了物权债权二元权利体系,债权被定义为请求权和相对权,与物权的支配权和绝对权相对而立。

---

① 李宜琛:《日耳曼法概说》,中国政法大学出版社 2003 年版,第 54 页。

② 金可可:《对人权与对物权的区分理论的历史渊源》,载吴汉东主编:《私法研究》第 4卷,中国政法大学出版社 2004 年版;冉昊:《对物权与对人权的区分及其实质》,《法学研究》2005 年第 3 期。

在占有观念上,法国法继受了罗马法中的占有概念,占有人在任何时候均应推定以所有人名义为自己占有,但如果其开始占有即为他人占有,则不在此限。① 萨维尼继受了罗马法和法国法中对占有概念的界定,同样认为占有必须具备主观上对物"据为己有"的意思。萨维尼的占有理论被称为占有主观说。② 但这种表述受到了耶林的反对,耶林采纳了日耳曼法中对占有概念的界定,认为占有人对物的主观意志不能解释为"据为己有",而应当解释为"持有"的意思。在对"持有"意愿的认定上,耶林进一步提出,应当以占有人是否具有持有物的行为来判断有无持有意愿。因而,耶林关于占有的概念其实是以客观持有为基础的,其占有理论被称为占有客观说。③ 德国民法采纳了占有客观说,《德国民法典》第 854 条认定:"物的占有,因取得对物事实上的管领力而取得。"④同时,德国民法吸纳了日耳曼法中关于占有的规定,形成了直接占有和间接占有并行的占有制度。

直接占有抛弃了"据为己有"的主观限定,拓展了对他人之物占有的适用范围;而间接占有改变了对物占有的客观形态,所有权的利用方式得以拓宽。占有和所有的概念发生了分离,"占有成为一个客观上与各种民事权利相关联的基本的民法理论问题,而不是像过去那样只是依附于所有权的问题"。⑤ 占有的范围和功能被拓展了,占有保护理论可以适用于作为所有权构成的事实基础,也可以适用于他物权、债权等其他的占有形态。由此,占有概念的发展丰富了债权性占有的内涵,并使其具备了重要的理论与实践意义。

二、债权性占有的价值意义

在物权债权二元权利体系中,最典型的物权和最典型的债权分别是所有权和买卖合同。⑥ 所有权体现了权利人享有最全面的对物利益,买卖合同体现的是获取他人财产所有权的直接方式。然而,随着社会经济的发展,人们不

---

① [法]弗朗索瓦·泰雷、菲利普·森乐尔:《法国财产法》,罗结珍译,中国法制出版社 2008 年版,第 515 页。

② 朱虎:《萨维尼的〈论占有〉及其贡献——法学、立法以及方法》,《比较法研究》2006 年第 6 期。

③ 孟勤国:《占有概念的历史发展与中国占有制度》,《中国社会科学》1993 年第 4 期。

④ 杜景林、卢谌:《德国民法典——全条文注释》(下册),中国政法大学出版社 2015 年版,第 696 页。

⑤ 孟勤国:《占有概念的历史发展与中国占有制度》,《中国社会科学》1993 年第 4 期。

⑥ 梁慧星:《中国物权法研究》,法律出版社 1998 年版,第 26 页。

再局限于现有的简单的"所有权—买卖合同—所有权"的交换关系,对财产价值的所有与利用方式很难停留在所有权和买卖合同的层面。罗马法中所有权绝对至上的财产利用模式,已经逐步过渡到"所有权权能分离"的多元利用模式。

所谓的"所有权权能分离",是指所有权的占有、使用、收益、处分的部分权能以设定他物权或者租赁权、借用权等债权形式而同作为整体的所有权相分离。① 所有权功能的分离具有深刻的社会背景,"社会资源和物资的优化配置和利用已被置于现代物权理论的基础地位,物权理论已不可逆转地从以所有为中心向以利用为中心转变"。② 所有权功能价值中包含的使用利益和价值利益,均可以从所有权中分离出来,从而使所有权人实现物上利益的最大化。③

物权和债权对所有权功能的分离利用具有不同的性质特征。在这一过程中,物权和债权在规范体系中具有"伴生与协力的关系"。④ 在物权制度中,他物权制度是所有权利用的最大体现,用益物权是对所有权使用利益的分离使用,担保物权是对所有权价值利益的分离使用。债权同样促进了所有权利用模式的多样化。随着债的关系的内容拓展,债权的基本形式也不仅仅局限于买卖合同,在未获得财产所有权的情形下同样可以分担所有权的某些权能,如租赁、借用、保管、运输、寄存等债之关系。

由于物权的支配性、排他性特征,"物权的存在即变动不仅仅存在于当事人纯粹的观念中,物权的归属及内容即物权的现状如何,必须由一定的物质形式表现于外"。⑤ 如果没有特定的公示制度告知第三人明确的物权形态和公示方式,则会使得第三人蒙受难以预料的风险。因而,物权贯彻法定主义,物权法定包括了物权的类型固定与类型强制。⑥ 所有权之外的他物权种类,被限定在某几类用益物权和担保物权中。

债权由于只在相对人之间产生关系,因而在内容和形式上均具有很大的自治空间,相对人可以安排符合双方经济生活和效益的最佳利用内容和方式,

---

① 崔建远:《母权—子权结构的理论及其价值》,《河南财经政法大学学报》2012 年第 2 期。

② 林刚:《物权理论:从所有向利用的转变》,《现代法学》1994 年第 1 期。

③ "近时法律对于所有权一面使利用权分离,他面使价值权分离。"参见史尚宽:《物权法论》,中国政法大学出版社 2000 年版,第 6 页。

④ 常鹏翱:《债权与物权在规范体系中的关联》,《法学研究》2012 年第 6 期。

⑤ 肖厚国:《物权变动的公示主义》,《现代法学》2005 年第 3 期。

⑥ 谢在全:《民法物权论》(上册),中国政法大学出版社 2011 年版,第 35 页。

人类经济生活更加丰富。[①] 债权之所以能够贯穿社会财产权中,在于其具有完全的财产价值和经济价值。[②] "用益物权系属物权,受类型强制及内容固定的限制。土地租赁等债权利用权,有较广泛的自治的空间,但不具物权性。"[③] 在物权债权权利区分的基础之上,通过他物权和债权对他人之物的二元利用模式也得以形成。

由于物权法定原则的强制性,他物权的设置必然要求与具体国情下的社会经济状况相联系,"一项财产权利能否归类于物权将不得不仰仗立法者自身的判断和认知能力"。[④] 他物权的立法往往是一个特定社会经济中的立法选择问题。"要顾及传统性和民族性,对切合社会需求的物权须固定传承,对有些习惯上的物权又不能纳入,但其后经济社会发展的结果却与之不符。"[⑤]通过立法者选择的物之控制支配,才能纳入物权法定的范畴,反之只能归入债法范畴。[⑥] 物权法定主义使占有他人之物被区隔成他物权和纯粹债权,若无法通过立法上升为他物权的利用关系,则只能停留在债权层次,产生相对效力。通过债权的方式分离所有权权能已经成为一种替代性和任意性的方式,物权利用和债权利用皆有各自优缺点,对物的利用方式由相对人根据具体经济情况和需求来选择。[⑦]

因而,历史上的某种物权,可能在物权法的发展过程中被摒弃,或者他国规定的物权类型没有被我国所规定,最典型的如居住权和典权。在物权法定的框架下,居住权和传统的典权都被排斥在我国《物权法》之外。但其没有被物权法定所规定,并不意味在现实中这种权利利用方式消失了,而是这种本来

---

① ［曰］我妻荣:《债法在近代法中的优越地位》,中国大百科全书出版社 1999 年版,第 5、6 页。

② 苏喆:《知识产权质权的债权化研究》,《法学杂志》2013 年第 7 期。

③ 王泽鉴:《用益物权》,北京大学出版社 2010 年版,第 277 页。

④ 张晓娟:《在意思自治与法律强制之间——关于物权法定原则的思考》,《现代法学》2007 年第 6 期;张驰、董东:《我国〈物权法〉中物权法定原则之探究》,《法学》2007 年第 10 期。

⑤ 谢在全:《民法物权论》(上册),中国政法大学出版社 2011 年版,第 45、46 页。

⑥ 例如,在我国《物权法》生效之后,典权不能作为用益物权存在,因而其只能作为某种债权的性质,通过债权制度寻找支持。参见隋彭生:《论作为用益债权的典权——兼论确立附有不动产留置权的典权》,《政治与法律》2011 年第 9 期。

⑦ 张力毅:《通过契约实现的物之支配关系——债权物权化的另一种解释论框架》,《东方法学》2015 年第 6 期。

的物权形态被债权所替代了。[①] 类似于居住权和典权的物权利用形态,只能归入到债权性占有的权利体系内。债权性占有的形态,使对物的占有、使用和利用不需要限定在物权法定之中,这是债权对物权法定主义的一种补救。

所有权利用模式的积极转变促进了占有概念的改变,现有的占有制度除了对罗马法中关于占有是一种事实结论的多数认同之外,日耳曼法中多层占有的理念也获得了更大的适用范围。在物权债权二元权利体系中,占有只是一种事实,并不天然地表征权利的物权属性或债权属性。在罗马法中占有被视为所有的基础,只有占有某物的事实得以确认,才能享有该物的所有权。而随着所有权功能分离和利用的多元化,所有权人无须时刻保持对自己所有之物的直接占有。通过他物权或者债权的方式,所有权人可以把物交由其他人控制支配。此时,罗马法中相对保守的占有概念已经无法适应这一要求。而日耳曼法中间接占有和直接占有的概念,则得到了民法理论和立法的普遍确认。基于用益权、质权、租赁、借用、保管等各种原因对他人之物的控制与支配都符合占有的内涵要求,这就使得占有制度的适用范围大大拓展,基于合同关系对他人之物的占有也获得了占有保护。由此,作为和他物权体系的相互对应,债权性占有的观念和内容得以应运而生并获得了极大的发展。

债权性占有表明了债权人对他人之物的一种占有状态,虽然它可以缓和他物权中占有关系在形式和内容上的法定与固化,但同时也带来了其权利性质的绝对性与相对性在区分上的疑惑。[②] 物权债权二分边界流动性的最大例证当属债权性占有所带来的物权化。[③] 在这一过程中,占有作为民法中一个复杂概念的多面性得以呈现,"占有一方面具有对物的控制和支配,另一方面占有欠缺类似于权利的权益归属的支配性"。[④] 占有的各种功能如权利公示、

---

① 申卫星:《物权法定与意思自治——解读我国〈物权法〉的两把钥匙》,《法制与社会发展》2013 年第 5 期。

② 物权法定和意思自由一直是理论中有争议的问题,物权法定的价值在于维持物权关系的明确与安定,限制当事人任意创设具有对世效力的法律关系,但也面临着法律关系僵化、阻碍交易发展等质疑。对此,诸多论述都从两者的关系角度提出了缓和物权法定的必要,且不排除支配利益的多样性与物权法定主义的协调。从这一角度来看,基于债之关系对物的支配,也是他物权制度无法落入物权法定框架时的缓冲与保障。参见张巍:《物权法定与物权自由的经济分析》,《中国社会科学》2006 年第 4 期;苏永钦:《走向新世纪的司法自治》,中国政法大学出版社 2002 年版,第 73 页。

③ 张立毅:《通过契约实现的物之支配关系——债权物权化的另一种解释论框架》,《东方法学》2015 年第 6 期。

④ 王泽鉴:《民法物权(用益物权·占有)》,中国政法大学出版社 2001 年版,第 170 页。

权利推定、占有时效取得、占有的自力救济权和保护请求权等，都在债权性占有"物权化"的学理论证中被频繁提及。本书试图在占有制度的各种功能中，进一步理顺占有与债权本权的关系，由此分析债权性占有在物权债权二元权利体系中的效力问题。

第三节　债权性占有的基本特征

债权性占有是占有的特殊形态，其以债权作为权源基础。债权性占有具有债权的基本效力属性，也有不同于普通债权的特殊性。我们应当从债权和占有两个方面把握其权利效力的基本特征。

一、债权性占有是一种债之关系

债权性占有是基于债权债务关系对他人之物的占有，其诸多权利内容均可以在债之关系的范畴内予以解释。

债权性占有体现了债权人和债务人之间就占有给付的请求受领关系，债权人享有要求债务人将标的物交付并且忍受债权人长期占有的权利，权利客体是债务人的占有给付行为。债权性占有中的主给付行为是一种持续性给付。持续性给付的特征是其给付并不是一次性完成的，而是具有时间的延续性。债务人的持续给付体现为不作为义务和某种作为义务持续并存的特征。[①] 债权人占有物的原因来自于债务人的给付，债务人在交付占有之后必须持续不间断地容忍债权人对物的占有，并且积极满足债权人的占有需求。[②]

债权性占有中债务人将物交由债权人占有的原因是负担行为，而非处分行为。债权人占有标的物的事实，是债权人行使请求权的结果，属于债权内容而非物权内容，无须受到物权法定主义的限制。债权性占有的权利无法来自于对物支配，而需要有"相对人行为之介在"。[③] 债权性占有对物的占有事实，

---

① 债法理论根据时间延展性的不同，将合同分为继续性合同和一时性合同。关于继续性合同的给付内容，德国学者基尔克分为三种：不作为义务、持续积极作为义务与反复给付义务。通说认为，继续性合同的给付行为表现为继续给付与连续给付两种形态。参见屈茂辉：《继续性合同——基于合同法理与立法技术的多重考量》，《中国法学》2010 年第 4 期。

② 以租赁为例，出租人负有将物交付并容忍承租人对物持续性占有的义务，同时还要积极满足承租人对物享有符合合同要求的占有，如排除租赁物妨害、对租赁物的维修义务等。

③ 史尚宽：《物权法论》，中国政法大学出版社 2000 年版，第 8 页。

是指所有权人依据自己的意愿为债权人创设所有权负担的结果。

债权性占有中的债权利益表现为：债权人对物占有体现的是所有权人的意志而非自己的意志，其应当按照所有权人为其创设的权利范围行使自己的占有权利。以单纯占有为内容的债权性占有，如运输、承揽、保管、寄存等，债权性占有人占有物是履行合同义务的体现，以此获得合同对价，其并非自身意志的体现。以使用、收益为目的的债权性占有，如借用和租赁，所有权人也没有为占有人创设他物权，占有人应当按照合同约定对他人之物享有使用和收益权益。

在债权性占有中，作为债之关系的占有，具有较强的自治空间。物之关系贯彻法定主义，债之关系贯彻意思自治原则。债权性占有无须受到物权法定原则对权利内容的严格限定①，只要不违背强制性规定，当事人可以通过约定自由地确立占有、使用、收益内容，来满足各种不同的经济生活需要。② 债权性占有存在于相对人之间，占有的权利外观也并非债权性占有的公示方式。

在物权性占有中，对物占有体现的是物权人排他性支配物的关系。所有权人对物的占有，是一种完全的排他性支配；用益物权人占有某物的，也是基于物权法定在他人之物上为自己创设的支配权；担保物权中，质权人、留置权人占有担保物的，享有的是债务不获履行时就物要求清偿的权利，同样具有排他的支配性。物权性占有源于物权法定原则，"对物占有的种类和内容由法律统一规定，不允许当事人依意思自由创设"。③ 物权法定的内涵体现为"内容法定是实质，种类法定是形式"。④ 物权性占有对他人之物的占有内容完全依照法律规定，这与债权性占有中占有内容的约定不同。由此，权利人对物占有体现的是自己的意志，而非他人的意志。同时，为了避免物权关系的绝对性导致对第三人利益的损害，物权性占有必须辅以相应的公示公信制度。

理论中对债权性占有的债权性质存有较多争议。物权债权二元权利体系的两个权利极点分别是所有权和行为债权，"在一个极点上是对谁都可以主张

---

① 依照我国《物权法》第 241 条的规定，基于合同关系成立的占有，其占有内容依据双方的约定。

② "债权在保障财产流通关系、实现资源最优化配置方面，有时有着比用益物权更完备的功能。"参见周林彬：《物权法新论》，北京大学出版社 2002 年版，第 582 页。

③ 梁慧星、陈华彬：《物权法》，法律出版社 2005 年版，第 39 页。

④ 张驰、董东：《我国〈物权法〉中物权法定原则之探究》，《法学》2007 年第 10 期。

的强大的权利,而在另一个极点上却是只能向债务人主张的弱小的权利"。①
债权性占有是相对复杂的债权债务关系,但是否跳出了债权范畴,具备了某些
物权的性质,值得探讨。有代表性的观点认为,其具有某些物权化的特征,或
者是一种支配性的物权,或者是准物权等。特别是债权性占有中的租赁权,通
常被认为是一种典型的"债权物权化"现象。这也是在本书研究中要探讨分析
的一个重要问题。从逻辑上看,债权性占有只能体现债权债务关系,其效力表
现也是债权范畴内的结果,本身无法证成债权性占有属于物权或者准物权序
列。因此,我们需要具体分析其在实践中的物权化表现,并说明其物权化理由
不成立以及回归债权序列的合理性。

二、债权性占有是一种长期性债权

债权是一种给付请求权,给付请求权又可以进一步分为交付请求权、持续
使用权和收益请求权。② 债权性占有的给付请求权,非一次给付可完成,而是
需要持续地实现,"总给付之内容系于应为给付时间的长度"。③ 普通债权中,
以买卖合同为例,债权人享有的是交付请求权,在债务人向其履行完交付行为
之后,债权债务关系即告消灭。对于债权性占有而言,除了对占有的交付请求
权之外,更重要的意义在于其后的持续性地占有标的物的使用和收益请求权。

拉伦茨将债权性占有称为"长期债权债务关系"④,其给付并不是一次交
付就足以完成的,而是一个长期的履行过程。债务人需要在特定的实践范围
持续和重复地履行他们的义务,直至双方约定的合同时间结束。从时间关系
上看,在交付占有之前,债权人具有对债务人的交付请求权。这一阶段类似于
一般的买卖合同,在交付占有之后,债权人具有对债务人长期性的、持续性的
保有和占有的使用、收益请求权。只有在交付占有后,发生了基于债之关系占
有他人之物,才构成债权性占有。交付占有前为普通债权债务关系阶段,交付
占有后为债权性占有阶段,具有长期性特征。

债权性占有产生过程中,其债权债务关系的后一阶段具有长期性的特征。
对比债权性占有的前后两个阶段,其在债权债务关系上具备诸多特征。

---

① [日]加藤雅信:《财产法理论的展开——物权债权区分的基本构造》,渠涛译,载渠涛
主编:《中日民商法研究》(第 2 卷),法律出版社 2004 年版,第 121 页。

② 隋彭生:《用益债权——新概念的提出与探析》,《政法论坛》2008 年第 3 期。

③ 王泽鉴:《债法原理》,中国政法大学出版社 2001 年版,第 132 页。

④ [德]卡尔·拉伦茨:《德国民法通论》(上册),王晓晔等译,法律出版社 2003 年版,第
259 页。

其一，由于当事人之间产生持续性的法律关系，"其受诚实信用调整程度最强"。[①] 在合同履行过程中，当事人之间"负有持续尽力义务且具有极强的信赖关系"。[②] 需要以诚实信用原则来保护双方合同当事人，通常以一方信赖利益保护为由，赋予其合同解除权利。若对方行为表明对他人信赖利益有明显损失，则可以解除合同，以使其不受持续性债权债务关系的不利拘束。[③] 在债权性占有中，诸如租赁、借用、保管、运输等具体债的履行，都是一个持续性的过程，并非一次性的给付过程。债权性占有受诚实信用原则和信赖利益调整影响的特征十分明显。

其二，两种关系结构在债的解除事由上不同。在传统民法中，一时性合同和继续性合同所适用的违约制度是不同的。一时性合同解除的依据是"根本违约"，而继续性合同解除的依据是"重大事由"。根本违约以合同目的能否实现作为终极判断标准。主给付义务、从给付义务和附随义务均可构成"重大事由"。继续性合同终止的"重大事由"，其本质上来源于持续性债权债务关系中相对人之间的信赖关系。依照学界通说，继续性合同中当事人之间的信赖基础极为重要，若在合同持续过程中发生信赖利益的缺失，则应当赋予一方法定终止继续性合同的权利。"继续性的结合关系，特别重视信赖基础，要求当事人各尽其力，实现债之目的，除给付义务之外，尚发生各种各样附随义务，以维护当事人之利益。""在继续性法律关系中，须当事人之协力及相互信赖，这种信赖体现在一方当事人有重大事由时，可随时终止契约。"[④]对于债权性占有而言，在交付占有前，以"根本违约"为法定解除权的行使原因；在交付占有后，以"重大事由"为法定解除权的行使原因。

其三，两种关系结构在债的解除效果上有所不同。在交付占有前，债的解除具有溯及力。但在交付占有后，发生债的法定原因解除时，对于债权性占有已经履行的合同内容，不发生解除，只能向后发生债的解除效力。在大陆法系

---

① [日]我妻荣：《我妻荣民法讲义·新订债权总论》，王燚译，中国法制出版社 2008 年版，第 22 页。

② 屈茂辉：《继续性合同——基于合同法理与立法技术的多重考量》，《中国法学》2010 年第 4 期。

③ 马新彦：《信赖与信赖利益考》，《法律科学》2000 年第 3 期。

④ 王泽鉴：《王泽鉴法学全集（第十二卷）》，中国政法大学出版社 2003 年版，第 171 页。

中,通常有合同解除和合同终止的区别。① 合同解除的法律效果是使合同溯及力归于消灭,"契约自始不曾作为具有法律要件的效果"。② 因而,合同尚未履行的部分免于履行,而已经履行的部分则发生返还请求权。但合同终止的法律效果并不具有溯及力,当发生合同终止时,合同尚未履行的部分免于履行,已经履行的合同部分则继续有效。对于债权性占有而言,在交付占有前,可发生的是合同解除的效果;在交付占有后,可发生的是合同终止的效果。这种法律效果在债权性占有的合同无效、可撤销的情形中同样适用。在交付占有前,合同无效、可撤销的,终止未履行的债务,恢复已经履行的债务,非过错方可主张对方承担损害赔偿责任。在交付占有后,合同无效、可撤销的,未履行部分的债务不再履行,已经履行的部分则继续有效,非过错方同样可以主张对方承担损害赔偿责任。

其四,在债权与债务关系是否具有可容性上不同。在交付占有前,债权债务关系具有可容性,表现为可就同一标的订立数个合同,如针对租赁、寄存、运输等都可订立多重合同。但在交付成立后,对标的物的占有具有排他性,就同一标的物无法成立多重的债权性占有。

其五,对权利标的物的要求不同。主要表现在:在交付占有之前,当事人的权利、义务关系只是普通的债之关系;但在交付占有之后,其客体却表现出来特定性和现实性。在交付占有前,债之标的可以针对将来之物发生;但在交付占有后,债权性占有必须构成对物的实际占有,其标的必须具有现实性,无法针对将来之物产生。在交付占有前,债之标的可以是种类物;但在交付占有后,债之标的只能是特定物。

---

① 我国《合同法》并未采纳大陆法系对合同终止和合同解除的区分,而是将合同终止归并到合同解除制度中,在合同无效、可撤销中也采取了同样的做法。这种立法模式虽然没有明确区分合同解除和合同终止,但不能否认合同终止在我国《合同法》中的适用。参见《合同法》第56条:"无效的合同或者被撤销的合同自始没有法律约束力。合同部分无效,不影响其他部分效力的,其他部分仍然有效。"第58条:"合同无效或者被撤销后,因该合同取得的财产,应当予以返还;不能返还或者没有必要返还的,应当折价补偿。有过错的一方应当赔偿对方因此所受到的损失,双方都有过错的,应当各自承担相应的责任。"第97条:"合同解除后,尚未履行的,终止履行;已经履行的,根据履行情况和合同性质,当事人可以要求恢复原状、采取其他补救措施,并有权要求赔偿损失。"

② 〔日〕我妻荣:《我妻荣民法讲义·债权各论(上卷)》,徐慧译,中国法制出版社2008年,第173页。

三、债权性占有体现了对他人之物的占有利益

债权性占有享有的是对他人之物占有的民事权利,债权性占有应当符合占有制度的要求。占有的他人之物必须为有体物、不消耗物。债权不能成为占有的标的物。① 金钱也不能作为债权性占有的标的,在发生金钱的消费借贷时,借用人直接享有金钱标的的所有权。此外,知识产权因不具有有体性,也无法成为债权性占有的标的。对债权性占有对他人之物的占有利益的理解,还应有如下认识。

其一,从占有的性质上看,债权性占有必须符合基于控制意思对某物的实际管领。债权性占有对物的管领必须是为了实现自己的利益,而非他人的利益。因而,有必要区别债权性占有和占有辅助。基于委托合同对他人对物的占有实施辅助作用的,属于占有辅助,本身不构成债权性占有。债权性占有的本权是债权,租赁、保管、寄存、居住等均是本权,占有是本权的逻辑结果。在债权合法有效的存续期间,债权性占有属于有权占有。在交付占有后,当发生债权人延迟付款、破产或者违反合同约定处理标的物等情况时,依旧属于有权占有。只有当债务人因这些原因而解除合同时,作为权利存续基础的债权才消灭,占有也即消灭。

其二,从占有的功能上看,占有作为民法体系中的一项重要制度,本身具有多种属性功能。首先,占有反映了一种对物管控的事实状态,即占有人基于持有的观念对物控制的事实状态,占有人由此享有占有保护请求权。其次,占有还具有权利公示功能,在物权变动过程中,交付占有是动产物权变动的形式要件,登记是不动产物权变动的形式要件。从权利公示效果上看,登记的公示程度要远远高于交付占有。但对于交易数量巨大、次数频繁的动产而言,交付占有则是最佳方式。再者,占有还具有权利推定功能,其构成了善意取得制度的基础。对于债权性占有而言,其本身反映了占有的事实状态,享有占有保护请求权和占有损害赔偿请求权。最后,对于动产的债权性占有而言,占有具有权利公示功能和权利推定功能。对于不动产的债权性占有,则需要由登记构成其权利公示和权利推定功能。

其三,从占有的内容上看,占有利益是债权性占有的重要内容,其根据占

---

① 此处还要区分一下债权占有和债权性占有的概念。债权占有指的是债权人享有债权,并由此衍生出债权准占有的法律问题;而债权性占有是基于债权本权对他人之物占有的问题。前者考察的对象是债权,后者考察的对象是他人之物,两者属于完全不同的概念。

有类型的不同而有所区别。占有利益包括单纯占有利益、占有使用利益、占有收益利益。单纯占有利益是指只享有对物占有的权利,不具备使用或收益的权利。单纯占有标的物的形式多种多样,常见的有保管、寄存、运输等。占有使用利益是指对物具有占有、使用权利,但不具有收益权利,以借用最为典型。而占有收益利益,则除了对物的占有、使用之外,还包括对孳息的收取权利。在债权性占有中,债权人有孳息的收取权,在占有存续期间的孳息利益,由债权人享有。当然,这种孳息一般仅仅指自然孳息。法定孳息的获取需要以占有人转让占有的行为来获取。由于债权性占有并非物权,债权性占有人并不享有完全的支配权,因而要获得法定孳息,必须经过债务人即物权人的同意。

四、债权性占有通过《合同法》、《物权法》、《侵权责任法》予以保护

普通债权中的法律关系一般通过《合同法》予以调整。普通债权受到侵害,通常是指相对方未履行相关合同义务,向债权人承担相应的违约责任。只有在一些特殊情况下,如发生"第三人侵害债权"现象时,恶意侵害债权的第三人才会构成对债权的侵权行为。

但对于债权性占有,其所涉及的权利义务关系比较复杂,既包括债权债务关系的当事人在合同范围内的权利义务关系,也包括第三人侵害占有时可导致所有权人、债权人和第三人之间发生的权利义务关系。在债权性占有中,当发生债权侵害时可能发生的请求权情形包括:债权人和所有权人之间基于合同法的违约责任,债权人和所有权人基于《物权法》和《侵权责任法》的相关规定向第三人主张占有保护请求权或物权请求权等。因而,对所有权人和债权性占有人的利益保护,需要通过《合同法》、《物权法》、《侵权责任法》予以多重保护。实践中会涉及请求权竞合和追偿问题,这些问题均需要在理论上予以澄清和明确。

综上,债权性占有的债权性、持续性、占有性是构筑其权利效力的"三角结构",是解释债权性占有诸多效力的基础,也是债权性占有与物权、普通债权、占有事实相互区分的根本性原因。理论和实践中对债权性占有相关问题的争议,诸如针对债权性特征引发的"债权物权化"的争议、对占有特征所引发的占有保护和本权保护的问题,本质上均源于对债权性占有性质的认识差异。对上述债权性占有的基本特征,需要在理论上展开进一步的深入分析,以求得对债权性占有权利性质、法律关系和保护路径的准确认识。本书后续部分对债权性占有的相对性特征、债权性占有对抗效力、债权性占有受到第三人侵害时的请求权关系以及对我国现有立法和司法中债权性占有的法律适用的论述,

均需要回到债权性占有的基本特征中展开。

第四节　债权性占有的主要类型

债权性占有的权利形态无须受到物权法定主义的约束,占有的内容和类型具有灵活性和开放性。在任何双方约定一致、不违反强行性规定的债权债务关系中,当事人均可以约定一方在他人之物上成立的占有、使用或收益的债权债务内容。由此,在权利体系和分类上,债权性占有和物权性占有不同,后者仅限于物权法定的类别,而前者则具有开放性的体系,可以根据各种特殊需求从不同角度对债权性占有予以归纳。

一、动产和不动产的债权性占有

债权性占有既可以在不动产上成立,也可以在动产上成立。

由于在不动产上可以存在物权性占有和债权性占有,所以在不动产利用方面存在明显的二元模式。我国《物权法》中所规定的建设用地使用权、农村土地承包经营权、宅基地使用权的标的均为不动产权利。[①] 除了此三类物权性占有之外,其他对不动产占有、使用或收益的利益则被纳入到债权性占有的范畴中。而传统民法中对土地的债权利用权、典权、居住权、房屋的租赁权、房屋买卖中所有权保留买受人对房屋的权利、房屋买卖中买受人已经占有房屋但未办理过户手续期间的权利、未经登记的建设用地使用权以及其他缺乏登记要件而以登记作为物权变动要件的获得不动产交付占有的买受人权利等,都属于不动产的债权性占有。

以动产为标的的债权性占有的内容和范围则更加宽泛。虽然我国《物权法》对用益物权的范围规定包含了动产和不动产[②],但是实际上并没有在动产上规定用益物权的具体类型。因而,对他人动产的占有、使用或收益只能通过债权的方式实施。所有对他人动产进行占有、使用和获取收益的情形,都只能

[①] 我国《物权法》对于地役权的占有并未做出明确规定,"地役权供役地之事实支配,较诸所有权、地上权等对其标的之物之事实支配,显然较弱,故将地役权之事实支配,认系纯然占有实有困难,故通说认为地役权系准占有之客体"。参见谢在全:《民法物权论》(下册),中国政法大学出版社 1999 年版,第 1033 页。

[②] 参见我国《物权法》第 117 条:"用益物权人对他人所有的不动产或者动产,依法享有占有、使用和收益的权利。"

归入债权性占有的范围内。

二、占有、使用、收益的债权性占有

从债权性占有的占有内容上看,可以分为以占有为内容的债权性占有,以占有和使用为内容的债权性占有,以占有、使用和收益为内容的债权性占有。例如,在保管、借用、租赁、运输、承揽等债权债务关系中,保管人、借用人、承租人、承运人、承揽人等有权对他人之物进行占有,借用人、承租人有权对他人之物进行占有、使用,承租人有权对他人之物进行占有、使用并获取收益。

以单纯占有为内容的债权性占有,如保管、运输、承揽、寄存等。通常而言,占有他人之物必定是想要享有某种利益,但单纯占有的债权性占有只是基于债权债务关系而占有物,其并不享有对物的使用、收益权利,而是以负担对他人之物的保管义务而发生的对他人之物的占有。对物的占有既是其占有物的权利,也是其对所有权人负担的义务,其对物的有权占有并不需要支付给所有权人对价,而基于对所有权人的保管义务却可以获得所有权人所给付的对价,当所有权人不支付对价时,债权性占有人可以基于占有对物行使留置权。①

以占有、使用、收益为内容的债权性占有,如租赁等;以占有、使用为内容的债权性占有,如借用等。后者可以占有和使用物,但是权利人没有收益权;前者享有对物全面的占有、使用、收益权利,从权利外观上看类似于用益物权,因而被认为是债权性占有物权化最典型的体现,但在权利性质上两者却有着本质的区别。

以上三种形态是债权性占有的基本类型,对于实践中出现的其他基于债之关系而产生的占有他人之物的情形,均可以划入上述三种不同的类型。例如,前文所述我国《婚姻法》中规定的居住权,权利人享有以是占有、使用权利;在融资租赁中的承租人,其享有的是占有、使用权利;作为债权形态的传统典权,权利人享有以占有、使用、收益为内容的债权性占有;在不动产买卖过程中,占有不动产但未登记的买受人对物享有的应当是占有、使用、收益权利。

---

① 　德国学者曼弗雷德·沃尔夫将占有权区分为物上占有权与义务性占有权。物上占有权主要是指用益权,包括地役权、质权、期待权、专利权、著作权、工业产权等;义务性占有权是指因房租、租赁、出借或者购买等关系形成的占有权。参见[德]曼弗雷德·沃尔夫:《物权法》,吴越、李大雪译,法律出版社 2002 年版,第 276、279 页。

三、其他分类

债权性占有作为债权的一种,其债的常见分类和不同效果自然也适用于债权性占有。例如,根据设立法律行为的分类,可以分为双方法律行为设立的债权性占有、单方法律行为设立的债权性占有、共同法律行为设立的债权性占有。根据是否需要支付对价分类,可以分为有偿的债权性占有和无偿的债权性占有。根据占有的时间,可以分为定期的债权性占有和不定期的债权性占有。根据标的物为他人所有之物还是他人使用之物,可以分为在他人所有之物上设立的债权性占有和在他人使用之物上设立的债权性占有。根据债权债务关系的性质,可以分为法定的债权性占有和约定的债权性含有等。

第二章　债权性占有与债之相对性及其突破

债权性占有是基于债权债务关系对他人之物的占有,其权利基础为债权,权利效力由债之相对性所决定。对于债之相对性,理论中有债之相对性突破的相关学说。债权性占有的效力是否受到债之相对性突破的影响?这个问题对解释债权性占有的效力至关重要。债权性占有体现为债权人和债务人之间的相对性关系,在特殊情况下是否表现出对第三人的效力,取决于作为其权利基础的债之关系是否发生了相对性的变化。债之相对性是指债之关系产生于相对人之间,包括债权人、债务人和债之内容的特定性。债之相对性原则是物权债权二元权利体系的理论基础之一,是债权债务关系的本质属性。债之相对性由法律形式理性和民法个人本位所决定,而债之相对性的突破则是法律实质理性和民法社会本位影响的结果。对债之相对性原则及其突破的内涵与价值分析,是探讨债权性占有相关效力问题的理论基础。

第一节　债之相对性概述

一、债之相对性的概念

债之相对性是指,在债权债务关系中,权利内容在相对人之间发生效力,债务人向债权人为给付,债权人受领债务人给付,债权债务关系外的第三人,因与债之当事人不存在权利义务关系,故无须向债权人履行义务,债权人也不得向其主张债权。债权债务关系在相对人之间相伴相生,是债之相对性的效力表现。"债权人的权利和债务人的义务,乃同一给付关系的两面,此种仅特定债权人得向特定债务人请求给付的法律关系,学说上称为债权的相对性。"①

在民事权利体系中,债之相对性是相对于权利的绝对性而言的。根据义务人是不特定人还是特定人,民事关系可以分为绝对关系和相对关系。绝对关系是义务人为不特定人的民事关系,包括物权关系、知识产权关系、人格权关系、绝对的身份权关系;相对关系是义务人为特定人的民事关系,主要包括债权债务关系。在效力上,绝对关系可以对抗任意第三人,相对关系只能"对抗"特定人。由此,绝对关系被称为对世权,相对关系被称为对人权。物权被认为是对抗任意第三人的绝对权,债权被认为是"对抗"特定人的相对权。物权是"对特定物享有直接支配特定的物并且排他性地享有其利益"。②,因而物权人可以排斥任意第三人对物之支配性的干涉。而债权是"债权人得请求他人为特定行为(作为、不作为)的权利"。③

进一步而言,在某个具体的法律关系中,无论是绝对关系还是相对关系,权利人都是特定的。在物权中,虽然就某一具体的物权关系,物权人和义务人是特定的,但是除了义务人之外的其他第三人也要对物权人承担不作为义务。而且,义务人除了要向该物权人承担义务之外,还需要向其他物权人承担不作为义务。在债之关系中,债务人只是特定债权人的义务人,除了债务人之外的第三人无须向债权人承担义务,且债务人也只需向债权人承担义务,无须向其他第三人承担义务。因而,权利的绝对性和相对性的区别在于,义务人是特定人还是不特定人。债之相对性的本质是债务人特定。

在内容上,债务人特定可以延伸为债权人特定和债的内容特定。具体而言,债之相对性包括以下三点内容。

一是债权人特定。债权人特定是指在债之关系中只有债权人才能请求债务人为特定的给付行为。债权人特定并非指债权不能转让,而是指在债权转让后,债务人和新的债权人之间产生了债权债务关系,债务人依旧只能向特定债权人为给付。

二是债务人特定。债务人特定是指债权人只能向债务人请求给付,不得向债权债务关系外第三人主张债权。债务人特定并不意味着第三人无法承担

---

① 王泽鉴:《债法原理》,中国政法大学出版社 2001 年版,第 10 页。

② 梁慧星、陈华彬:《物权法》,法律出版社 2007 年版,第 6 页。

③ 梁慧星:《民法总论》,法律出版社 2001 年版,第 79 页。

债务,在债务转让的情况下,在债权人和债务人之间就产生了新的债之关系,债务即可由第三人承担。

三是债之内容特定。债之内容特定是指给付内容由债权债务关系确立,债权人不得单方面增加债权,债务人不得单方面减少债务。债之内容可以产生变更,但变更后的内容由债权人和债务人之间新的债之关系所确立,不违背债之内容特定的要求。综上,债之相对性就是债之关系的特定性,包含了债权人、债务人和债之内容的特定性。[①]

债之相对性的根本是债务人特定、债权人特定和债之内容特定。债之相对性来自于债权的本质,债权债务关系是相对人与人之间的请求给付关系,相对性是其必然的效力体现。债之相对性是债的本质特征,是债权体系和债法制度的前提,也是古典契约法体系构建的第一块基石。"没有契约相对性理论,就不会有意思自治或契约自由,也就不会有真正意义上的私法体系。"[②]债法中的一系列基本制度的构建都是基于债之相对性展开的。因为债是发生于相对人之间的给付受领关系,故债务人就同一给付可以和数位债权人发生关系,债权也就具备相容性。数个债权之间受偿给付地位平等,债权具有平等性。债权因发生于相对人之间无须他人知晓,其具有非公示性。当发生债权不受给付时,债权人只能向债务人主张权利。因而,债权制度体系的构建以债之相对性为理论基础,没有债之相对性,债之权利体系便无从谈起。

此外,在民法制度上,债权的相对性与物权的绝对性原理,不仅确立了债权与物权的区分标准,而且在此基础上形成了债权法与物权法中的一系列重要制度。[③] 物权之绝对性和债之相对性的二元权利区分体系是民法物权债权二元权利区分体系的基础。物权债权二元权利体系是《德国民法典》的经典产物,是德国潘托克顿法学派对权利体系的形式化结果。"根据形式逻辑的观点对权利进行划分,是《德国民法典》中的重要划分方法,把权利分为绝对权,即

[①]　我国民法学界的主流学说把债之相对性概括为"主体的相对性、内容的相对性以及责任的相对性"。主体的相对性是指债权人和债务人的相对性,内容的相对性是指债之内容的相对性,责任的相对性是指承担违约责任的相对性。参见王利明:《论合同的相对性》,《中国法学》1996年第4期。这一表述为大多数学者所引用,事实上责任的相对性是主体相对性和内容相对性的结果,债之相对性从根源上说还是来自于主体特定性和内容特定性。

[②]　李永军:《合同法》,法律出版社2004年版,第444页。

[③]　崔文星:《债的相对性规则辨析》,《河南财经政法大学学报》2013年第4期。

针对任何人的权利,和相对权,即针对特定人的权利。"①因而,债之相对性是理解债法制度的首要原则,其和绝对性是物权与债权相互区分的标志性特征,是物权债权二元权利区分体系的理论支点。债之相对性原则的基本理念和基本规则对大陆法系私法制度的构建具有深刻影响。

二、债之相对性的历史演变

债之相对性的概念产生于债权制度的形成伊始,伴随着债法的发展而逐渐形成,在近代经过概念法学的理论加工,从而具备了形式逻辑的稳固支撑。债之相对性的相关内容与精神最早来源于罗马法。盖尤斯在《法学阶梯》中对债的定义是:"债是一种迫使我们必须根据我们城邦的法律制度履行某种给付义务的法律约束。"②罗马法把发生在特定主体之间的债权债务关系称之为"法锁",用来说明"当事人之间的羁束(gebundenbeit)状态"。③ 只有在"法锁"关系中的相对人才受到债权债务关系的约束,法锁关系之外的第三人无法介入权利义务的履行,此即为债之相对性在罗马法中的来源。

在罗马法中,债之相对性还与诉权密切相关。罗马法中的诉讼形式可区分为对物之诉和对人之诉,"对人之诉是指我们据以针对每个合同或者私犯行为而向我们负债的人提起诉讼,对物之诉是指我们据以主张某个有形物是我们的或者主张我们享有某项权利的诉讼"。④ 对物之诉针对的是不特定的人,对人之诉只能针对特定的债务人。罗马法将对人之诉的适用范围限制在债法制度上,而对物之诉则适用于保护物法、继承法和家庭法关系中。由此,通过对人之诉和对物之诉的区分,债之相对性和权利的绝对性得以区分,债之相对性原则得以进一步确认。

在近代大陆法系中,债之相对性作为债法制度的原则被各国民法典所普遍接受。《法国民法典》对债之相对性的规定散见于债法中,其债法诸多规范

---

① [德]卡尔·拉伦茨:《德国民法通论》(上册),王晓晔等译,法律出版社 2003 年版,第 300 页。

② [意]盖尤斯:《法学阶梯》,黄风译,中国政法大学出版社 1996 年版,第 97 页。

③ 罗马法契约制度规定了"缔约应当在要约人和受约人之间产生(inter stipulantem et promittentem negotium contrahitur)"和"任何人不得为他人缔约(alteri stipulari nemo potest)"。参见周枏:《罗马法原论》(下册),商务印书馆 2009 年版,第 677 页。

④ [德]萨维尼:《萨维尼论对人之诉和对物之诉》,田士永译,载《中德私法研究》2006 年第 1 卷,第 199 页。

均体现了债之相对性的精神和内容。① 而《德国民法典》通过创设物权债权二元权利体系，以债之相对性和物权之绝对性作为财产法体系的基础，以更为精细化的立法技术将债之相对性上升为债法制度的基本原则。《德国民法典》对罗马法中的对物诉讼和对人诉讼，以及注释法学派提出的对物权和对人权，通过潘托克顿法学派的理论加工而形成物权债权二元权利体系。物权和债权分别由处分行为和负担行为两个最基本的法律行为产生，作为规范一些财产法律关系的基础。债是相对人之间意思表示一致的结果，是相对人自愿为相互之间为给付和请求受领的法律行为。《德国民法典》明确了"债权人因债的关系得向债务人请求给付"的效果，"合同在所有参加的权利主体之间的关系方面是一种发生法律约束力的双方行为，合同的规则原则只适用于自己"。②

受《法国民法典》《德国民法典》的影响，债之相对性原则逐渐被大陆法系各国或地区所确认。日本、我国台湾地区虽然没有在民法中明确表述债之相对性的总则性规定，但均将债之相对性作为债权理论和债法制度的本质性原则。继受德国潘托克顿民法体系的我国民法制度，其理论学说和相关立法③也均确认了债之相对性原则在债法制度中的运用及其他相关规则中的适用。

在英美法中，虽然没有债的概念，只有合同的概念，但合同相对性原则同样是其合同制度的本质原则和理论基础，用以表明合同内容来自于双方当事人之间的约定，合同的权利义务内容只对签订合同的当事人产生拘束力。合同相对性原则在英美法中由两个著名的判例所确立。在"特维德尔诉阿特金斯"（*Tweddle vs. Atkinson*）一案中，一对男女恋人订婚后，双方的父亲一致承诺会给新郎一笔金钱，并且合同中也约定若任何一方没有按照承诺给付这笔金钱的话，新郎有权请求法院要求支付。后来新娘的父亲尚未支付这笔金钱便去世了，新郎请求法院支付先前承诺的给付，并对其遗产予以执行。该请求被法院驳回，法院认为请求权必须出有权就合同提出诉讼的人提供，而原告不

---

① 《法国民法典》第 1119 条规定："任何人在原则上只能为自己接受约束并以自己的名义。"第 1134 条规定："依法订立的契约，对于缔约当事人双方具有相当于法律的效力。"第 1165 条规定："契约仅在缔约当事人间发生效力。"

② ［德］卡尔·拉伦茨：《德国民法通论》（下册），王晓晔等译，法律出版社 2003 年版，第718 页。

③ 我国《民法通则》第 84 条第 1 款规定："债是按照合同的约定或者依照法律的规定，在当事人之间产生的特定的权利义务关系，享有权利的人是债权人，负有义务的人是债务人。"《合同法》第 121 条规定："当事人一方因第三人的原因造成违约的，应当向对方承担违约责任。当事人一方和第三人之间的纠纷，依照法律规定或者按照约定解决。"

是合同当事人,无权以被告与原告父亲之间的合同作为提出请求的依据。在"邓禄普轮胎公司诉塞弗里奇"(*Dunlop vs. Selfridge*)一案中,英国上诉法院正式确认"合同相对性"为一项基本原则。该案中,上诉法院驳回了生产商起诉要求执行批发商和零售商之间的合同条款。合同相对性原则在英美法中具有重要的地位,对合同相对性原则的严格遵守已经成为其合同法制度的一项基本准则。

第二节　债之相对性突破的理论基础

一、债之相对性突破的理论争议

在制度史和立法例上,伴随着债之相对性原则的确立,债之效力扩展至第三人的现象一直存在,债之相对性突破的相关理论也一直存在。债之相对性是指发生在相对人之间的请求给付的关系,而债之相对性突破是指债之关系外的第三人直接享有债之权利或承担义务。围绕着债之相对性是否产生突破,学界存有肯定说和否定说两种理论分歧。

肯定说认为,随着债法制度的发展,在某些债法领域,债之关系逐渐突破了相对关系,而对第三人产生了效力。在罗马法中就有债之相对性外的"誓言"、"许诺"及"嫁奁"等制度。① 在近代民法中,随着社会经济的发展变化,债之相对性突破在司法实践和理论研究中被反复提起。相关情形包括第三人侵害债权制度、租赁权的"物权化"、债权人代位权、债权人撤销权、利他合同、契约对第三人的保护、不动产预告登记等。第三人侵害债权制度使债权如同绝对权那样可以受到第三人侵害;租赁权的"物权化"使债权产生了类似物权的绝对效力;债权人代位权和撤销权制度使第三人可以介入到债之关系代债权人或债务人行使权利;利他合同使债权人的请求受偿给付可以由第三人享有;契约对第三人的保护使债之关系外的第三人可以依据债之内容行使请求权;

---

① "誓言"是指民众与神职人员缔结献金协议,神职人员通过誓言的方式保证献金将被用于供奉上帝。"许诺"是指民众与城邦官员缔结城邦管理协议,官员通过许诺的方式保证市民缴纳的钱物将被用于建设城邦。"嫁奁"是指在古罗马时期的婚嫁制度中,女方的父母会支付男方一笔嫁妆,并且约定如果今后双方离婚,则女方嫁妆应当归还女方或者女方子女所有。参见周枏:《罗马法原论》(下册),商务印书馆 2009 年版,第 662 页。

不动产预告登记使债权人像物权人那样具有对抗任意第三人的效力。肯定说并没有否认债之关系的本质为相对性,债之相对性原则依旧是债法制度的基础,但是在以上特殊情形中,债之相对性难以解释权利效力的特殊现象,债之相对性由此在一定限度内产生了突破。

否定说认为,债之相对性是债之关系的本质,债之相对性无法得到突破。学理上通常提及的债之相对性突破的结论并不可靠,无须用债之相对性突破的理论来解释诸多情形。所谓的债之相对性突破要么本身可以被债之相对性原则所涵盖,要么是其他权利效力而非债权效力的体现。比如,在第三人侵害债权制度中,认为第三人侵害债权其实并非侵害债权而是侵害能权;租赁权的"物权化"和用益物权并不相同,其依旧是相对性而非绝对性的权利;债权人代位权虽以自己的名义行使但后果却归于债务人,其实是一种法定代理权;债权人撤销权是对债务人行为的撤销,不能证明其突破了债的相对性;利他合同中,第三人对允诺人请求权的根据,不是允诺人与相对人的合同,而是该合同文本中允诺人对第三人的允诺,无法得出突破了债之相对性;契约对第三人的保护是事实合同关系的结果;不动产预告登记其实是一种特殊的担保物权,不是债权物权化,也没有突破债的相对性。[①] 否定说将形式逻辑作为债之相对性原则的依据,认为所谓对债之相对性原则产生突破的诸多情形,或者本身可以被债之相对性涵盖,或者可以被其他民事制度涵盖,无论如何均不影响债之相对性在体系上的完整性,由此确保了债之相对性作为债法制度的基础。

综上,肯定说和否定说的分歧在于,否定说坚持认为债权债务关系作为相对人之间请求受领给付的法律关系,相对性为其权利本质,且相对性不应受到突破。否定说认为债之相对性作为债之关系的本质属性,符合了形式逻辑的要求,在财产法领域,债之相对性和物权之绝对性相互对立、界限明确,共同构筑了物权债权二元权利体系。肯定说并没有否认债之相对性在债之效力中的基础性地位,只是认为随着社会经济的发展,在债法领域产生了特殊现象,债之相对性原则变得不那么纯粹,传统民法中债之相对性效力无法完全解释某些债权现象,债之相对性原则由此在一定限度内被突破。肯定说和否定说的争论不仅涉及对特殊债法效力现象的解释问题,更重要的是,在根源上还涉及法律价值和民法本位的问题,具体而言,其涉及法律形式理性和实质理性、民法权利本位和社会本位的关系问题。

---

① 　相关论述参见李锡鹤:《民法原理论稿》(第二版),法律出版社 2012 年版,第 358—379 页。

二、债之相对性中的形式理性和权利本位

形式理性是指："按照抽象的一般性法律规则处理具体问题,而不是具体问题具体处理;法律体系的独立性和自我完善性,强调法律的自治,不受无上的命令、功利或其他的目的取向的规则、政策所影响。"①形式理性要求将具体的社会事实适用于抽象的法律规则之上,任何具体事实均可以通过法律规则和逻辑得出结论,而现有法律规则必须是遵循某种形式逻辑得以建构。符合形式理性的法律制度具有高度统一性及内在的一致性,同时保证法律的确定性和可预见性。"在历史中逐渐成形的实证法有一种内在的理性,促成了实证法的统一及关联性。"②综上,形式理性使法律规则的制定及其适用具有系统性、科学性、可预见性,对于法律制度的运行具有重要价值。

在民法中,债之相对性原则是债权属性的必然结论,具有严密的逻辑依据,是财产法体系和债法体系得以塑造的基础性理论。在这个意义上,债之相对性原则符合了形式理性的要求。通说认为,从根源上分析,债之相对性原则来自于契约法发展过程中的对价理论和意志理论。基于形式理性的要求,存有对价基础且双方意思表示一致的约定只能限定在相对人之间,保持相对人之间相互给付的对等性才是符合法律秩序的。

对价理论是指债权债务关系的形成不再依靠某种固定的形式或者仪式,而是以相对人之间给付的对价来完成。"当事人之所以要自觉地遵守契约,是因为他能取得对方的给付。"③对价理论的基础在于交易过程中的理性与自利,这种关系在大陆法中被称为原因理论,在英美法中被称为约因理论。原因是大陆法中契约产生的客观依据,同一类型的契约具有一致的原因,由此契约得以成立。④ 而"约因"是英美法中的重要概念,约因是相对人双方约定的效力保障,没有"约因"的允诺不具有效力,并且在此基础之上形成了"允诺禁反言"原则。大陆法系的原因理论和英美法系的约因理论都说明了契约相对人在契约关系中的对等地位,在客观性上赋予了契约成立的价值基础。

---

① [德]马克斯·韦伯:《法律社会学》,康乐、简惠美译,广西师范大学出版社 2005 年版,第 26 页。

② [德]卡尔·拉伦茨:《法学方法论》,陈爱娥译,商务印书馆 2003 年版,第 49 页。

③ 李永军:《合同法(第二版)》,法律出版社 2005 年版,第 238 页。

④ 原因理论认为原因包括近因和远因,近因是契约关系的直接目的,远因是契约最终满足的某种需要。近因在同类契约中具有客观性,远因因人而异,具有主观性,近因是原因理论中具有法律意义的部分。

　　意志理论则和人的自利性相联系,意志自由在契约法中表现为理性和物化的意志。在债法制度发展和债之相对性原则形成过程中,古典自然法学派的观点认为,只有在符合意志自由的前提下,分配正义才能得以体现。意志理论的创始者康德提出,"作为自由、平等的个人有权为自己立法,并将之作为一种先验的权利,这是每个人与生固有的权利"。"当某人就他人的事务做出决定时,可能存在某种不公正,但他就自己的事务做出决定时,则绝不可能存在任何的不公正。"①黑格尔也认为,"通过契约而达到的统一意志只能由双方当事人设定,约定的表示不是平常一般的表示,而是包含着已经成立于当事人之间的共同意志,它消除了当事人的恣意妄为和任性变更"。②

　　对价理论和意志理论是古典契约法的基石,其适应了自由市场经济和商业文明发展的客观需求,满足了人在市场中进行自由交易的要求,符合了严密稳固的形式理性要求。由此,以对价作为债权债务关系的客观基础,以意志理论作为债权债务关系的主观基础,进而使债之相对性原则成为必然的逻辑结果,并成为债法理论和债权制度的理论起点。

　　在民法价值上,民法的权利本位和形式理性是一脉相承的。形式理性要求民法贯彻权利本位,权利本位彰显了形式理性。权利本位认为民法的主要任务是保护个人利益,每个自然人之间人格平等。个人权利是由个人意思所支配的行为自由来实现的,因而民法极力贯彻落实意思自治和权利平等,通过保护自然人的意思自由,进而促成每个自然人的人格独立与完满,实现主体权利的保护。权利本位的典型特征表现为"意思自治之原则、契约自由之原则、责任基于过失而生之思想、所有权不可侵犯"。③权利本位是形式理性在民法中的贯彻体现,其从个人理性与自利的角度出发,形成了民事权利体系的系统性和严密性。

　　综上,债之相对性原则把意思表示一致而产生的效力严格地限定在相对人之间,从而构筑起符合人性自利和理性的法律秩序。债之相对性以对价理论和意志理论作为构筑债法体系的基础,将债之效力保持在缔约人之间,限制了债之关系的责任范围,保护了市场主体从事交易的积极性。因此,债之相对性原则是形式理性和权利本位的要求与体现,人与人之间的交易关系据此得

---

① [德]康德:《法的形而上学原理——权利的科学》,沈叔平译,商务印书馆1991年版,第90页。

② [德]黑格尔:《法哲学原理》,范扬、张企泰译,商务印书馆1996年版,第86页。

③ 史尚宽:《民法总论》,中国政法大学出版社2000年版,第67页。

以确定,整个债法制度也得以构建,故其堪称为形式理性和权利本位在民法领域的经典杰作。

三、债之相对性突破中的实质理性与社会本位

认为债之相对性发生突破的相关理论提出,债之效力在特殊情形下可以突破相对关系扩展至第三人,其法理基础在于法律实质理性和民法社会本位。

"实质理性强调的是某些具有特质的规范对法律的构造,而有别于以逻辑性的通则规范为基础的形式理性。"[①]形式理性具有普遍性,而实质理性具有具体性。实质理性不关注法律的内部逻辑性和自洽性,而是强调法律与社会生活的息息相关,在形式理性的内部逻辑无法满足某类案件所彰显出的公平正义时,就需要以外部因素来调整既有规则。这些外部因素往往是法律根据政治、经济或者政策等实体性原则予以确认的。它们通常是具体的,并不以保证法律制度内在的逻辑自洽为目的。因而,实质理性突破了形式理性所追求的规范体系的完整性和逻辑架构的一贯性,打破了形式主义的理论体系,进而形成了相对开放的法学体系。实质理性并不意味着法律的道德化、模糊化等,它并不会导致法律规则与道德、政治规范的界限模糊不清。以实质理性为内涵的法律规范依旧是法律规范,只是这些规范的价值来源于既有的法律体系之外。

在民法上,实质理性关注的是民事权利体系之外的其他因素,它认为当过于强调形式理性导致正义可能发生背离时,就需要调整既有的权利体系和逻辑结论。作为高度强调形式理性的权利体系,形式理性意味着体系完备和逻辑自治,一切民法问题均可以在形式框架内得到自足。实质理性则考虑了民法体系之外的问题对现有体系的影响。[②] 由此,基于实质理性的价值要求,债之相对性突破对古典契约法的理论修正的根源在于契约制度之外的其他因素。

古典契约法将形式理性推向了极致,基于对价理论与意志理论的债之相对性,则使契约制度形成了严密的内在逻辑。债之相对性以维护对价和允诺为原则,契约关系只对以意思表示参与其中的相对人发生效力,以此形成形式

---

① [德]马克斯·韦伯:《法律社会学》,康乐、简惠美译,广西师范大学出版社 2005 年版,第 28 页。

② "所谓社会本位之法制,亦仅权利本位法制之调整,绝非义务本位法制之复活。"参见梁慧星:《民法总论》,法律出版社 1996 年版,第 37 页。

理性上的稳固基础。然而,契约制度的发展并不仅仅关涉人的自利和理性问题,社会生活中的诸多因素也会影响到契约制度的发展。"纯粹形式理性化的法律在实践中难以得到完全的贯彻,其在平衡规则的稳定性与社会实践需求之间存在着致命的弱点,他人把所有的筹码都压在规则的稳定性之上,很少或几乎没有考虑社会实践的需求。"[1]

在民法体系中,实质理性体现为社会本位价值。形式理性向实质理性的转变过程也体现为权利本位向社会本位的变迁。传统契约法律制度所建立的权利本位,在现代社会发展的过程中受到了挑战。随着工业科技的迅猛发展,社会分工更加细致,个体之间在经济实力上产生了巨大差异,近代民法所强调的主观行为自由在一定程度上导致了客观上的行为不自由。为了适应新的情况,现代民法作了诸多修正,增加了对个人意思自治、契约自由、过错侵权责任、所有权绝对的限制。民法更加注重社会利益与私人利益的协调,由权利本位逐渐趋向于社会本位。社会本位集中体现在意思自治原则与契约自由原则已经得到了修正,所有权绝对不可侵犯已经不存在,无过错损害赔偿逐渐确立。社会本位的出现表明,近代民法强调意思自治所实现的形式平等,由于受经济社会发展的冲击,导致了民事主体之间实质的不平等。此时,民法必须基于民法原有体系之外的诸多社会因素,对意思自治和权利平等进行限制,以恢复民事主体之间的实质平等。

在一些情况下,契约关系仅仅拘束相对人可能会有违社会公平正义。公平正义观念是制定法律并推动法律变革和发展的基础。债之相对人在某些实践情形中可能会过于强调相对人的意思自治,却没有考虑由此可能导致的相对人之间的经济强制。比如在房屋租赁以及商品房预售中,法律均是在逻辑体系内无法得出对经济上地位不稳固一方确需的保护后,才依据外部的公平正义因素,赋了房屋租赁人对抗其他房屋买受人的权利以及经过登记的房屋买受人对抗其他买受人的权利。债权保全制度同样是法律为了防止债务人的财产不当,减少给债权人的债权实现带来危害,而以公平正义的价值需求,赋予作为第三人的债权人行使代位权或者撤销权。保护第三人利益的契约赋予和契约没有任何关联的第三人享有债权债务关系的保护,同样是基于对第三人利益保护的公平正义需要。

综上所述,交易方式的多样性和公平正义观念均对债之相对性原则产生

① 郑晓哲:《合同相对性原则在海上货物运输合同法律关系中的突破》,大连海事大学博士学位论文,2001年,第61页。

了影响。债之相对性建立在相对人之间的对价和合意的基础上,而债之相对性突破则建立在外部社会政策考量的基础上。

四、债之相对性及其突破的理论分析

(一)债之相对性及其突破的实质

债之相对性及其突破在根源上涉及法律价值和民法本位的问题,即实质理性和形式理性、社会本位和权利本位的关系问题。否定债之相对性突破的观点认为,形式主义和权利本位是民法权利体系构筑的价值基础。在形式主义和权利本位下,债之相对性是债权债务关系的本质所在,债之效力无法扩展至第三人,不应被突破。而肯定债之相对性原则的观点则认为,实质主义和社会本位的影响使得债之相对性原则在一定程度上被突破。因此,就债之相对性及其突破在法理上的要义,还须作如下分析。

否定债之相对性突破的观点认为,从体系和逻辑出发,债之相对性是对价原则和意志理论的结果,债之相对性原则不应当被突破,其坚持了形式理性的法律价值。否定说强调对债之相对性问题的分析在方法论上的规范性,即为了说明债之相对性原则在体系上的完整性和自洽性,就债之相对性突破的特殊现象的解释方法,要么在债法范围之内寻求扩展债权债务关系的适用范围,要么在债法之外试图将特殊现象归结于其他权利的效力体现。例如,在债权债务关系的范围内,将"对第三人的保护契约"解释为债务人和第三人之间产生了事实合同关系,因而两者之间本来就存在债权债务关系,由此自然应当受债之相对性的约束;将"利他合同"解释为债务人对第三人的特别允诺,由此债务人和第三人之间存在债权债务关系,受债之相对性的约束;"买卖不破租赁"是基于法定债权债务的概括移转,在债务人和第三人之间同样产生了债权债务关系,受债之相对性约束。又如,在债权债务关系的范围外,将"第三人侵害债权制度"解释为对债权人能权的侵害,而非债权受侵害;将"不动产预告登记制度"解释为一种特殊的担保物权,而非简单的债权债务关系;将"债权人的代位权和撤销权"解释为行使法定代理权的结果,而非主张债权的结果。这些权利现象之所以产生债之相对性之外的效力,是因为当事人除了债之相对人的身份外,还是其他权利义务关系的主体。

由此,经过方法论上的特殊处理,否定说使债之相对性原则被完整地保留下来,相互之间产生请求给付关系的必然属于债之关系,而权利效力会扩展至第三人的必然不属于债之关系。

因而,否定说通过解释方法将一切债权债务关系均严格地限定在相对人之间,维持了债之相对性原则在形式上的体系完备和逻辑自洽。但是,否定说似乎没有进一步说明被认为是债之相对性突破的特殊现象的根源问题,即无论在立法论上还是在解释论上都还需要指明这些特殊情形在民法体系中出现的理论依据。例如,将债权人对第三人产生效力的依据解释为债权人和第三人之间具备债权债务关系,在"利他合同"中的事实允诺,在"契约对第三人的保护制度"中的事实合同关系以及在"买卖不破租赁"中的债权债务的法定概括移转。虽然将这些情形解释为债权债务关系从而得出债之相对性没有突破的结论,但需要探讨的问题是,将其规定或者解释为债之关系的依据何在。例如,事实允诺的理论基础是什么,债权债务法定概括移转的依据是什么,契约对第三人的保持解释为事实合同的依据是什么。又如,将债权人享有的权利解释为并非债之效力,而是债法之外的其他权利效力,同样要对法定代理权等概念为何从原有权利体系产生予以解释,即还需要说明此时这些法定情形的根源是什么。

否定说通过方法论上的解释撇开了与债之相对性无关的要素,这诚然保证了债之相对性理论的完整性。但笔者认为,这更多的是一种方法论上的构造,我们仍旧需要考虑和解释这些特殊效力的理论根源问题。而无论将这些权利现象纳入债权债务关系范畴,还是将其解释为债权债务关系之外的其他权利效力,都无法摆脱实质理性的影响。特别是当这些规定并非来源于当事人的约定,而是来源于法律规定或某种法律解释时,其不具备债之相对性中当事人允诺的基础,只能寻求实质理性和社会价值层面上的因素。当法律认为将债权债务关系严格限定在相对人之间有违社会公平正义时,就应当考虑是否在某些范围内突破债之相对性,将债之效力扩展至第三人。而无论是通过扩展债之效力的适用范围还是引入其他债法外的制度,从本质上看都应当是实质理性的作用结果。在民法本位上,这种问题主要表现为社会本位对权利本位的补充。考虑到民法外部的一些因素,债之效力在特殊情形下突破了相对关系而扩展至第三人。

综上所述,本书认为,债之相对性是债权债务关系的本质,债之相对性原则是债法制度的基础原则,是古典契约法中的必然结论,其彰显了形式理性和权利本位。随着社会经济的发展,实质理性和社会本位要求债法制度考虑到权利体系外的社会因素,由此导致了诸多特殊权利现象的出现。与债之相对性原则高度抽象不同的是,这些特殊权利现象比较庞杂。针对这些权利现象的分析,应当从立法论和解释论两个角度切入,明确其是否能够被债之相对性所涵盖或者对债之相对性产生突破。在立法论上,若这些权利现象来自于实质理性和社会本位,则在解释论上其无法为了满足债之相对性的要求,改变债之关系的范围或性质,故应该认为构成了对债之相对性的突破。

（二）债之相对性及其突破的限度

债之相对性是形式理性和权利本位的结果,债之相对性突破是实质理性和社会本位的影响。对于一些特殊权利现象,无法被债之相对性所涵盖,属于债之相对性突破的情形,需要通过债之相对性突破予以说明。但是,对债之相对性及其突破还需要有以下两点认识。

其一,债之相对性是债权债务关系的本质,是债法制度构建的理论基础,债之相对性原则在民法体系和债法领域中具有重要地位。

在债法制度上,债之相对性原则是由债的本质所决定的。建立在对价理论和意志理论基础之上的契约制度,明确了债权债务关系发生在相对人之间。债权和其他民事权利的区别就在于债之相对性。只要承认了契约是以相互之间达成意思表示一致而产生的法律关系,就必然会在逻辑上得出债之相对性关系。因而,债之相对性原则是债之性质和意思自治原则的逻辑结论和必然体现,反映了债之权利义务关系的基本要求。债权的其他特征均来源于债之相对性,如债之平等性、相容性、非公示性、非侵权性均来自于此。若否认债之相对性的基本内容,则一切债法制度均会丧失理论基础,债法大厦的基本框架和制度体系也将荡然无存。

在民法体系中,债之相对性与物权之绝对性确定了债权与物权的区分,形成了内容完备、逻辑严密的债权体系和物权体系。债之相对性原则决定了债权发生于相对人之间,债权人权利是通过债务人的给付行为实现的,因而债权以合同法上的违约损害制度作为主要保护方式,通常不认为债权可以成为侵权法上的保护对象。物之绝对性原则,要求物权具有公示性,使得物权能够借助于侵权行为法予以保护,物权成为侵权行为法的保护对象。可见,债之相对性也是理解物权债权二元权利体系诸多特点及内在体系的逻辑起点。

其二,债之相对性突破仅存在于极少的限度内,且应以民事制度的形式突破债之相对性原则。

基于实质理性和社会本位的考虑,债之相对性突破现象是存在的。债之相对性原则是债权本质的要求,是形式理性的体现,债之相对性在社会关系中产生突破,是实质主义的结果,法律应当对此作出回应。虽然前述第三人侵害债权制度、租赁权的"物权化"、债权人代位权、债权人撤销权、利他合同、契约对第三人的保护、不动产预告登记等制度中的具体内容,是否都可以被认为突破了债之相对性原则值得商榷。但至少可以肯定的是,债之相对性突破在一定程度上是存在的。① 当然,对债之相对性的突破是以牺牲法律形式理性为代价的。当民法融入外部社会价值时,应当受到一定程度的限制,不能动摇债之相对性原则作为债之本质以及在债法中的根本地位。换言之,对债之相对性原则的突破只是在某些特殊领域弥补债之相对性在具体社会经济条件下的不足。债之相对性原则具有具体性和特殊性,债之相对性仍然是债之性质的本质体现。

在实质理性和形式理性的交互过程中,为避免与民事权利体系和民法思维产生冲突,应当以民事制度的方式来实现实质理性,从而减少对形式理性的伤害。特别是对于大陆法系而言,权利体系和逻辑结构的完备是其法律制度的运行基础,应当借助制度形式对债之相对性原则进行突破。在民法制度中,诸如善意取得制度、表见代理制度均是在权利本位需要缓和时,通过民事制度改变既有权利关系,实现对特殊利益的保护。因而,对债之相对性的突破,应当以债法之外的其他民事制度予以落实,涉他合同制度、不动产预告登记制度、债之保全制度、第三人侵害债权制度均为此体现。

综上所述,就债之相对性及其突破问题,应当以形式理性和实质理性、权利本位和社会本位的互动关系来说明其法理基础。形式理性和权利本位是民法制度和权利体系构筑的基础,债之相对性原则是债法制度的基础,不应当被动摇。在特殊情形下,因实质正义和社会本位的影响,债之相对性将被突破。但为了维持民事权利体系的结构和逻辑,不应当任意改变现有债法体系,债之相对性突破应当以民事制度的方式实现。对于债之特殊效力的分析,应当考虑其是否可以在债之相对性内予以解释,再分析债之相对性突破的原因,并以民事制度作为其效力突破的解释路径。

第三节　债之相对性突破的类型分析

与相对抽象、完整的债之相对性原则不同,债之相对性突破的规范内容显

---

① 限于本书探讨的主题,此处对理论探讨中涉及债之相对性突破的具体情形不展开分析,但通过形式理性和实质理性、权利本位和社会本位关系之梳理,债之相对性在特殊情形下以法定方式被突破是存在的,并且具有法理基础。

得庞杂多样。如前所述,被认为涉及债之相对性突破的现象包括第三人侵害债权、租赁权"物权化"、债之保全、利他合同、契约对第三人之保护、不动产预告登记、委托人介入权和第三人选择权等。这些情形并非都构成对债之相对性的突破。为了准确定义债之相对性及其突破的本质,对债之相对性及其突破的类型可以作如下分析。

一、对特定第三人的突破和对不特定第三人的突破

债之相对性突破从对象上看,可以由特定第三人承受合同的权利或义务,也可以使债之内容对抗任何第三人而产生。梅迪库斯将债之相对性突破分为两种类型:第一种为债之法律关系得以对抗任何第三人,如预告登记制度、"买卖不破租赁"制度,这类契约通常具有很强的对世效力,即所谓的"债权物权化"现象;第二种是债之法律关系仅对有特别联系的第三人发生效力,如涉他合同制度,这类合同仅涉及特定的第三人,并不对任意第三人发生效力。①

二、约定的突破和法定的突破

从债之相对性突破的来源上看,可以分为约定的突破和法定的突破。约定的突破是指缔约当事人采用合同约定的方式使合同内容对第三人发生效力;法定的突破是指第三人根据法律规定进入到缔约当事人所形成的合同法律关系中。

以约定的方式将合同效力扩展至第三人,本身符合意思自治的原则,对传统契约理论的影响有限。虽然为第三人授予某种权利是缔约人的意思,但是否接受该合同权利则是第三人的自由;如果为第三人设置了某种合同义务或者其他法律约束的,也只有在第三人同意之后才发生效力。债之相对性原则来源于意思自治原则,当事人因意思表示一致受债权债务关系的约束,由此债之权利义务仅发生于相对人之间,不涉及第三人。在立法上,通过约定方式赋予第三人权利义务的涉他契约,在契约制度中通常都会被保留下来。② 在理论研究中,通过将涉他条款和主合同以独立性的方式,来避免对债之相对性的损害。"法国合同法的理论始终是将第三人利益条款视为依附于当事人所订立合同的'附加条件',而德国法运用高度抽象的思维方法,把第三人取得权利

---

① 〔德〕迪特尔·梅迪库斯:《德国债法总论》,杜景林、卢堪译,法律出版社 2004 年版,第25 页。

② 郑玉波:《民法债编总论》(第二版),中国政法大学出版社 2003 年版,第 357 页。

的根据从当事人为设立该种利益而订立的合同中予以分离,将之视为独立存在的行为。"①由此,约定方式对债之相对性的突破其实并非真正的突破,意思自治原则被完整地保留了下来。

相比较而言,以法定方式突破债之相对性并不考虑相关当事人的合意问题,对债之相对性理论构成了真正的挑战。法律通常基于某些特殊原因的考量,直接超越缔约人的一致同意,使具有特殊利益的第三人介入到债之关系中承受某种权利或义务。法律之所以规定第三人可以介入到债之关系中是有社会原因的,但都会与意思自治原则和债法的自治精神发生抵触。由此,以法定方式突破债之相对性原则触碰了传统债法制度的理论基础,构成了实质意义上债之相对性原则的突破。

三、债之涉他性与债之绝对性

如上所述,在对抗来源上,债之相对性突破可以来自于双方约定或者法定。比较而言,约定的突破具有效力上的独立性,第三人同意是约定内容对其生效的重要依据,因而只能认为这是债之相对性的复杂化,通过约定独立化的处理方式,并没有违背当事人意思自治和债之相对性原则。而以法定方式使第三人介入债权债务关系则具有特殊性,通过法律规定使第三人介入到债权债务关系中,并没有体现当事人的意思自治,与债法制度本身并不兼容,通常具有特殊的立法依据和理论价值。因而,债之相对性突破不应当包括约定的突破,而只能是法定的突破。

在对抗对象上,债权人享有要求特定债务人为特定给付的权利,在这一点上,债权人可以"对抗"特定的债务人;物权人享有独立支配物并排斥任意第三人对物干扰的权利,由此,物权人可以对抗任意第三人。换言之,物权是物权人排斥任意第三人干涉其对物的支配利益,物权人可以对抗任意第三人。因而,从对抗效力上看,债权是相对的"对抗效力",而物权是绝对的对抗效力。这种相对和绝对的区分,隐藏在权利侵害之前而非权利侵害之后,因为若是在物权发生侵害之后,物权人必然是对某个特定的侵害人主张权利,此时物权就是在对抗特定的第三人,这样便会丧失相对和绝对的区分。因而,在"买卖不破租赁"中,租赁人对抗的并不是特定的买受人,而是不特定的第三人。因为在租赁关系存续期间,潜在的对抗效力是任何人若以买入租赁物的方式介入债之关系,承租人均以租赁权予以对抗,所以其享有的是绝对的对抗效力。

---

① 尹田:《论涉他合同》,《法学研究》2001 年第 1 期。

从对抗内容上分析，债权人对抗特定人和物权人对抗任意第三人的形式并不相同。债权人对抗债务人是请求受偿债务人的给付，债务人亦可抗辩，因而在债之关系中，对抗效力表现为请求权和抗辩权的形式。而物权人对抗任意第三人时，任意第三人不得干涉物权人对物行使排他性的支配权，物权人不需要第三人对其实施某种积极的给付行为，只有在第三人致物损害时才对其行使物权请求权，物权人对第三人行使的是一种要求不干涉物之支配的权利。前述诸多债之相对性原则突破的现象，既可能构成相对的对抗效力，也可能构成绝对的对抗效力。以涉他合同为例，为他人设置利益的合同，第三人介入合同后，即享有了合同的权利，可以突破债之相对性由其对债权人为给付，此时并不涉及绝对性的对抗效力。而对于"买卖不破租赁"、预告登记债权，则债之关系的当事人可以拒绝第三人对合同关系的介入，但其并非要求第三人承受债之关系中的权利义务，而是要求任何第三人不得阻扰债务人对债权人为给付，故是绝对性的对抗效力。

综上，笔者认为，从效力对象上看，债之效力可以包含债之相对性、债之涉他性和债之绝对性三种分类。债之相对性体现为债之关系中相对人之间的请求关系，是债之关系的应有之义，是债权效力体系的理论基础。若债之请求权可以向债之关系外的特定第三人主张或者由该特定第三人主张，则为请求权的涉他性。若债之关系可以排斥任意第三人对债之关系的介入，则为请求权的绝对性。

（一）债之涉他性

债之涉他性是指债之关系仅约束相对人的状况发生改变，债之权利义务指向了特定第三人，表现为特定第三人可以介入债权债务关系，包括第三人向债务人主张债之权利和债权人向第三人主张债之权利。债之涉他性并没有改变债的权利义务内容，而是债的主体范围发生了改变。按照债之相对性的要求，债之关系仅在缔约当事人之间发生效力，债的主体是债权债务关系的缔造者，同时也是债之权利的享有者和义务的承担者。在缔约和履行过程中，债的主体之间意志自由及地位平等，使契约自由和契约正义得以彰显。虽然债权债务关系只及于相对人，但基于社会关系的复杂性和整体性，契约在实然上的第三方效应一直存在。随着实践交易的需要，债之主体发生了扩展，第三人被引入到债之关系纽带中，构成了对债之相对性原则的突破。债之主体的扩展同时带来了债之内容和责任的扩展，第三人介入债之关系享有相应权利或者承担某种义务。

从具体类型上看,债之涉他性包括了债的保全制度和对第三人保护的契约制度,债的保全制度中的代位权制度和撤销权制度均是法律规定的第三人介入债之关系中,代替原债之关系中的债权人行使合同请求权利或撤销权利。而德国法上创设的"附保护第三人利益之契约",则是指与在债权债务关系之外的第三人,因和债权人之间的某种特殊关系,当发生债务人对第三人侵权时,第三人除了可以向债务人主张侵权责任之外,还可以向债务人主张违约责任。由此,原本债权债务关系被延伸至第三人,债之相对性发生了突破。

(二)债之绝对性

债之绝对性不同于债之涉他性。债之涉他性是第三人介入到债之关系中享有某些债之权利或者承担某些债之义务;而债之绝对性则是指债权人享有排斥第三人干涉其请求权的行使,即债权人可以支配债务人对其给付的权利。其具体表现是,在多重债权中,具有绝对性的请求权享有优先受偿给付的权利。因此,债之绝对性使债权人可以对给付标的享有"排他性的支配权利"。当然,这是对债之给付的排他性支配,而非对物的排他性支配。由此,债之绝对性改变了债的相对、相容、平等的本质,相对人之间的债权对不特定第三人产生了对抗效力,债权被认为产生了"物权化"的现象。经预告登记的债权、"买卖不破租赁"制度以及第三人侵害债权制度均体现了债之绝对性。

一是债之涉他性,体现为特定第三人对债权债务关系的积极介入,此时债之相对人和第三人之间基于法定原因产生债权债务关系;二是债之绝对性,体现为债权人可以消极地排斥任何第三人对债权债务关系的干涉,此时债之相对人和第三人之间是绝对性的对抗效力。以债之涉他性和债之绝对性来认识债之相对性突破具有合理性,能够以请求关系为视角区分出债之相对性突破的不同形式。债之涉他性和债之绝对性均是法律基于特殊原因干涉债之相对性的结果。检视债法外部的社会因素是认识债之相对性突破的关键,也是本书展开对债权性占有相关效力分析的理论基础。

综上所述,债之相对性突破是对实质理性和社会价值的需求,其使得债之效力出现了涉他性、绝对性的现象。而涉他性、绝对性现象强调的是如何保护民法的外部因素,而非遵循民法体系的内部逻辑。债之相对性原则是大陆法系和英美法系经过长久历史发展的产物,随着商品经济的逐渐发达、社会发展的日新月异,债法的经济、社会功能也必将更加复杂。对债之相对性突破应当结合民法权利本位和社会本位的价值需求来展开分析。

在法学分析上,对某类债之关系的分析首先应当从债之相对性出发,以获得关于权利关系、效力的准确认识。而债之涉他性规范和绝对性规范,超出了意思自治原则和债之相对性原则,是外部因素影响民法既有制度的结果。此外,某种法律现象除了涵盖债之关系外,也可能含有其他法律关系,诸如物权关系、占有关系、人身关系等。当权利人具有对抗第三人的效力时,也应当具体地去分析这种对抗效力到底属于逻辑推演的结果,还是外部因素干涉的结果。在既有的逻辑体系内可以分析得出相关效力结论,并妥当地解释相关法律关系的,就应当以体系内的逻辑作为分析法律关系的方法,由此才能最大限度地保护民法体系的自洽和稳定,保障形式理性作为法律制度建构基本价值在民法中的落实。只有在既有形式理性化的逻辑框架内,无法得出某种法律关系或效力的结论时,才需要从民法外部寻找社会价值的需求,对相关权利现象予以解释。

第四节　债权性占有中法律关系的相对性分析

由上所述,债之相对性是债之关系的本质和债法制度的基础,只有在基于民法外部社会价值保护时,才需要突破债之相对性原则,赋予债之关系以涉他性或者绝对性效力。由此,对债权性占有中法律关系的分析,应当首先在债之相对性的体系下展开。对于某些法定的特殊效力,当债之相对性无法解释时,再考虑相对性突破问题,同时探寻其突破的法外因素。

一、债权性占有之相对性概述

债权性占有是指债权人基于债权债务关系占有他人之物,其占有来自于债权债务关系,占有是其债权内容。债之相对性是债权性占有的效力根源和理论基础。债之相对性也是债权性占有区分于物权性占有的根源。债权性占有和物权性占有均具有对他人之物的占有、使用或收益的权利现象,但债权性占有是相对性的权利,而物权性占有是绝对性的权利。

债之相对性原则所要求的债务人特定性、债权人特定性和内容特定性,在债权性占有相关问题上均得到了体现。

首先,债权性占有中的债务人特定和债权人特定,是指债权性占有是相对人之间以占有为给付内容达成的债权债务关系,债权人的占有权利只能来自于债务人,是受领债务人给付的结果,而非对物支配的结果。虽然从权利表象上看,债权人具有对物支配和控制的事实,但是债权人对物享有的占有、使用或收益的权利是受领债务人给付的结果,而物权人享有的是对特定物的支配权利。前者的义务主体为特定的债务人,后者的义务主体为任意第三人。

其次,债权性占有中的内容特定性,是指债权人根据合同内容享有对物的占有、使用或收益权益,就债权人对物的债权内容均应当有债之当事人事前予以明确规定,其权利内容来自于相对人的约定,而非法律的直接规定。

最后,因债之相对性而产生的债之非公示性、相容性、平等性等特征,均可在债权性占有的效力上予以体现。债之非公示性是指因债之关系发生于相对人之间,无须像物权那样对外公示以表征权利。债权性占有并不需要特定的权利公示要求,占有并非债权的公示方式。在物权变动中,交付占有是动产物权变动的公示方式,但在债权性占有中,交付占有并不体现物权变动的公示。占有也无法产生与预告登记类似的债权公示效果。就相容性和平等性而言,债之相容性表明,就同一给付,债务人可以和数个债权人产生债之关系,数个债权之间效力和地位平等。债权性占有的成立,并不影响指向同一给付的其他非占有债权的生效,占有债权和非占有债权可以同时成立。所不同的是,在存有债权性占有的同时,无法就同一给付产生相同的债权性占有,其原因在于占有的绝对性,而非债的相容性。在指向同一给付的数个债权之间,占有债权和非占有债权的地位是平等的。

二、债权性占有之相对性的内涵

综上,在物权债权二元权利体系的理论框架下,债权性占有是债法上的问题,应当在债之相对性的理论框架内探讨其效力问题。债权性占有除了相对人特定性和内容特定性之外,在权利效力的其他诸多方面均表现出符合债之相对性的特性。[①] 通过和物权性占有的对比分析,可以更为明确债之相对性视角下债权性占有效力的基本内涵。

(一)权利的来源

在债之关系中,债权人利益来自于相对关系中债务人的给付受领,债权性占有中债权人的占有利益同样来自于债务人的给付。债权人享有对物占有权利的原因是,债务人基于义务自主通过债之关系许可债权人对物的占有。而在物权性占有中,物权人对物占有的权利是绝对性权利,其来自于对物的支配权,而非来自于义务人的给付。

---

① 叶涛:《债权性占有"对抗效力"的法理分析》,《东方法学》2016 年第 3 期。

因而,债权性占有中债权人对物的占有权利并非一项独立的权利,其必然依附于债务人的许可,权利的内容和行使方式都受制于债务人的许可。例如,保管人负有保管之义务,其占有他人之物的权利来自于寄托人的许可。借用人占有他人之物的权利同样来自于出借人的许可,关于借用后对物占有、使用的内容都应当在出借人许可的范围内进行,不得违反借用合同。在租赁情形下,承租人可以对物享有全面的占有、使用及收益权利,但承租人的权利同样来自于出租人的许可,同样不得违反租赁合同。债权性占有中对物的使用利益,不同于用益物权,"是许可使用权,而非使用权"。①

(二)权利的实现方式

在权利的实现方式上,债之相对性决定了债权的实现方式是债权人请求债务人向自己给付,而不能直接支配债务人的给付行为,债权实现必然需要债务人的协助才能完成。而物权之绝对性,则决定了物权人对物直接享有支配力,物权人可以直接支配权利客体,义务人对此仅负有不作为义务,物权实现无须义务人的协助。

债权性占有中债权人的利益需要债务人的协助才能实现,债权人享有对物占有、使用或收益的权利都建立在债务人协助的基础之上。这种协助不仅是指债务人需要将物交付债权人占有,还包括债权人占有物后,债务人应当容忍债权人对物的占有,债务人应当在合同期间使占有物保持法定或约定的状态。在发生占有侵害时,债权人应当向债务人主张恢复原状、赔偿损害等债权请求权,以此满足对物的占有、使用和收益的债权性利益。例如,在借用或租赁中,当借用物和出租物需要维修时,在当事人未作例外约定时,应当由出借人或出租人承担维修义务②,对占有物进行改善或者增设他物,需要经过出借人或者出租人的同意。③ 当然,债权人还可以占有人的身份,基于对物占有的事实向侵害人主张排除妨害、消除危险、返还原物的占有保护请求权。但占有保护不同于权利保护,债权人向债务人主张权利保护,向第三人主张占有保护。债权保护是终局性的权利保护,占有保护作为一种事实状态的保护,只是暂时性的保护措施。在物权性占有中,占有物的维修义务由物权人而非所有权人承担,物权人可以对物行使加工改善权利。

---

① 李锡鹤:《论民事优先权的概念》,《法学》2004 年第 7 期。
② 参见我国《合同法》第 220、221 条。
③ 参见我国《合同法》第 223 条。

(三)权利体现的意志

在权利体现的意志上,物权的客体是物,物权是权利人在特定物上排他性地实现自己意志的权利,物权的实现不必依靠他人意思的介入,具有一种"物权人意思的独断性"。[1] 债权的客体是他人的行为,债权是权利人在自己的受领行为(受领特定给付之行为)上实现自己的意志,从本质上而言,这种受领行为也体现了债务人让渡自己权利的意志。

在债权性占有中,债权人对物的占有体现的并不是自己的意志,而是体现了债务人让渡自己权利的意志。其实质是债务人通过将物交由债权人占有来实现自己的意志,属于债务人意志的延伸。债务人通过合同约定为他人创设对物占有中的各种使用或收益内容,以实现自己意志在物上的体现。而在物权性占有中,物权人对物的占用则完全体现了自己的意志。"所谓物权之支配性,系指物权人得依自己之意思,无须他人之意思或行为介入,对标的物即得为管领处分,实现其权利内容之特性。"[2]所有权人可以独立地在特定物上实现自己的意志。即使对于他物权而言,在他物权人和所有权人之间,他物权人对物的占有也不受所有权人的意志干涉,物权人在特定物上实现的是自己的意志,而非所有权人的意志。

(四)权利的内容和形式

在权利的内容和形式上,债之关系在相对人之间产生,债之效力仅拘束相对人而不扩展至第三人,因而债之内容和形式相对自由,只要不出现违背国家强制性法律规定或社会公序良俗的均为有效。而作为绝对权的物权,基于物权法定的要求,物权人对物占有的内容和形式均受到法定严格限制,当事人不得创设违背法律规定的物权。

债权性占有是一种债权债务关系,由于其发生于相对人之间,关于债权人对物占有的时间、地点、状态、方法、使用限制等内容都可以通过双方约定确立,只要约定内容不违背法律的强制性规定均为有效。因而,债权性占有内容丰富、形式多样,是发挥分离所有权功能,对物占有、使用或收益最为便捷有效的方式,但其存在于相对人之间,权利较为脆弱。相对而言,在物权性占有中,他物权人对物的占有必须符合物权种类和内容法定的要求,物权人和所有权

---

[1] 孙宪忠:《中国物权法总论》,法律出版社 2009 年版,第 35 页。
[2] 谢在全:《民法物权论》(上册),中国政法大学出版社 1999 年版,第 25 页。

人之间不能任意约定占有内容,占有内容和形式较为固定。此外,因债权性占有之相对性,债之效力对第三人不发生作用,故其权利较为脆弱,而物权性占有具有绝对性,因而权利较为稳固。

（五）权利的转让

在权利的可转让性上,物权人原则上可以自由转让其权利,但以转让自由之限制为例外。作为物权可以对抗任何人的表现之一,物权具有可转让性,除了所有权之外,如以占有为内容的土地承包经营权、建设用地使用权、宅基地使用权和地役权等他物权,物权人均享有独立于所有权人意志之外的转让权利。[①] 债权让与通常受到较大的限制,债权人原则上不得自由处分其权利,但以权利的可处分性为例外。债权让与受制于债务人意思的限制,取决于基础债之关系的规定,双方甚至可以约定排斥债的可转让性,由此"设立无让与性的契约"。[②] 从根源上看,债权性占有的不可转让和物权性占有的可转让的原因在于债权性占有的相对性、依附性和物权性占有的绝对性、独立性。

在物权性占有中,他物权人对他人之物的占有、使用或收益权益,与债权人对他人之物的占有、使用或收益权益有本质区别。在他物权设立之后,他物权人的权利内容基于物权法定直接来自于法律的规定,他物权人可以直接独占地、排他地对特定物进行支配而无须借助所有权人之行为。由此,在他物权设立后,他物权人对物支配的意志独立于所有权人的意志,他物权人可不经所有权人同意而自由处分物权。

在债权性占有中,对他人之物的占有、使用或收益权益取决于相对人的意志,而不是直接依据法律的规定。债权人基于债务人的意志实现对物的占有,根据债之性质,在单纯占有的债权性占有中,债权人享有占有的同时,负有对物妥善保管的义务。在对物使用、收益的债权性占有中,债务人将物交由债权人占有是为了体现自己的意志,其他第三人无法代替债权人来实现。除非经过债务人的同意,发生了债务人的意志对第三人的转移,否则债权人不得将债权随意转让与他人。因而,不同于他物权的情形,债权性占有并不具有可转让性。

债权性占有的让与涉及两个问题:一是将债权债务关系概括转让给他人,

---

① 参见我国《物权法》第 128、143、153、164、166 条。

② ［日］我妻荣:《我妻荣民法讲义・新订债权总论》,王燚译,中国法制出版社 2008 年版,第 8 页。

债权性占有人退出原债权债务关系;二是将对物占有、使用或收益的权利转让给第三人,受让人和物权人之间不发生新的债权债务关系,债权人与物权人的原债权债务关系保持不变。债权性占有的两种转让情形均会受到限制。在第一种情形中,债权债务关系的概括转让除了法定概括继受之外,均需要经相对人的同意,债权人无权单方将债权债务关系转让给他人。在第二种情形中,债权性占有人将自己占有他人之物的权利转让给了他人。债权性占有是依附于债务人的意志的占有权利,债权人不享有独立的占有权利。在保管、借用、租赁、运输、承揽等债权债务关系中,债权人对物之保管、借用、承租、运输、承揽的权利转移给他人的,需要征得债务人的同意,不得随意将占有权利转让给他人。①

有观点提出,是否具有可转让性并非物权债权区分的标志,物权也会出现转让权受限制的情形,是否具有可转让性也并非债权性占有和物权性占有的效力区分。② 如在《德国民法典》中,第 1030、1059 和 1061 条所确立的物权性质的用益权,用益权的转让就会受到限制。③ 对此,需要说明的是,物权性占有的可转让性受限制,与债权性占有的不可转让性的原因并不相同。某些物权的转让受限制,是物权法定本身强制干预的结果,而非受所有权人意志限制的结果。而债权性占有不具有可转让性,是所有权人意志限制的结果。因而,债权性占有和物权性占有的转让受限制的性质并不相同,物权性占有具有独立性,转让权受限制是法律强制干预的结果;债权性占有具有依附性,转让权受限制是所有权人意志所决定的,具有不可转让性是其效力的必然属性,即使合同赋予债权人具有转让债权的权利,也是所有权人意思表示的结果。

此外在可继承性的问题上,债权性占有是债权人和债务人之间相对性的

---

① 在租赁上,出租人可以为承租人设定转租的权利。转租是承租人将物转租给第三人,但其与原出租人的租赁债权债务关系不变。有观点认为,可以转租的租赁债权属于物权,参见李锡鹤:《对债权不可侵性和债权物权化的思考——兼论物权与债权之区别》,《华东政法学院学报》2003 年第 3 期。但是,债权人具有转让占有的权利,是出租人赋予承租人权利的结果,依旧是在出租人保有对物意志支配前提下的转让。

② 鲍家志、蒙旭:《论租赁权的本质——占有权》,《广西政法管理干部学院学报》2005 年第 6 期。

③ 《德国民法典》第 1030 条第 2 款规定,用益权可以因排除个别收益而受到限制。第1059 条规定,用益权不得转移,用益权的行使可以交付于他人。第 1061 条规定,用益权随用益权人的死亡而归于消灭,用益权为法人或者有权利能力之合伙享有的,其随法人或者有权利能力之合伙消灭。参见杜景林、卢谌:《德国民法典——全条文注释》(上册),中国政法大学出版社 2015 年版,第 776、787、790 页。

权利,依附于债务人,不具有可继承性。而物权性占有属于独立的权利,不受所有权人意志的干涉,可以发生继承。

(六)权利的保护

在权利的保护上,物权人享有对抗第三人侵害的保护权利,包括物权请求权[1]和侵权损害赔偿请求权[2]。物权请求权体现为物权人"有权向任何一个无权占有其所有物的第三人请求返还,也有权排除第三人对其所有物的任何干扰"。[3] 侵权损害赔偿请求权的目的是确保物权人可以向侵权人提出损害赔偿之请求,以弥补其损失。而基于债之相对性,债权人就债权利益的损害只能向债务人主张相应的违约责任。

在债权性占有中,债权人就物的占有、使用或收益的利益损害,只能基于合同中对权利义务的约定,向债务人提出请求承担违约责任。债务人也只能向债权人而不是债之关系外的第三人要求承担违约责任。若因第三人的侵害行为造成债权人对物的占有、使用或收益利益受损的,就此债权利益的损害,债务人仍应向债权人承担违约责任。债务人在承担违约责任以后,有权向第三人追偿。当然,此时还需要区分债权损害和占有损害的不同责任承担问题。因第三人侵害占有致使债权利益受损的,债权人可以向第三人主张占有保护请求权和占有损害赔偿请求权,但此时并非基于债权人的身份,而是基于占有人的身份。就其债权损失而言,只能向债务人主张违约赔偿请求权。占有保护和债权保护的性质不同,占有保护是暂时性保护,债权保护是终局性保护;不能以占有保护中的绝对性,来否认债权性占有中债权保护的相对性。

综上所述,通过与物权性占有的对比可以看出,虽然债权性占有具有类似物权性占有的权利外观,但是两者的权利效力不同。基于债之关系的视角,债权性占有在权利对象、权利的独立性、权利实现方式、权利体现的意志、权利内容与形式、权利可转让性、权利的保护上,均体现出了债之相对性效力。其根源是在贯彻形式理性和权利本位的民法价值观念下,债权性占有和物权性占有分别属于债权性和物权性的权利概念,由此形成了各自不同的权利性质和效力特征。债权性占有产生于相对人之间的给付受领,由债之相对性决定,其法律关系均可以在债权体系中予以明确。民法仅在实质理性和社会本位的作

---

① 参见我国《物权法》第 34、35 条。

② 参见我国《侵权责任法》第 2 条。

③ [德]迪特尔·梅迪库斯:《德国民法分论》,邵建东译,法律出版社 2004 年版,第 58 页。

用下,才在一定限度内对债之相对性予以调整,当债权性占有不体现民法外部的社会价值时,应当在债之相对性的理论框架内来认识和解释债权性占有的一系列效力问题。

除了前述债权性占有的效力分析外,理论和实践中争议比较多的问题还有债权性占有的对抗性、优先性和受侵害性问题,即债权性占有对抗物之返还请求权、债权性占有在多重之债中的优先受偿以及债权性占有受侵害的保护问题。这些问题从根源上看,其实都涉及债权性占有之相对性及突破的问题。对于这些问题的分析,首先应当在现有债法制度和逻辑体系中展开。债权性占有在对抗性、优先性上和受侵害时体现的是何种效力?这些效力到底属于债法效力的表现,还是属于其他效力的表现?这些问题都应当在形式理性和权利本位的价值背景下进行分析,即首先在债权债务关系的范畴内分析债权性占有的效力,只有对此无法得出可靠结论时,才需要进一步思考是否存在实质理性和社会本位的价值需求影响到了债权性占有的效力问题。

第三章　债权性占有的对抗性分析

　　"物权具有对抗力,债权不具有对抗力"的结论,在债权性占有的效力上表现出了某种特殊性。债权性占有被认为具有对抗原物返还请求权的效力,这被不少学者称为"债权性占有的对抗性"。[①] 债权人占有是发生于相对人之间的债权债务关系,与请求他人交付物一样,债权性占有持续性占有物也是请求他人行为的结果。债权人享有占有物的权利来自于债务人给付的结果,而非自己直接支配物的结果。基于债权是请求权而不具有支配性,债权性占有本应无法对抗他人的原物返还请求权。但理论研究中围绕着债权性占有对抗效力的问题,不断有学者提出债权性占有的物权化问题,认为债权性占有具有一定程度的物权性效力,以此作为说明债权性占有对抗原物返还请求权的根据。[②] 本章将着重探讨债权性占有对抗原物返还请求权的效力表现及其根源问题。

---

　　① 　债权性占有的"对抗效力"这一表述为笔者所归纳,其观点则为不少学者所主张,并作为"债权物权化"观点的重要内容。参见[德]鲍尔、施蒂尔纳:《德国物权法》(上册),张双根译,法律出版社 2004 年版,第 107 页;王泽鉴:《基于债之关系占有权的相对性及物权化》,载《民法学说与判例研究》(第七册),中国政法大学出版社 2005 年版,第 47—67 页。笔者不认为债权性占有的效力独立于债权效力之外,不同意债权性占有具有对抗性的观点。因为对抗效力是指排除物权善意取得或者排除与自己物权相抵触的物权的发生。但为了表述方便,笔者使用债权性占有的"对抗效力"一语,并在"对抗效力"这一词语上打上双引号以示不是真正意义上的对抗性,同时表明债权性占有之阻却他人返还原物的请求或原物返还请求权之效力不属于对抗效力。

　　② 　相关论述可参见叶涛:《债权性占有"对抗效力"的法理分析》,《东方法学》2016 年第 3 期。

第一节 债权性占有对抗性概述

要分析清楚债权性占有对抗性问题,首先应当厘清以下基本概念问题:何为权利的对抗性? 物权和债权在对抗性表现上的原本含义是什么? 债权性占有的对抗性在立法和学理上的表现又是什么?

一、问题的提出

为了说明在债权性占有中,债权人对抗原物返还请求权的问题,试举以下三个例子予以说明。

案例1:甲与乙订立标的物为玉雕的所有权保留的分期付款买卖合同。该玉雕虽已交付,但所有权并未移转。当乙将款额付至95%时发现该玉雕有重大瑕疵。乙以甲根本违约为由解除合同,甲无异议。当乙基于合同解除而请求甲返还已付钱款时,甲却因暂无清偿能力而未予返还。乙因此没有返还玉雕。不料,甲又将该玉雕卖给了丙,并依据我国《物权法》第 26 条的规定[1],将玉雕所有权移转给丙。丙能否基于所有权请求乙返还玉雕? 我国现行法律对此无明文规定,学界多数观点认为[2],乙可以拒绝返还玉雕。

案例2:甲将房屋借给乙,返还期未到,甲将房屋卖给丙,并办理了过户登记,但没有交付房屋。丙能否基于所有权请求乙返还房屋? 依据《物权法》第 34 条之规定,丙有权请求乙返还房屋。因为乙与丙不存在债权债务关系,对丙而言,乙占有丙的房屋属于无权占有,乙无法抗拒丙对房屋的返还请求。

案例3:甲将房屋租赁给乙,租赁期未到,甲将房屋卖给丙,并办理了过户登记,但没有交付房屋。丙能否基于所有权请求乙返还房屋? 依据《合同法》

---

[1] 我国《物权法》第 26 条规定:"动产物权设立和转让前,第三人依法占有该动产的,负有交付义务的人可以通过转让请求第三人返还原物的权利代替交付。"学界将这一"替代交付"的方式称为观念交付中的"指示交付",也有称为"返还请求权之让与"或"让与返还请求权"。本书称"指示交付"。

[2] 虽然对所有权保留的性质存有争议,但相关论述均认为保留买受人此时可拒绝第三人的返还请求。参见王泽鉴:《附条件买卖买受人之期待权》,载《民法学说与判例研究》(第一册),中国政法大学出版社 1998 年版,第 160、162 页;申卫星:《所有权保留买卖买受人期待权之本质》,《法学研究》2003 年第 2 期;王洪亮:《原物返还请求权构成解释论》,《华东政法大学学报》2011 年第 4 期。

第 229 条"买卖不破租赁"的规定,乙可以拒绝丙对房屋的返还请求。

上述三个案例都属于债权性占有的权利现象,但债权人拒绝物之返还的权利却并不相同。对此,需要深入分析何为债权性占有的对抗性,债权性占有的"对抗效力"究竟如何,产生该效力的法律依据和学理依据是什么等问题。

二、权利的对抗性

要探讨债权性占有的"对抗效力"问题,首先应界定何为权利的"对抗性"。

在物权债权二元权利体系中,物权是指向物的权利,债权是指向人的权利。对物权与对人权是物权和债权效力区分的基本表现。

物权具有对特定物垄断支配并排除他人干涉的权利。物权具有排他力。物权的排他效力在于物权人对特定物的独占支配力。与物权的排他力不同,并非所有的物权均具有对抗效力。物权的对抗效力表现为,依法公示的物权可以排除(对抗)第三人在同一物上取得与该物上既存之物权不相容的物权。换句话说,依法公示的物权可以排除第三人在同一物上善意取得物权。据此,只有依法公示的物权才有对抗效力,没有公示的物权不具有对抗效力。例如,依据《物权法》第 158 条的规定,经登记的地役权具有对抗力,没有登记的地役权不具有对抗力。

债权是特定权利主体受领、请求特定义务主体为特定给付的权利。债之相对性是债的本质属性。债权人只能向特定的义务人请求给付。笔者认为,债权的"对抗力"可以理解为债权效力中保持力的延伸。通说认为,债权具有如下效力:请求力、执行力、处分力、保持力、自力实现效力。[①] 其中,保持力即受领保持力,是指保有受领给付利益的正当性,使受领给付具有法律上的原因,并永久保持因给付而获得利益。债权性占有是债权人受领债务人特定给付的结果,其占有属于有权占有。其保持力不仅表现在占有他人财产的正当性上,而且表现为有权拒绝债务人之原物返还请求权。学界往往将此称为"对抗性"。

因而,对抗在物权和债权中的含义并不相同。物权的对抗性和债权性占有的"对抗性"虽然存在区别,但是两者也有共同之处,这就是排除他人在同一物上取得或行使与自己权利内容相冲突的权利。这就是所谓的"对抗"。物权的对抗性是指排除第三人依据善意取得的方式取得物权。债权性占有的对抗

---

① [德]迪特尔·梅迪库斯:《德国债法总论》,杜景林、卢谌译,法律出版社 2004 年版,第 16—22 页。

性是指排除权利人行使占有物上的物权请求权,而其核心表现是债权人可以持续性占有物以对抗他人原物返还请求权。尽管如此,在文法使用上,本书认为"对抗"一词仅仅适用于物权效力而不应沿用于债权效力。就债权效力而言,使用"拒绝"、"抵御"、"抗辩"等词语更好,即便使用"对抗"一词,也必须打上双引号,以示区别。

三、原物返还请求权的界定

原物返还请求权是指在无权占有人侵占他人财物的情况下,物权人可向无权占有人要求返还原物的请求权。原物返还请求权可以区分为物权法上的返还请求权和债权法上的返还请求权。物权法上的返还请求权和债权法上的返还请求权的性质完全不同,前者属于物权请求权,后者属于债权请求权。两者在主体、针对的义务人、公示原则、举证责任、诉讼时效上都不相同。

(一)物权法上的返还请求权

物权法上的返还请求权的请求权基础是《物权法》第 34 条和《侵权责任法》第 2 条和第 15 条。《物权法》第 34 条规定:"无权占有不动产或者动产的,权利人可以请求返还原物。"此处权利人指的是物权人。[①]《侵权责任法》第 2 条和第 15 条规定了侵害物权需要承担返还财产的侵权责任。[②]

物权法上的返还请求权的适用范围,包括了所有权和他物权,他物权包括土地承包经营权、建设用地使用权、宅基地使用权、地役权等类型。当然,物权法上的返还请求权并非适用于所有的他物权,而只适用于以占有为内容的物权类型。原物返还请求权调整的是以占有为内容的物权人与无权占有人之间的法律关系。因而,地役权、抵押权、质权、留置权等他物权人通常不被认为享有原物返还请求权。地役权人通常并不以占有作为权利构成的要件,地役权并不享有占有供役地的权能,第三人的占有并没有"占据"地役权人的权利范围,地役权人也就没有享有原物返还请求权的必要。而抵押权、质权和留置

[①]　全国人大常委会法制工作委员会民法室:《中华人民共和国物权法条文说明、立法理由及相关规定》,北京大学出版社 2007 年版,第 49 页;王利明:《物权法研究》(上卷),中国人民大学出版社 2007 年版,第 219 页。

[②]　《物权法》第 34 条规定了所有权人对无权占有的返还请求权,《侵权责任法》第 15 条规定了返还财产的侵权责任承担方式,尽管对于两者的关系理论中存有争议,但通说认为两者均为物上请求权。参见王洪亮:《原物返还请求权:物上请求权抑或侵权责任方式》,《法学家》2014 年第 2 期。

权,作为对物的价值权利,通常不以占有为必要条件。在我国司法实务中,抵押权人不能享有原物返还请求权。① 对于质权和留置权而言,若存在质权人或留置权人占有标的物的情形,则质权人和留置权人享有原物返还请求权。

当存在所有权和他物权并存现象时,即在土地上存在所有权和他物权并存现象,国家或者集体的所有权和私人的土地承包经营权或者建设用地使用权以及宅基地使用权并存时,由于土地的用益权利主要集中于他物权人,应当规定由他物权人享有原物返还请求权。而对于在土地之上存在的信托人或者受托人、保留所有权人,则应当由原所有权人享有原物请求权,因为后者是债权人,而非物权人。

(二)债权法上的返还请求权

债权法上的返还请求权的请求权基础是《合同法》第 58、97 条,是指债之关系的当事人享有请求相对人返还原物的权利。《合同法》第 58 条规定:"合同无效或者被撤销后,因该合同取得的财产,应当予以返还。"《合同法》第 97 条规定:"合同解除后,尚未履行的,终止履行;已经履行的,根据履行情况和合同性质,当事人可以要求恢复原状、采取其他补救措施,并有权要求赔偿损失。"

债权法上的返还请求权的权利主体是债之关系的当事人,在合同无效、撤销、解除或者已经履行完毕的情形下,一方当事人可以要求另一方当事人返还原物。债权法上的返还请求权的权利主体并非物权人,而是基于债之当事人的身份,且其请求权基础也并非因为权利人对物享有的支配权利,而是债之相对人之间的某种债权债务关系。在债权债务关系存续期间,一方占有他人交付之物,而当债权债务关系消灭时,则需要将此物返还于相对方。

债权性占有对抗原物返还请求权,既包括了对抗债法上的返还请求权,即债权性占有人对抗债之相对人要求返还物的权利;又包括了对抗物权法上的返还请求权,即债权性占有人对抗物权人要求返还物的权利。

四、债权性占有的"对抗性"表现

在立法和实务上,债权性占有的"对抗性"突出表现在以下三个方面。

其一,"买卖不破租赁"规则。"买卖不破租赁"规则是大陆法系民法中的

---

① 最高人民法院物权法研究小组:《〈中华人民共和国物权法〉条文理解与适用》,人民法院出版社 2007 年版,第 139 页。

普遍原则,其赋予了承租人对抗租赁物之受让人的原物返还请求权的权利。

其二,债权性占有人可以依据债权对抗作为债务人的动产所有人的原物返还请求权。《德国民法典》第 986 条第 1 款规定:"占有人或者作为其权利来源的间接占有人对所有权人有权占有时,占有人可以拒绝将物返还……。"①

其三,债权性占有人可以对抗动产所有权之受让人的原物返还请求权。例如,某甲将动产借给某乙,并将借用物移转给某乙占有。嗣后某甲将该借用物之所有权移转给某丙,当某丙请求某乙返还该借用物时,某乙可基于对某甲的抗辩事由对抗某丙的原物返还请求权。《德国民法典》第 986 条第 2 款规定:"根据第 931 条规定,因让与返还请求权而受让的物之占有人,可以其对受让的请求权享有的抗辩对抗新的所有权人。"②该规定表明,动产新所有权人基于以受让返还请求权的方式替代动产交付而受让动产所有权的,该动产之占有人有权以其对返还请求权的抗辩事由(即对原所有权人请求返还原物的抗辩事由)对抗新所有权人。

具体而言,根据债权性占有对抗对象的不同,债权性占有的"对抗性"可以分为"对抗"债务人的原物返还请求、"对抗"请求权受让人的原物返还请求、"买卖不破租赁"的特殊规则。

一是阻却债务人的原物返还请求。债权性占有阻却债务人的原物返还请求的效力是指,当物权人基于债之关系将物交付债权人占有后,债权人在债权债务关系存续期间可以拒绝物权人提出的原物返还请求。

我国《物权法》第 34 条规定:"无权占有不动产或者动产的,权利人可以请求返还原物。"此条明确了原物返还请求权的对象只能是无权占有人,不包括有权占有。《德国民法典》第 986 条第 1 款规定:"占有人或者作为其权利来源的间接占有人对所有权人有权占有时,占有人可以拒绝将物返还。"在占有人享有对物占有的权利时,即可排除物权人的原物返还请求权的适用。

二是以对受让的请求权所享有的抗辩,阻却请求权受让人的物权请求权。这一"对抗效力"是指,当所有权人处分被债权人占有的物时,债权人可以基于对物的占有对抗物权人(受让人)的物之返还请求权。前述第一个案例中,甲乙买卖合同被解除后,甲不愿向乙返还所受领的买卖价金,却又将玉雕所有权以让与返还请求权的方式(指示交付)移转给丙,当丙以财产所有权为依据请求乙返还玉雕时,乙可基于对所转让的债权的抗辩事由对抗丙的所有权。《德

---

① 《德国民法典》,郑冲、贾红梅译,法律出版社 1999 年版,第 231 页。
② 《德国民法典》,郑冲、贾红梅译,法律出版社 1999 年版,第 231 页。

国民法典》第 986 条第 2 款确立了动产的占有债权人可以其对债务人的抗辩权，对抗受让物之返还请求权的新所有权人。但是该条适用于动产上的债权性占有，不适用于不动产上的债权性占有。

三是以"买卖不破租赁"的规则，来拒绝受让租赁物之所有权人返还原物的请求。这一效力还体现在我国《合同法》第 229 条规定的"买卖不破租赁"的特殊规定上。理论界对"买卖不破租赁"的性质有着不同的学说观点，包括"对抗模式说"、"有权占有说"、"并存债务承担说"及"契约地位承受模式说"等。"对抗模式说"认为，"承租人得以其租赁契约或者租赁权，对抗受让人之所有权"。① "有权占有说"认为，"维持承租人对租赁物的有权占有，从而对抗新所有权人请求返还原物的效力"。② "并存债务承担说"和"契约地位承受模式说"认为，承租人不仅可以对抗新所有权人，还在承租人和新所有权人之间产生了新的法定租赁契约，其中参照德国立法模式的为并存债务承担模式，参照《魁北克民法典》的为概括债务承担模式。③ 上述论点用不同理由来解释"买卖不破租赁"的产生依据，然而其结果均是承认了债权人具有破除让与以对抗受让人原物返还请求权的效力。

就"买卖不破租赁"的范围和适用，还有学者提出使用借贷也应具有和租赁类似的对抗效力。例如，借用人在借用期限内，物权人将物转让给第三人的，借用人依旧可以以其有权占有对抗第三人的原物返还请求权。"使用借贷和租赁两者皆存在'民事主体（借用人或租赁人）基于债权契约而现实占有动产或不动产'之共性，故而如同买卖不破租赁一样，买卖亦不破使用借贷。"④

由此产生的质疑是，在"物权具有对抗性，债权不具有对抗性"的通常观念下，承认债权性占有的"对抗性"是否和债的相对性本质产生了分歧？债权性占有"对抗性"的法理基础是什么？对此，学界有着诸多不同的论述。有模糊物权债权二元权利区分的观点，认为债权性占有出现了物权化倾向，占有是债

---

① 张双根：《谈"买卖不破租赁"规则的客体适用范围》，《中德私法研究》2006 年第 1 卷。
② 黄凤龙：《"买卖不破租赁"与承租人保护——以对〈合同法〉第 229 条的理解为中心》，《中外法学》2013 年第 3 期。
③ 参见《德国民法典》第 566 条第 2 款和《魁北克民法典》第 1937 条。
④ 黄凤龙：《"买卖不破租赁"与承租人保护——以对〈合同法〉第 229 条的理解为中心》，《中外法学》2013 年第 3 期。

权物权化的根源①;有提出中间性权利的观点,认为债权性占有属于独立于物权和债权之外的占有权,是具有对抗效力的"相对的占有权"②;还有认为应当将债权性占有中的债权和占有相互分离,债权人享有的占有利益其实就是物权等。③

上述解释"债权性占有的对抗性"的理论争议,反映了对债权性占有"对抗效力"的性质理解问题。债权性占有对抗效力的内涵是什么,其具备的某些对抗效力产生的根源是什么?本章将以"债权性占有的对抗性"作为分析命题,结合物权债权二元权利区分的理论基础,探讨物权和债权的对抗性含义,梳理债权性占有对抗性的立法例与理论学说,分析债权性占有对抗性产生的效力本源,得出债权性占有对抗性的应有之义。

五、债权性占有对抗性的立法例

债权性占有与债权制度、占有制度的起源和发展密切相关。下文以债权性占有所涉及的对抗效力为考察对象,系统梳理债权性占有的制度史和立法例,来分析这一过程中的法理变迁。

(一)罗马法

在罗马法中,债权债务关系被称为"法锁",其只能在当事人之间发生相对效力,而没有对抗第二人的效力。占有概念被限定在基于所有权人的意愿对物的管领事实上,不强调对物是否有合法的权利存在,而强调是否以所有权人"据为己有"的意思控制。占有和持有是不同的概念。占有性质并不影响基于合同原因对他人之物的持有,在合同中基于租赁、借用等原因对他人之物构成持有。因而,严格来说,除了基于所有权人意思对物的控制,其他的债权性占有的概念,在罗马法中只是"债权性持有"。

债权性占有或者"债权性持有"与一般债权在对抗效力上并无差别。只要是基于债之关系持有他人之物,债权人对物的控制都是基于所有权人的意志而导致的,债权人只是对物进行持有,并没有对物的支配权利。在租赁合同

---

① 宋刚:《论我国用益物权的重构——以租赁权性质展开》,《河南社会科学》2005 年第 3 期;章杰超:《对所谓"债权物权化"的思考——以"买卖不破租赁"为例》,《法学论坛》2005 年第 5 期。

② 彭诚信:《占有的重新定性及其实践应用》,《法律科学》2009 年第 2 期。

③ [德]卡尔·拉伦茨:《德国民法通论》(上册),王晓晔等译,法律出版社 2003 年版,第 284、285、303 页。

中,无论租赁物是否交付承租人占有,其前后效力都属于请求给付的范畴。罗马法奉行的是"买卖破除租赁"制度,当所有权人将租赁物出让他人时,新所有权人完全可以剥夺承租人的占有和用益,其接下来可以实现的债权利益只能落空,而基于债之相对性,只能向出租人请求承担债务不履行的损害赔偿责任。同样,当出现第三人侵害租赁物时,债权人只能请求所有权人行使对他人的占有保护请求权或者物权请求权,其本人无法行使针对第三人的任何保护请求权。

(二)法国法

《法国民法典》虽然形式上没有采用物权债权分篇的立法模式,但是在其财产法部分,依旧确立了对物权和对人权的区分体系。在法国民法的理论体系中,对物权属于人对物的权利,对人权属于人对人的权利。所有权、用益物权、担保物权均属于对物权的范畴,而债权则属于对人权的范畴。法国关于占有的性质沿用了罗马法时期以所有人名义为自己占有,而不包括他主占有。承租人、借用人等基于合同原因对他人之物的占有,被称为"暂时持有"或"简单持有"。①　其占有保护请求权只适用于自主占有,而不适用于其他占有。

在基于债权原因占有他人之物中,大多数的情形依旧属于债权性质,占有并不会使债权具有物权化效力。在租赁权的性质上,《法国民法典》具有明确的结论。《法国民法典》在第二编中规定了对物权的用益物权制度,在第三编中规定了对人权的相关财产权利取得制度。租赁债权被明确地规定在对人权的相关财产权利中。因而,租赁权在《法国民法典》中属于债权范畴。

但在实践中,围绕着租赁权的效力及承租人能否向请求权受让人主张标的物的支配权,法国在立法过程中也产生了很大争议。虽然法国民法将租赁规定在取得财产方法的对人权之内,但是在实践中却通过判例和特殊立法,赋予了一些"长期租约合同"物权化效力。例如,农村里的永租权、城市中的"建筑租约"以及不动产租赁等,均具有对抗第三人的特殊效力。②　这三种租赁形式被称为长期租约,其典型特征是产生于不动产之上、租赁期限长,并且需要登记。在二战以后,法国民法正式确立了"买卖不破租赁"制度,赋予了三种长期租约承租人对原所有权人的后买受人的对抗效力。

---

①　尹田:《法国物权法上的占有制度》,《现代法学》1997 年第 5 期。

②　[法]佛朗索瓦·泰雷、菲利普·森勒尔:《法国财产法》(下),罗结珍译,中国法制出版社 2008 年版,第 1077—1092 页。

因而,除了租赁合同"买卖不破租赁"的规定,债权性占有在法国民法中并无其他可称为物权化效力的相关规定。

(三)德国法

德国民法通过对人权和对物权的理论加工,进一步确立了债权和物权的独立概念,并以此作为《德国民法典》债法物法的分编体例。物权是一种对物的支配权利,债权是一种对人给付的请求权利。《德国民法典》创设了相互区分的物权行为(处分行为)和债权行为(负担行为),进一步巩固了物权债权二元权利体系作为财产法建构的理论基础。《德国民法典》经过潘托克顿学派加工而成的严谨的体系结构,为分析债权性占有的相关效力问题提供了基础。

在德国民法中,占有和支配是一个既相互联系又有所区别的概念。德国民法中创设的直接占有和间接占有为支配权的定义提供了基础。"支配权包含了事实支配和法律支配,前者以直接占有为标志,而构成法律支配,则必须或者构成间接占有,具有对客体的处分权。"①这就解决了物权和债权区分的理论问题。所有权、用益物权、担保物权均可以取得对物的支配效力,债权则无法享有对物的支配效力。在德国民法理论中,债权性占有由于对物具有直接占有的地位,虽然其由债权行为而非物权行为所导致,但依旧被称作一种"相对的支配权"。虽然债权性占有在本质上并不属于物权的范畴,但却具有一定的物权效力,且这种一定的物权效力,是与占有保护请求权相区别的,只能发生在占有与债权结合的过程中。

这种债权性占有的物权化效力,在《德国民法典》中予以了确认。在不动产租赁上,《德国民法典》第566条通过法定契约承受的方式规定了"买卖不破租赁"制度,确立了不动产承租人对抗后买受人的效力。

在动产方面,《德国民法典》通过有权占有维持的方式予以保护,其在第986条第2款中规定:"动产上基于债务关系之占有权人,即得以其对受让的请求权享有的抗辩,对抗依据931条规定让与返还请求权而受让物的新所有权人。"当然,《德国民法典》第986条确立了动产的占有债权人可以对抗新所有权人,且范围和不动产的占有债权不同,其不仅限于租赁债权,所有对动产的债权性占有均可依据986条对抗新的所有权人。此外,德国民法还赋予了债权性占有对物的保护请求权,《德国民法典》第1007条规定:"非自愿丧失占有的动产之前占有人,在现占有人取得占有时为恶意的情形,或该物对于前占

---

① 金可可:《论支配权的概念——以德国民法学为背景》,《中国法学》2006年第2期。

有人而言为脱离物的情形,有权要求现占有人回复占有。"对于第1007条确定的债权性占有的侵权保护请求权,虽然法条规定其仅适用于动产,但司法裁判已经将其类推适用于不动产。第1007条的性质在德国学界还存在争议,即其规定的是占有保护请求权还是侵权保护请求权,前者仅为占有效力,并不涉及物权化效力,后者才是物权效力之体现。[①]

(四)日本法

《日本民法典》继受了德国民法对物权债权分篇订立的体例模式。所不同的是,日本民法将占有规定为一种物权,而非事实。占有作为一种事实,占有人享有占有保护请求权,其性质属于在原权利人无须证明自己本权时的一种相对简单的权利保护方式,因而占有本质上也是一种间接的保护权利的方式。占有保护请求权以占有事实为保护请求,通过对占有事实的保护达到权利保护,但在遇到他人有更强权源时则无法对抗该权利。日本民法中的占有权保护请求权和占有保护请求权的性质内容并没有差异。因而,需要考虑的问题是,日本民法对债权性占有的保护,除了占有权保护请求权之外,是否赋予了其他物权化效力? 在物被侵害时,能否援用针对物的侵权保护请求权或物权保护请求权? 在物被处分时,能否对抗新的所有权人?

《日本民法典》第605条规定:"不动产租赁,一经登记,对于其后就其不动产取得物权的人也发生效力。"该条规定了租赁债权的"买卖不破租赁"制度,以登记作为不动产租赁权对抗效力获得的依据,在发生不动产租赁和处分冲突时,以登记的先后顺序决定不动产租赁能否对抗不动产转让。在日本民法的发展过程中,最初将租赁权的对抗效力建立在登记的前提下,登记的租赁权可以对抗第三人,未经登记的租赁权不能对抗第三人。但之后通过法律修改,明确将租赁债权的对抗效力限定在交付占有的基础之上,经过交付占有的租赁债权即可对抗第三人。在适用对象上,《日本民法典》第605条的"买卖不破租赁"仅限于不动产。而在动产租赁上,我妻荣教授认为,"指示的占有移转的效果解释为受直接占有者的占有权限(租赁权)的限制"[②],即同样可以由占有权对抗后买受人。

① 金可可:《基于债务关系之支配权》,《法学研究》2009年第2期。
② [日]我妻荣:《我妻荣民法讲义·债权各论(中卷一)》,徐进、李又又译,中国法制出版社2008年版,第189页。

第二节　债权性占有对抗性的学说评析

一、债权性占有对抗性的理论学说

围绕着上述债权性占有"对抗效力"的问题,如何在现有物权债权二元权利体系下阐述其效力的法理依据,成为一个关键问题。现有学界的观点主要包括以下四种:物权说、相对支配权说、债权物权化说和债权说。

（一）物权说

有学者认为,债权性占有中对他人之物占有、使用、收益的租赁权,其物权化程度极高,本质就是物权,属于用益物权的范畴。租赁权不同于租赁合同,正如同用益物权不同于设立用益物权的合同。租赁权在性质上应当属于对物的支配权。虽然租赁权行使方式和用益物权有巨大差异,属于并非独立的权利,但承租人对出租人享有的租赁物交付请求权、修缮租赁物请求权等依旧属于物权的派生属性,不影响租赁权的物权属性。也有学者主张要对租赁权的客体进行限缩,限定不动产租赁权实为一种用益物权。[①]

（二）相对支配权说

相对支配权说为德国民法学界某些学者所主张。相对支配权又称为债权上的支配权、相对物权。该观点将支配权分为绝对的支配权和相对的支配权,认为物权属于绝对的支配权,债权性占有属于相对的支配权。

赖泽尔开创了所谓的"相对支配权理论",他认为基于债权的占有权利是一种相对支配权。在权利构造上,"所有权人将物出租或者交由他人保管,不仅仅建立一种债的关系,而是同时其所有人的法律地位发生改变……债权人基于占有取得一种相对性的支配权"。[②]

[①]　相关观点参见宋刚:《论我国用益物权的重构——以租赁权性质展开》,《河南社会科学》2005 年第 3 期;章杰超:《对所谓"债权物权化"的思考——以"买卖不破租赁"为例》,《法学论坛》2005 年第 5 期。

[②]　转引自王伟伟:《论有体物概念的体系价值——以德国法及其发展为研讨对象》,中国政法大学博士学位论文,2011 年,第 174、175 页。

卡尔·拉伦茨提出："使用承租人、用益承租人、借用人根据债务关系而享有的占有和使用的权利也应算是对物的支配权。"当然,这种支配权不同于物权,而是一种"相对的支配权",因为"它们只能针对某个通过债务合同而与之相联系的个别的人,而不是像真正的物权那样是针对所有的其他人的,所以不是《德国民法典》意义上的物权"。①

在效力上,相对支配权是一种对物的支配权,但只能对特定的相对人产生对抗效力:一是对抗所有权人的返还请求权;二是对抗物之买受人或继承人的返还请求权。基于物权行为理论,在相对支配权产生的根源上,德国学者迪德里希(Diederichsen)认为,债权行为不能产生物权效果,在物上有一个含有占有权能的支配权,与占有权能的请求权相对应,占有权利是与合同债权相对立的独立的主观权利,不是债权排除了所有物返还请求权,而是对该物占有的支配权排除了所有物返还请求权。②

(三)债权物权化说

"债权物权化"效力说认为,债权性占有是债权合意的结果,是一种债之关系的体现,其权利性质属于债权,但在效力上却产生了物权化效力。其延续的是一种"债权关系—物权化效力"的逻辑过程。

在贯彻意思主义物权变动模式的法国民法和日本民法中,并无物权行为和债权行为的区分,物权和债权均产生于双方的意思表示一致。在解释路径上,法国民法和日本民论无法像德国民法那样,从所有权中分离出一个占有转让的物权行为,就转让占有行为的物权行为构成一个物权性效力。因而,其只能以相对笼统的"债权物权化"的提法来解释债权性占有的对抗效力。

此外,法国民法和日本民法也并未将所有债权性占有列入"债权物权化"之中,而是将"债权物权化"的客体限定为租赁权。③ 法国民法虽然认为租赁债权并非物权,只能属于对人权(债权)的范畴,但法律赋予了三种租赁债权(永租权、"建筑租约"、不动产租赁)的租赁物承租人对受让人的对抗效力。但是,《法国民法典》并未将租赁债权限定在占有的基础上,因而严格来说,法国

① [德]卡尔·拉伦茨:《德国民法通论》(上册),王晓晔等译,法律出版社 2003 年版,第285 页。

② 王洪亮:《原物返还请求权构成解释论》,《华东政法大学学报》2011 年第 4 期。

③ 还有学者提出,应当将债权区分为物权化债权和非物权化债权。租赁债权属于物权化债权,而其他债权只能属于一般债权。参见苏永钦:《私法自治中的经济理性》,中国人民大学出版社 2004 年版,第 71 页。

民法并未赋予债权性占有以特殊效力,只是赋予了租赁权的对抗效力。而日本民法在发展过程中,最初将租赁权的对抗效力建立在登记的前提下,但之后通过法律修改,明确将租赁债权的对抗效力限定在交付占有的基础之上。①由此,日本民法中的债权性占有(基于占有的租赁债权)产生了物权化效力。

(四)债权说(债之涉他性说、信赖利益保护说)

债权说认为,债权性占有属于债权范畴,其不属于"相对的支配权",也不属于"债权物权化"的现象,而是一种债权债务关系。因而,只能在债权的效力体系内来解释其效力现象。债权性占有的权源是债权债务关系,这种权利来源于两个请求结果,分别是请求他人交付物和交付后请求他人容忍自己对物的占有。债权性占有人对物占有、使用、收益的权利不同于物权人直接支配物的权利。债权性占有人并不同于用益物权人,其只享有债法上对物的占有效力。

而就其债权效力的具体体现,债权说又可以分为"纯粹的债权说"和"非纯粹的债权说"。

"纯粹的债权说"完全继受了罗马法中债之"法锁"的观念,认为债权性占有基于相对人之间的债之关系而产生,债权人依据所有权人或者他物权人的意愿对物占有、使用和收益,在本质上完全不同于物权性占有。债权性占有人无法对抗债务人或者第三人对物的返还请求权。该学说否认立法例上债权性占有对抗原物返还请求权的规定,认为债权性占有无法对抗物权请求权。②

"非纯粹债权说"在坚持债权性占有只能体现债之效力的同时,主张在债法体系内寻求债权性占有对抗效力的解释依据。通过对我国现有学说观点的检索,可以发现主要有两种观点。其中,温世扬和武亦文提出,应当区别债之涉他性和物权性,债权性占有"对抗效力"是债权涉他性效力的体现,而非物权化效力的体现。"'买卖不破租赁'并不能反映出债权物权化效力,问题的逻辑缺陷主要在于将涉他性等同于物权性,在某些特定债权具有涉他效力时,就认为其具有物权属性,这些债权就物权化了。"③王洪亮在引用德国学者奥拉

---

① [日]我妻荣:《我妻荣民法讲义·债权各论(中卷一)》,徐进、李又又译,中国法制出版社 2008 年版,第 189 页。

② 罗马法中的债权性占有均属于债之相对性的范畴,即使是租赁权,也与物权性的地上权和永租权有严格区分,租赁权被列入债权且否认其具有对第三人的对抗力。参见[意]彼得罗·彭梵得:《罗马法教科书》,黄风译,中国政法大学出版社 1992 年版,第 378 页。

③ 温世扬、武亦文:《论租赁权的非物权化进路》,《当代法学》2010 年第 3 期。

夫·桑斯尼扎(Olaf Sosnitza)的观点时提出,债权性占有的对抗效力来自于债权人的信赖利益。任何物权人都不得从有权占有人处取回该物的原因在于不得违反信赖规则。信赖利益保护说"没有模糊债权与物权基础性区分,也没有将债权性占有权能的授予拟制为所谓的相对性处分行为,应予以支持"。①

二、债权性占有对抗性的理论评析

学界对债权性占有的性质及效力的争议焦点是,其对抗效力是物权性的还是债权性的。在物权债权二元权利体系下,物权性的对抗效力和债权性的对抗效力并不相同,前者属于绝对的排他力,后者属于债之效力的体现。

(一)"物权说"之评析

"物权说"认为,应当将租赁债权定性为物权,其实质是忽视了债权和物权在权利构成上的区别。物权具有对物排他性的支配力,并以物权法定作为权利产生的依据。若立法政策考虑到租赁与用益物权的相似性,将租赁权人对物事实上的管领规定为法律上的支配,将租赁权直接划入用益物权的范畴,那么此时租赁权是物权行为设定的结果。因此,已经完成物权法定的过程,当然属于物权,与单纯占有、债权的结合无关。若直接将由债权行为创设的租赁权等同于用益物权,那么除承租权以外的债权性占有还有无对抗效力?若有,"物权说"没有从根本上解决问题;若无,债权性占有的对抗力一说就不能成立,因为承租权已经被认定为物权而非债权。

(二)"相对支配权说"和"债权物权化说"之评析

"相对支配权说"和"债权物权化说"在一定程度上均背离了物权债权二元权利体系下对物权和对人权、物权要素和债权要素区分的原则。

在物权债权二元权利体系下,债权是请求受领他人给付行为的权利,物权是对物的支配权利。因而,债权是对人权,物权是对物权。对人权和对物权的二元区分,是由债权之相对性和物权之支配性的权利本质所决定的。"相对支配权说"提出,权利人享有的是对相对人的对物支配权利,那么"相对的支配权"到底是对人权还是对物权?对债权性占有而言,若其属于对人权,则占有人只能向特定人请求占有的权利;若其属于对物权,则占有人直接对物享有排他性的占有权利。将债权性占有定义为"相对的支配权",在逻辑上产生了"对

---

① 王洪亮:《原物返还请求权构成解释论》,《华东政法大学学报》2011年第4期。

人的对物权"的概念,权利人对物的占有权利来自于相对关系还是支配关系含糊不清,模糊了对人权和对物权的区别,导致权利效力上的混淆。

而"债权物权化说"需要解决的问题是,债权权源产生物权化效力的依据何在?"债权物权化说"的逻辑只是说明了立法现象,并未指明这种立法现象产生的根源。债权是对相对人的请求受领给付的权利。"债权物权化说"认为,相对人之间的债权合意产生了对物的支配效力,同样模糊了物权支配性和债权相对性的权利界限。将债权性占有定义为债权物权化的权利形态,说明了债权性占有以债权作为占有本权,但其为何会产生物权化效力以及在多大程度上出现物权化效力,均无法在债之相对性的理论框架内予以解释。可见,"债权物权化说"只是笼统地从权利表象概括了权利性质的变化,却无法在根源上合理解释为何相对性的债权会产生物权化的效力。

综上,虽然两种学说在权利根源上将债权性占有归为相对支配权或者债权,但均认为债权性占有效力突破了债权效力的原有范畴。两种学说的论证结果均是在对人权和对物权、债权和物权之间形成了一种中间型权利。但该中间型权利无论是在体系还是在逻辑上,均难以妥当地解释债权性占有的权利性质和效力表现的关系。

进一步而言,"相对支配权说"和"债权物权化说"观点的立足点,均在于债权人"占有物"的事实。债权性占有被认为类似于支配权或者产生物权化效力的依据在于,债权人和物权人一样享有对物占有的权利外观。那么,占有事实能否产生物权效力?占有和权利之间的关系又是什么呢?

物权的本质是支配权。"所谓物权之支配性,系指物权人得依自己之意思,无须他人之意思或行为介入,对标的物即得为管领处分,实现其权利内容之特性。"①依据法律规定,无须他人意思的协作,可直接在物上行使自己意思的权利,是支配力的本质。因而,所有权人享有对物全面的支配权,用益物权人享有对物使用价值的支配权,担保物权享有对物交换价值的支配权。占有作为一种事实状态,虽然可以是支配权的权利内容,但支配权的构成并非以占有为前提。物权可以分为占有物权和非占有物权,非占有物权如抵押权、某些地役权(如眺望权)等均不以对物的占有为必要。

反过来说,占有作为一种事实状态,可以作为物权的权能之一,但也不必然存在于物权之中。占有可以基于不同的本权发生,甚至可以没有本权而独立存在。占有除了物权性占有,还有大量的非物权性占有。其本权除了物权

---

① 谢在全:《民法物权论》(上册),中国政法大学出版社 1999 年版,第 25 页。

之外,还可以是债权、亲权等。债权性占有就是以债权为本权的占有。由此,占有和支配并不具有必然联系,占有并不一定构成物权或者导致物权效力。

总之,债权性占有中债权人对物占有只是债权本权和占有的效力体现,难以证明其权利形态完成了物权化过程,其效力和物权的支配力亦相去甚远。以债权性占有中"占有"外观来解释其物权化效力,存在逻辑上的解释问题。债权性占有对抗所有权人和第三人的效力只能在债法范畴内寻找结论。

(三)"债权说"之评析

"债权说"在债法范畴内解释债权性占有的对抗性,符合债权性占有作为债之关系的原意。"纯粹的债权效力说"对"买卖不破租赁"等债权性占有的对抗性现象均予以否认,其无法解释立法实践中债权性占有效力现象的原因何在。也就是说,以"纯粹的债权效力说"来否认债权性占有的对抗效力,回避了债权性占有在立法实践中表现出的"对抗性"。

以债之涉他效力来解释"买卖不破租赁"等"对抗效力"的现象,试图在债法体系中探寻解释债权性占有的债之特殊效力,但其没有揭示所谓"涉他效力"的含义。在所有权人以让与返还请求权的方式让与占有物给第三人时,当然会涉及第三人和债权性占有人的法律关系问题。若此为债之涉他性,则只是说明了法律现象,并没有在本质上揭示对抗力发生之原因。

在合同法理论中有"涉他合同"一说,但是依据民法意思自治的原则,涉他合同只能赋予他人权利,而不能为他人设定义务。如果将债权性占有的"对抗效力"解释为债之涉他效力,就会从根本上否定意思自治原则。虽然可以说这种涉他效力属于法定而不是意定,但涉他效力一说只是换了一个说法(将对抗效力说成涉他效力),并没有揭示产生涉他效力的法理依据。如前文所述,对"债之相对性"产生突破的有"债之涉他性"与"债之绝对性",两者均限于基于法定原因对债之相对性的突破。"债之涉他性"是基于民法体系外的社会因素,对某种特殊主体的保护而产生的。对于债之涉他性问题,关键是要解释这种涉他性产生的原因何在。以涉他性来阐述债权性占有的对抗效力,只是说明了权利表象,没有进一步说明导致该涉他性规定的法理依据。由此,"债之涉他性"不能作为债权人对抗第三人的理论依据。

而以债之信赖利益保护来解释债权性占有的"对抗效力"的学说,存在三个问题。第一,债权性占有中的信赖利益保护问题,只是一种高度抽象的民法原理,如同公平正义的原理一样。用高度抽象的原理固然可以解释一切民事制度,但是不能说明某一具体制度与另一具体制度的界线何在,从而不能准确适用民法具体规定。第二,在研究具体民事法律关系的理论依据时,不能仅仅以民法基本原则为理论依据,而应当具体分析其法律关系产生的依据。第三,这一理论不能解释本章第一节中第一个案例和第二个案例的区别,即不能解释当债务人将所有物转让给第三人时,债权性占有人能否定第三人动产之原物返还请求而不能否定第三人不动产之原物返还请求情形。在不动产上债权性占有和动产上债权性占有中,均存在信赖利益保护问题,而两者在对抗效力上却存在差异。

综上,在解释债权性占有的对抗效力上,"物权说"、"相对的支配权说"和"债权物权化说"均突破了物权债权二元权利体系,牺牲了民法固有理论体系作为债权性占有效力的论证依据。"债权说"则未能明确地说明对抗效力的产生根据。债权性占有的效力问题只能回到民事权利体系内部,在债之效力体系中寻求其对抗效力的法理基础。

第三节 债权性占有之物权性的检讨分析

在大陆法系民法理论中,物权债权二元权利体系作为民法大厦构架之基石,对人权和对物权的分类已经成为匡囿认识和思考的基本结构。[①] 物权债权二元权利体系关联了两种不同形态的权利内容,并被作为规范和调整财产制度的有效工具。[②] 支配权是物权的核心内容,物权的排他性和绝对性均由物权的支配性所决定,由此物权具有对抗不特定人的权利。认为债权性占有具有对抗原物返还请求权的理论,均指出了债权性占有物权化的现象,对此需要检讨债权性占有的支配性问题。

支配权是一种主体直接作用于客体的权利。梅迪库斯认为,支配权为"支配某种客体或某种其他的、无体的财产"的权利。[③] 卡尔·拉伦茨认为,支配权是"一种无限制的、全面的排他的对物进行支配的权利,根据这种权利,一切他人都不得对此物施加影响"。[④] 我国学者也多采纳类似的定义。史尚宽认

① 冉昊:《对物权和对人权的区分及其实质》,《法学研究》2005 年第 3 期。

② 常鹏翱:《债权与物权在规范体系中的关联》,《法学研究》2012 年第 6 期。

③ [德]迪特尔·梅迪库斯:《德国民法总论》,邵建东译,法律出版社 2000 年版,第 61 页。

④ [德]卡尔·拉伦茨:《德国民法通论》(上册),王晓晔等译,法律出版社 2003 年版,第 284 页。

为,"支配权者,直接对于权利之标的,得为法律所许范围内之行为之权利也"。① 王泽鉴认为,"支配权,指得直接对其客体予以作用,并排除他人干涉的权利"。②

支配权是物权构成的本质,学界对于物权的论述均以支配性为其定义,强调物权的核心在于对物的支配性。③ 物权的支配性体现为四个要素:占有、使用、收益、处分。④ 不同物权人享有对物全部或者部分的支配权利。而这种独立的支配性是基于法律规定并通过物权行为获得的。所有权人可以不受他人意志排他地对物进行全面支配。用益物权人对物的使用,虽然也是基于所有权人与其达成的合意而完成,但一旦物权行为完成,即独立地享有对物的使用权利,这种权利的内容和形式都来自于法律的规定,直到期限届满,所有权人不能干涉用益物权人的使用。因而,用益物权人对于物的使用是基于自己的意志,而非所有权人的意志,这才是其支配性的体现。担保物权享有的是所有权让出的物之处分的支配权利,在担保物权人和所有权人完成合意后,担保物权人享有物之变价权利也是基于法律的规定,无须体现所有权人的意志,享有限制所有权人处分财产的支配权利。"所谓物权之支配性,系指物权人得依自己之意思,无须他人之意思或行为介入,对标的物即得为管领处分,实现其权利内容之特性。"⑤因而,依据法律规定,无须他人意思的协作,不受他人意志干涉,即可单方面直接在物上行使自己意思的权利,是物权之支配性的本质。

物权的支配性是物权排他性和绝对性的基础。法律要保护权利人在物上的支配力,就必然要赋予权利人排除他人在物上相冲突的权利,具有对抗任意第三人的效力。在所有权上,任意第三人不得侵犯所有权人对物的支配利益。当所有权人在物上设置用益物权或担保物权时,也仅仅是特定的用益物权人或担保物权人可以限制所有权的支配利益。对于定限物权,用益物权在设立

---

① 史尚宽:《民法总论》,中国政法大学出版社 2000 年版,第 25 页。

② 王泽鉴:《债法原理》(第一册),中国政法大学出版社 2001 年版,第 8 页。

③ 梅仲协:《民法要义》,中国政法大学出版社 2004 年版,第 511 页;谢在全:《民法物权论》(上册),中国政法大学出版社 2011 年版,第 11 页;史尚宽:《物权法论》,中国政法大学出版社 2000 年版,第 7 页;王泽鉴:《民法物权》,北京大学出版社 2009 年版,第 29 页。

④ 作为最典型物权的所有权,在不违背社会意志和强制规范的前提下,原则上享有一切物的支配权利。定限物权从不同方面享有对物的支配权利,用益物权人享有的是对物占有、使用、收益的支配权利,用益权赋予了权利人可以完全使用物的权利,其他的役权赋予了权利人可以行使一个受限制的使用权。担保物权对物的支配性则体现在享有限制所有权人处分物的权利,抵押权赋予了权利人限制物的处分权利,动产质权享有通过占有物来限制物的处分权利。

⑤ 谢在全:《民法物权论》(上册),中国政法大学出版社 1999 年版,第 25 页。

之后,独立地在物之上成立自己的使用权,任何人不得干涉。担保物权在设立之后,独立地在物上成立自己对处分限制的变价权,任何人也不得干涉。史尚宽认为:"制限物权,其目的物之所有人,得为其所对抗,不免带有相对权的色彩。"①但是,定限物权作为他物权,在物权产生之后,定限物权人即可以享有独立的支配权利,这种支配权利不是仅仅向所有权人主张的,而是向包括所有权人在内的任何人主张的。在发生权利侵害时,定限物权人并不需要借助于所有权人的意思,就可以独立地向第三人行使物权保护请求权。因而,以定限物权产生于所有权人和定限物权人之间,来否定定限物权的绝对性是不合适的。权利的产生方式和权利的性质内容并不相同,只要定限物权成立,其就具有针对一切第三人的对抗效力。

在明确了物权的支配性和排他性之后,需要探讨债权性占有是否具有类似于物权的支配性和排他性。从权利外观上看,占有也具有一定的排他性和支配性,"物权的本质在于其排他性与支配性,占有也享有排他性"②,但是占有的支配性和排他性与物权相去甚远。

其一,从占有体现的意志来看,在罗马法中,占有除了客观上管领的占有体素,还需具备基于所有权人意思对物占有的心素,排除其他非所有权人意思的持有。近代民法普遍扩展了占有的心素要求,将占有的心素规定为只要有对物客观管领的意思。③ 这就使得占有的发生情形大大拓展,占有可以基于不同的本权发生,也可以没有本权而独立存在。在有权占有中,除了基于物权对他人之物的占有,还有基于债权对他人之物的占有。但其中只有物权性占有才具备法律意义上的支配力,其根源也在于物权本权的作用结果。"所有权乃对于物为法律上之支配,而占有系事实上之支配力也。"④单纯占有事实本身并不体现权利人对物排他性支配的意思,只是一种事实上的支配,而非法律上的支配。

在没有本权的无权占有中,占有人对物看似有全面的占有、使用、收益、处分的权利,但是这种权利状态是法律不承认的,在所有权人要求恢复对物的支配状态时,占有人必须将上述权利均予以归还,占有人对物的"支配"随时会受他人意志干预,根本无法独立地体现自己的意思。当基于债权原因而对他人

---

① 史尚宽:《民法总论》,中国政法大学出版社 2000 年版,第 23 页。
② 王泽鉴:《民法物权(用益物权·占有)》,中国政法大学出版社 2001 年版,第 155 页。
③ [德]萨维尼:《论占有》,朱虎、刘智慧译,法律出版社 2007 年版,第 80 页。
④ 梅仲协:《民法要义》,中国政法大学出版社 1998 年版,第 618 页。

之物进行占有时,对物享有的占有、使用、收益、处分权利均体现了所有权人的意思,而非自己的意思,占有人无法像他物权人一样,在物权之上完全独立地行使自己的支配权利。此外,对于占有辅助,即根据他人的指示对物实施占有的情形,由于占有辅助人本身对物的占有之心素都不具备,故其无法享有对物的占有利益,更无法谈及基于自己的意思而独立支配物了。占有辅助是完全按照所有权人的意思对物进行管领,占有则是所有权人授予其在自己意思范围内进行管领,两者都缺乏对物的基于自己意志的独立支配。这进一步表明,支配是必须具有独立地、排他性地根据自己意志实现物上利益的权利,欠缺对物占有意志的独立性,民法上的支配权将无法成立。

因此,物权中的支配必须来自于法律授权,而非他人的意志授权。李锡鹤在论述租赁权的性质时,对租赁权的类型进行了划分。他认为,租赁权可以分为有转租权的租赁债权和没有转租权的租赁债权。在有转租权的租赁债权中,又可以分为在订立租赁合同时由出租人授权的转租权和无须出租人授权的转租权。在订立租赁合同时无须对方设定即可享有转租权利,即由法律直接规定转租权利,对标的物的作用不受标的物所有人意志的制约,属于法律的支配,此时属于物权,而其他租赁债权均属于债权,不发生对抗效力。[①] 该观点的本质即在强调物权性支配和债权性支配的区别,前者来自于物权法定,后者来自于所有权人的意志。

因而,只有基于法律的规定,可以独立地、排他性地行使自己对物的意志时,才属于支配权范畴。这不仅仅表现在财产权利领域,也表现在人身权利领域。例如,亲权是一种父母可以对子女享有的、基于法律规定的排他性的抚养教育的权利,而父母也可以基于监护合同为他人设立对自己孩子一系列的抚养教育权利,其他人均无法干涉父母对孩子的监护权利。但是,上述两种监护权利看似内容相同,其实权利的性质却完全不同。前者是父母基于法律享有的排他性权利,而后者体现的是父母的意志以实现对孩子监护的权利;前者属于支配权内容,后者不能成为支配权内容。因而,不管是在财产权领域,还是在人身权领域,支配权的获得需要完全基于自身意志。在财产法中,占有人获得了可以基于自身意愿独立地排他性的占有时,这种对物的占有才会成为物权支配性的体现。

其二,从占有和支配权的原因上看,产生占有的原因有很多,而产生支配

---

① 李锡鹤:《对债权不可侵性和债权物权化的思考——兼论物权与债权之区别》,《华东政法学院学报》2003 年第 3 期。

权的原因只能是法律行为。因而,物权的支配性和排他性是抽象化的,物权人对物的支配即使脱离了事实上的占有,也依然存在。① 而占有只能产生事实上的支配效果,本身并不必然能得出法律上的支配效力。占有要上升为物权,必须通过法定的物权行为,由法律赋予权利人排他的对物权利。与此相应,基于物权法定和公示公信的要求,物权行为在对占有事实改造过程中,要求采取特定物权内容和公示公信的方式。

此处需要澄清的是,当占有作为一种事实时,与物权法中动产物权变动中的交付占有、公示公信的占有效力这两个概念中的占有是有区别的。不妨以简易交付为例予以说明。假设甲借用了乙的一本书,后甲根据约定通过简易交付的方式将所有权变动给乙,在约定生效时乙获得了所有权。在约定之前,乙对书的占有是一种占有事实;在约定生效时,是动产物权变动中交付占有中的占有,在约定生效后,是动产公示公信中的占有。因而,对于动产的占有事实要上升为支配性的物权,必须经过作为交付占有和公示公信意义上的占有,才能完成权利性质的转化。债权性占有中的占有只是占有事实层面上的占有,不能将其与物权变动和公示公信中的占有方式混同。

其三,从占有和支配的保护上看,支配权与占有的保护路径和目的完全不同。"物权中的支配具有终局性,而债权性占有的支配并不具有终局性。"② 支配是物权的内在属性,当支配受到侵害时,权利人可以享有的物权性质的请求权,本质是为了保护物权人的支配利益。而占有制度的出现,本身并不是和权利保护相关的,占有的主要功能在于维持社会财产秩序的稳定。在发生对物占有利益被他人侵害时,法律推定占有人对占有物拥有合法权利,从而对物享有一系列的占有保护请求权。占有对财产秩序的保护也是推定的,只能对抗瑕疵占有人,当其他人能够证明其拥有更高的权源时,占有人的占有利益就无法得到保护。

因此,占有保护请求权并非保护占有人在物权上的占有、使用、收益、处分权利,而是从整个社会的财产秩序角度看,有必要维护先行占有人维持现状的权利,避免权利人陷入对财产自证本权的境地,进而处于财产可被轻易侵夺的

---

① 支配可以以占有为内容,也可以脱离占有而存在,以直接占有物为基础的支配为"有形支配",不实际占有物的支配为"无形支配"。参见刘德宽:《担保物权的物权性与债权性》,载刘德宽:《民法诸问题与新展望》,中国政法大学出版社 2002 年版,第 382、383 页。

② 覃远春:《论占有及其民法保护——兼谈占有诉讼对我国民事诉讼模式完善的影响》,中国社会科学出版社 2014 年版,第 51 页。

不安状态中。而针对支配权,物权人享有的物权保护请求权,是为了保障和恢复权利人对物的完整支配利益。物权保护请求权,需要证明的是某种物权本权的存在,从而获得法律强有力的保护。除非无法证明本权,否则均享有终局性的权利保护。在债权性占有中,虽然债权人对物的事实支配也会受到第三人的侵害,但是债权人此时提出的是占有保护请求权,是事实层面上的暂时性保护,而不是对物的排他性支配权的体现。

综上,占有只是一种对物的事实支配,占有可以是物权的基本属性,也可以是债权的基本属性。作为物权的基本属性,占有是基于法律规定依据自己意志独立实现物上利益;作为债权的基本属性,占有是根据所有权人意志持续性地占有的物上利益。对于债权性占有而言,其对物的支配并非法律上抽象的终局的支配,无法具备物权性的支配效力和排他效力。要论证债权性占有的对抗性,只能另寻他径。

第四节　对债权性占有对抗性的逻辑分析

通过上述分析可见,债权性占有来源于债之关系,占有属于债权内容,而非物权内容。要解释债权性占有对抗债务人或第三人的原物返还请求权,一个合理的逻辑是,应当从债之效力入手分析其"对抗性"的实质含义,只有无法在债之效力体系内发现其"对抗效力"的产生根据时,才需要跳出民法体系,从社会本位的角度来论证其效力依据。

一、债权性占有可拒绝债务人原物返还请求的法理依据

债权是对特定人享有的给付请求的权利,债权人可以依据债之内容请求债务人向自己履行特定的给付义务。理论上将债之效力分为狭义的债之效力和广义的债之效力两个层面。狭义的债之效力是指合同中约定的权利义务,广义的债之效力是指合同的拘束力。[①]

关于狭义的债之效力的性质,即债权人在合同内的权利本质,理论中存在争议。一种代表性观点认为债的本质为给付请求权[②];另一种代表性观点认

---

① 赵旭东:《论合同的法律约束力与效力及合同的成立与生效》,《中国法学》2000 年第 1 期。
② 王利明:《中国民法典草案建议稿及说明》,中国法制出版社 2004 年版,第 448 页。

为债的本质为给付受领权。① 给付请求权说明了不同原因的债权在法律效果上的同一性,即请求他人为特定给付。但从债的内部关系上看,将债之相对人的关系界定为给付受领权则更为妥当。债权的最终效果不仅仅在于请求他人给付,还在于受领他人给付。"权利的基本思想,在于将某种利益在法律上归属于某人。债权者,乃将债务人之给付归属于债权人,使其得受领债务人的给付。"②给付请求是给付受领的实现手段,债权的最终目的是给付受领。给付请求权是大多数债权的实现方式,但并不是债权受领的必然选择。③ 因而,如同物权利益在于支配某物,债权利益应当在于债权人对债务人给付的受偿。

而广义的债之效力指的是债之关系的拘束力,其目的是为了债之给付受偿的存续和实现。债之关系的拘束力是由债之给付受偿的性质所决定的。给付受偿的本质要求法律应当保有债之目的的实现,债权人享有受偿给付的法律保障,而不仅仅处于请求他人给付的被动地位。广义的债之效力与债法中的契约严守原则相关联。契约严守原则要求债之相对人必须严格受到债之权利义务的约束。契约严守原则的主要目的是为了保护交易以及信赖利益,赋予债权将来的效力。更进一步说,契约严守原则也是民法诚实信用原则的必然要求。广义的债之效力和契约严守原则均要求,债的履行应当以要求债务人按照债之内容完成给付受偿,债之当事人作出允诺的,即使在事后利益状况发生变化,也应受到债之关系的约束。

广义的债之效力伴随着债法制度的发展而一直存在和延续。在罗马法中,债的概念被称为"法锁",并以"奴役债务制"来保障债的实现。若债务人不为给付,则法律会以人身强制(沦为债权人奴隶)作为债的受偿保障。随着社会进步,"奴役债务制"逐渐被"责任财产制"所取代,法律以债务人的所有财产作为责任财产来担保债的实现,若债务人不为给付,则将清偿其财产作为债的受偿保障。由"奴役债务制"转为"责任财产制"体现了法律对债务人人格的尊重,但并不意味着债务人可以随意脱离债的约束。债务人并不具有选择由损害赔偿代替债的实际履行的完全行为自由。债权的最终目的依旧是为了受偿给付,债权人享有给付请求权,必要时可通过诉讼强制债务人履行给付,这是债权的应有之义。在履行可能的情况下,债务人必须履行合同允诺的给付,在

---

① 　魏振瀛:《论请求权的性质与体系——未来我国民法典中的请求权》,《中外法学》2003年第4期。

② 　王泽鉴:《债法原理》,中国政法大学出版社2001年版,第3页。

③ 　例如"自然之债"。

债务人未履行时,债权人应指定期间,给予债务人再次履行的机会。在没有履行可能的情形下,才能要求损害赔偿或者解除合同。通常而言,对于金钱之债,必须实际履行;而对于非金钱之债,也同样要先考虑实际履行,再考虑是否可以替代履行。在不具备实际履行和替代履行的前提下,才考虑损害赔偿或者解除合同。

具体而言,广义的债之效力可以分解为债的执行力①、处分力②、自力实现效力③和保持力等。狭义的债之效力是债权本质的体现,而广义的债之效力使得债权具有实质意义,体现了债的最终目标是获得符合债权债务内容的给付受偿。其中,对于理解债权性具有重要意义的概念是债的保持力。

债的保持力又称为受领保持力,是指在债务人自动或受法律强制而提出给付时,债权人得保有该给付的效力。债权人依据债权而受领债务人的履行,属于具有法律上的原因,债权人有权永久保持因履行而取得的利益。债的保持力明确了债权人可以享有债之关系存续期间获得的给付利益,债之关系是给付利益获得的根据,即"法律上的原因"。即使债务人因给付而受到损害,也不会发生不当得利返还的效果。④ 对于自然债务而言,因债权债务关系已过诉讼时效,导致债之执行力丧失,但是债务人对债权人的清偿依旧有效,其根源就在于债权人具有对债之关系的保持力。因而,债的保持力强调了基于诚实信用原则,债权人有对于债权实现的实质要求。债的保持力确保了债权人在债之关系存续期间可以依据债之内容保有给付利益。

债的保持力是债之强制履行的依据,当债务人有履行能力而拒绝履行债务时,债权人可以要求债务人为实际履行。与债的实际履行相对应的概念是债的效率违约。效率违约理论认为,若实际履行导致债务人承担的不利益大于损害赔偿的不利益,而损害赔偿导致债务人的获得利益大于债权人的履行利益,则此时可由损害赔偿代替债的履行,因为这种做法是可以增进效率和扩大利益的。⑤ 债的效率违约是法经济学派的经典理论,在被引进我国的过程

---

① 执行力是指债权人依给付之诉取得确定判决之后,可请求法院对债务人强制执行的效力。债的执行力赋予了债权人依靠国家强制力获得给付利益的权利。

② 处分力是指债权人享有抵销、免除、债权让与和设定债权质权等决定债权命运的效力。

③ 自力实现效力是指在债权受到侵害或妨碍,情势急迫而又不能及时请求国家机关予以救济的情况下,债权人自行救助,拘束债务人,扣押其财产的效力。

④ 崔建远:《债权保障理论初探》,《私法》2004 年第 4 辑第 2 卷,第 134 页。

⑤ [美]罗伯特·考特、托马斯·尤伦:《法和经济学》,张军等译,上海三联书店、上海人民出版社 1994 年版,第 398 页。

中,学界对之褒贬不一。^① 效率违约最大的问题在于对于债权人因债务不履行的损害计算不明确。当标的物为特殊物时,往往难以衡量其履行利益。而当标的物为种类物时,准许效率违约亦面临着道德上的问题。

我国《合同法》第 110 条规定了非金钱债务应以实际履行为基本原则,同时规定了实际履行的例外情形,包括了法律上或者事实上不能履行、债务的标的不适合强制履行或者履行费用过高和债权人在合理期间内未要求履行。这些例外情形只是实际履行的抗辩情形^②,并不意味着法律鼓励效率违约的适用。债的实际履行是债之违约损害赔偿的原则,效率违约以违约损害赔偿代替履行价值的做法并不妥当。由此,在债之关系中,债务人应按合同约定给付,不能选择以损害赔偿代替给付。能给付而不为给付的,债权人可以通过法院强制执行以实现债权。债权人享有请求受领债务人给付的权利,且受到法律的强制保护。这种保持债权人受领给付的效力即债的保持力。债的保护力使债权人可以保有债之受偿效果,是债之给付受领权的必然结果。

债权性占有基于债之关系占有他人之物,债权人具有持续性地受领给付占有标的物的效力,此即为债之保持力的体现,这也是《物权法》第 34 条将原物返还请求权的对象限定为无权占有的法理依据。^③ 例如,在租赁关系存续过程中,出租人不得以提前违约并赔偿损失或者解除合同的方式收回租赁物,承租人可以拒绝出租人返还物的请求。在通常情形下,债务人不履行合同时,债权人需要诉诸法院以请求法院强制履行。但在债权性占有中,债务人容忍债权人占有标的物是一种不作为义务,当债务人欲取回标的物不履行合同时,债权人可以通过自力方式继续占有而拒绝返还物,以保障债权的实现。而当债务人有妨害债权人占有物的其他行为,如在租赁中强行夺回租赁物、拒绝修缮租赁物等行为时,则仍需要通过债的执行力来实现债权。因而,拒绝返还可以产生与强制履行同样的效果,前者是债之保持力的体现,后者是债之执行力的结果,两者的目的都是保障债权的实现。

综上,债权性占有的对抗效力是债之保持力的结果,是广义的债之效力的应有之义,而保持力恰恰是债权之受领给付权能的必然推论。债之保持力赋

---

① 孙良国:《效率违约理论研究》,《法制与社会发展》2006 年第 5 期;孙良国、单平基:《效率违约理论批判》,《当代法学》2010 年第 6 期。

② 王洪亮:《强制履行请求权的性质及其行使》,《法学》2012 年第 1 期。

③ 我国《物权法》第 34 条规定:"无权占有不动产或者动产的,权利人可以请求返还原物。"

予了债权人享有持续性占有物的权利,在债之关系存续期间债权人可以抗辩债务人提出的返还原物的请求。债之保持力只能对债之关系的相对人产生效力,不同于物权对任何第三人产生效力。债务人要排斥债权人此抗辩权利的适用,只能通过解除合同或确认合同无效的方式,消除债权性占有存在的债权基础。债之保持力只能对债之关系的相对人产生效力,不同于物权对任何第三人产生效力。因而,从根本上来说,债权性占有的"对抗效力"是债之保持力的结果,债权人对抗原物返还请求权的依据是基于债之关系对债务人的抗辩权利,其不同于物权性占有对物的排他性支配权。

二、债权性占有"对抗"第三人原物返还请求权的法理依据

债的相对性本质决定了债之效力对第三人不发生作用,债的保持力也只发生于相对人之间。然而,债权性占有除了阻却债务人的原物返还请求权之外,更为重要的是还涉及"对抗"第三人的问题,即当物权人将物让与第三人后,此时债权性占有人是否可以阻却第三人的原物返还请求权?

《德国民法典》第 986 条第 2 款规定:"根据第 931 条规定,因让与返还请求权而受让的物之占有人,可以其对受让的请求权享有的抗辩对抗新的所有权人。"[1]在理论学说中,债权性占有对抗第三人的效力被认为是物权化最重要的体现。物权性占有人可以对抗第三人的原物返还请求权,原因在于物权的支配力和公示性。而债权性占有不具有物权化的支配力和公示性,那么,其"对抗"第三人的法理基础又是什么呢?

对此,应当区分动产的债权性占有和不动产的债权性占有,结合占有物转让时,债权人、债务人和第三人之间的物权与债权的变动情况予以分析。

(一)对动产的债权性占有

对于动产的债权性占有,首先需要探讨的是,所有权人通过指示交付的方式将所有权让与第三人,此时第三人对物的返还请求权究竟是物权请求权还是债权请求权,或者两者兼而有之? 物权法上返还请求权的请求权基础是《物

---

[1] 《德国民法典》,郑冲、贾红梅译,法律出版社 1999 年版,第 231 页。

权法》第 34 条和《侵权责任法》第 15 条[①],是指物权人依法享有的要求无权占有人返还物的请求权。债权法上返还请求权的请求权基础是《合同法》第 58、97 条,是指债之关系的当事人享有请求相对人返还原物的权利。物权法上的返还请求权和债权法上的返还请求权的性质完全不同,前者属于物权请求权,后者属于债权请求权。两者在主体、针对的义务人、公示原则、举证责任、诉讼时效方面都不相同。

　　所有权人将动产交付债权人占有后享有对占有人在债法上的返还请求权,若所有权人将债权上的返还请求权转让于第三人,根据债权让与规则通知占有人后发生效力。除了债法上的返还请求权之外,此时还存在第三人是否受让物权法上的返还请求权的争议。主张第三人无法享有物权法上的返还请求权的观点认为,物权返还请求权是所有权的附属品,在逻辑上应当先有所有权,后有物权返还请求权,无法通过转让返还请求权来实现所有权移转;物权法上的返还请求权只有当他人无权占有使所有权的圆满状态受到妨害时才发生,债权性占有人对物的占有是有权占有,原所有权人对其不享有物权法上的返还请求权。[②] 对此,崔建远予以了反驳,他认为在指示交付中,既存在债法上的返还请求权的让与,也存在物权法上的返还请求权的让与。[③]

　　笔者认为,从逻辑上看,所有权作为一项权利包含着维护权利完满状态的返还请求权,所有权人可以将所有权和返还请求权作为一个整体让与他人。虽然当所有权未受到侵害时,所有权人无须主张此返还请求权,但是并不意味着此时不存在抽象意义上的返还请求权,即存在一个将来发生无权占有时而产生的返还请求权。且从物权转移上看,原所有权人在让与债权请求权的同时,也将物权请求权让与了第三人。前者为负担行为,后者为处分行为,债权行为和物权行为相互区别,符合动产物权变动的形式逻辑,避免了受让人以债权法上返还请求权来完成所有权变动,以意思主义代替形式主义的物权变动。从风险负担上看,当所有权人和受让人之间达成物的转移协议之后,即可认为

---

　　① 我国《物权法》第 34 条规定了所有权人对无权占有的返还请求权,《侵权责任法》第 15 条规定了返还财产的侵权责任承担方式。关于两者的关系理论中存有争议,但通说认为两者均为物上请求权。参见王洪亮:《原物返还请求权:物上请求权抑或侵权责任方式》,《法学家》2014 年第 2 期。

　　② 庄加园:《基于指示交付的动产所有权移转——兼评〈中华人民共和国物权法〉第 26 条》,《法学研究》2014 年第 3 期。

　　③ 崔建远:《物权法视野下的指示交付》,《法律适用》2014 年第 10 期;崔建远:《再论指示交付及其后果》,《河南财经政法大学学报》2014 年第 4 期。

所有权人将物之所有权让与受让人,物之风险由所有权人转移给受让人,这符合转让双方合意原则。

综上,以指示交付方式转让动产所有权的,所有权人既移转了债法上的返还请求权,也移转了物权法上的返还请求权。因而,原物返还请求权是所有权的一项功能,随所有权的移转一并移转。以指示交付方式转让动产所有权的,受让人既有债法上的返还请求权,又有物权法上的返还请求权。

由此,就需要分别分析,当所有权人转让动产时,动产的债权性占有在债法效力和物权法效力上的差异。

在债法效力上,所有权人将返还请求权转让给第三人,第三人就享有了对占有人的债法上的返还请求权。所有权人和占有人的其他债之关系不发生转让。当然,债法上的返还请求权是受债之关系制约的,债权性占有人对此可主张抗辩权利。占有人可以依据《合同法》第81条,以其对债务人的抗辩权利阻却受让人的返还请求权。此抗辩权利为合同法上的债权让与的基本内容。例如,债权人基于租赁、借用、保管、运输、寄存等债之原因占有动产的,其具有在期限或条件满足之前占有物的权利,此有权占有事实可以作为返还请求权的抗辩事由。当所有权人转移债法上的动产返还请求权时,可以向受让人主张此抗辩事由。因而,从逻辑上看,占有人将对原所有权人的抗辩权利,通过债权让与转嫁作用于受让人,由此产生了占有人对抗受让人返还请求权的依据。而占有人对抗受让人的权利依旧来自于原有的债之关系,是一种债上的抗辩权利,是债的保持力的效果。这种抗辩源于债之关系而不是物权,不属于物权效力,也谈不上"债权物权化"或"相对性支配权"。

在物权法效力上,所有权人同时将物权法的返还请求权让与第三人,根据《物权法》第23、26条的规定,完成返还请求权让与后即完成交付,第三人也就取得了动产所有权,此为动产物权变动的过程,无须通知占有人。据此,买受人可以直接向占有人主张物权法上的返还请求权。如果通过指示交付而取得动产所有权的第三人以物权法上的返还请求权,请求债权性占有人返还所有物,则占有人是否还可以以对抗原债务人的抗辩事由对抗第三人(所有权人)?《德国民法典》第986条第2款作了肯定的回答,我国法律无此规定。当下,解决这一问题不能寻求立法途径,而必须分析这一规定的法理基础。解决这一问题的核心是请求权竞合理论及其适用规则。

应当看到,通过指示交付而取得所有权的第三人享有两项请求权(债法上的请求权和物权法上的请求权),这两项请求权中的任何一项被行使,另一项请求权即因目的的实现而消灭。换一个角度而言,两项请求权对应了两项请求权的基础。请求权基础即支撑请求权的法律规定。两项法律规定中的任何一项被适用,另一项规定即因目的的实现而无适用之余地。这种可适用之法律规定并存之情形与可适用之规定的竞合相同。规定的竞合表现为请求权的竞合。通过指示交付而取得所有权的第三人享有两项请求权之情形,虽不能说是请求权的竞合(因为请求权之竞合以同一法律事实发生两个或两个以上的请求权为条件,而上述情形中的第三人之债法上的请求权源于指示交付,物权法上的请求权源于占有人无权占有之状态),但是两项请求权的行使效力却与请求权竞合效力相同。

请求权竞合理论中有"请求权自由竞合说"、"请求权相互影响说"、"请求权规范竞合说"等诸学说。[①] 其中,"请求权自由竞合说"存在诉累、使法律规定或合同约定成为具文等方面的缺陷。"请求权相互影响说"和"请求权规范竞合说"则克服了这些缺陷。[②] 在"请求权相互影响说"、"请求权规范竞合说"中,"请求权相互影响说"更适合我国国情,"请求权规范竞合说"则不适合我国目前的诉讼标的之规则。[③] "请求权相互影响说"认为,发生竞合的两个请求权可以相互作用、相互影响,一个请求权的规定可适用于另一个请求权,反之亦然。"请求权相互影响说"在解决并存规定适用问题时,可与立法目的、合同

---

① 〔德〕卡尔·拉伦茨:《德国民法通论》(上册),王晓晔等译,法律出版社 2003 年版,第 348—356 页。

② "请求权竞合自由说"认为,对于并存的两个请求权,当事人只能选择其中之一。当发生请求权目的的部分重合时,该说并不能彻底救济受侵害之权利,必须另案起诉,以获得全面救济。在法律对无偿行为进行特别规定时,当事人可以自由选择合同之诉,以回避法律对无偿行为之侵权的注意义务要求,使相关法律规定成为具文。当事人在合同中约定了违约责任的,可以选择侵权之诉,从而使原约定的违约条款成为具文。参见傅鼎生:《赔偿责任竞合研究》,《政治与法律》2008 年第 11 期。此外,还面临的问题是,若将其中的一个请求权转让给他人,则可能导致基于同一目的的请求权有两个主体可为诉讼。而给当事人选择请求权,也会使法院因难以把握释明程度而徒增诉累。参见张驰:《权利并存的类型化处理模式》,《华东政法大学学报》2013 年第 1 期。两个绝对独立的请求权理论不符合实际且有违立法目的,通说一般采纳两个请求权相互影响的见解,明确不同规范发生的不同请求权可相互作用、弥补各自不足,以克服两个请求权之间的不协调和矛盾。参见王泽鉴:《契约责任与侵权责任之竞合》,载《民法学说与判例研究》(第一册),中国政法大学出版社 1998 年版,第 354、362 页。

③ "请求权相互影响说"和"请求权规范竞合说"均会使并存的请求权相互作用、相互影响,以符合立法目的和司法效率。但根据我国《合同法》第 122 条的规定,受损方有权选择要求对方承担违约责任或者承担侵权责任,法律给予受损方的是两个请求权,而非数个规范竞合后的一个请求权。因而,"请求权规范竞合说"不符合我国法律规定,应以"请求权相互影响说"来解释请求权竞合现象。

意志、司法效率、利益平衡相呼应。[①] 尽管"请求权相互影响说"属于请求权竞合之理论,但是请求权竞合的本质是法规的竞合,而通过指示交付取得所有权的第三人享有两项请求权也属于法规的竞合,"请求权相互影响说"的规则完全可被适用。依据"请求权相互影响说",当两个请求权所依据之规定的效力彼此冲突时,彼此冲突的规定地位不同的,特别规定优于一般规定;地位相同的,则探求立法者的意图选择适用其中一项规定,而不考虑当事人所行使的请求权之基础是什么。基于这一点,通过指示交付而取得所有权的第三人享有两项请求权的,即便该所有人行使物权法上的请求权,债权性占有人也可以基于对第三人债法上的请求权之抗辩事由对抗第三人。这表明,所谓的债权性占有的对抗效力,不过是债权效力的表现,其既不是"物权效力",也不是"相对支配权"和"债权物权化"。

综上,当占有物为动产时,买受人对占有人享有债法上的返还请求权和物权法上的返还请求权。基于债权让与的抗辩权利和"请求权相互影响说",债权性占有依旧可以以债法上的抗辩权利阻却买受人的返还请求权。

(二)对不动产的债权性占有

在不动产上,债权性占有对抗第三人物之返还请求权的情况则有所不同。在物权变动上,不动产只需要完成登记即可完成物权变动,无须以物的交付作为物权变动要件。当不动产基于债之关系被债权人占有时,物权人[②]也不需要通过对买受人的返还请求权让与来完成物权变动。也正是因为如此,物权法将通过受让返还请求权的方式完成所有权变动的情况,限定于动产。[③] 当物权人基于债之关系将不动产交付占有人后,又将不动产让与并登记给第三人时,不动产受让人就直接享有了物权法上的返还请求权,而不存在债法上的返还请求权,也不存在动产受让中的债法上和物权法上的返还请求权双重让与的问题。

动产和不动产这一区别的根源在于两者在物权变动上的差异。在物权变动上,动产交付比不动产登记要复杂得多。动产需要以交付占有作为所有权

---

① 傅鼎生:《赔偿责任竞合研究》,《政治与法律》2008年第11期。

② 不动产的权利主体和动产有所不同,我国《物权法》中不存在动产的用益物权,但在不动产上存在用益物权情形,可转让的不动产权利的主体既包含了所有权人,又包含了用益物权人,因而本书行文中统称为"物权人"。

③ 参见我国《物权法》第26条以及《德国民法典》第931条。

变动的要件,交付占有又可以分为交付直接占有和交付间接占有。其中,现实交付、简易交付为买受人创设了直接占有,指示交付、占有改定为买受人创设了间接占有。在指示交付中,所有权人将债法上的返还请求权和物权法上的返还请求权让与买受人,从而使买受人获得对物的间接占有,完成所有权变动。占有物的受让人既获得了债法上的返还请求权,又获得了处于间接占有的所有权人身份,从而享有了物权法上的返还请求权,由此产生了请求权竞合的问题,进而有了"请求权相互影响说"的适用。

因而,在对不动产的债权性占有中,物权人只须和第三人达成不动产让与合同并完成物权变动登记即可。在完成不动产变动登记后,第三人成为不动产新的所有权人,享有了物权法上的所有物返还请求权,不涉及受让债法上返还请求权的问题。此时,在占有人和原物权人之间的原有债权债务关系依旧存续,在占有人和受让人之间则产生了新的物权关系。受让人对占有人只有一个物权法上的返还请求权,不发生请求权竞合问题,占有人对原物权人的抗辩权利也无法向第三人主张。当第三人向占有人主张物权法上的返还请求权时,占有人应当将物返还第三人,而占有人在债法上的利益损失只能向原物权人主张。

本章文首第二个案例中,当出借人将作为借用物的房屋所有权通过登记移转给第三人时,并没有将借用物的返还请求权让与第三人。此时,第三人只享有物权法上的返还请求权,而不享有债法上的返还请求权。故此,当第三人行使物权法上的返还请求权时,作为借用人的债权性占有人无《合同法》第81条规定之抗辩权。

此外,对于准不动产,当物权人将返还请求权让与第三人而未完成权利变动登记时,和动产类似,第三人对占有人享有物权法上的返还请求权和债权法上的返还请求权,占有人可以以原所有权人的抗辩权利对抗第三人的返还请求权。当所有权人和第三人完成权利变动登记后,和不动产类似,第三人向占有人主张物权法上的返还请求权,占有人无对物权法上的返还请求权的抗辩权利,即占有人无法对抗买受人的返还请求权。

由此,不动产债权性占有的"对抗效力"仅仅表现在当债务人以行使物权为由请求债权人返还债之关系标的物时,债权人有权拒绝。拒绝的理由是,债权人之占有为有权占有而不是无权占有,《物权法》第34条之规定不能被适用。而当作为请求权受让人的第三人向债权人主张返还请求权时,债权人无权拒绝。据此,所谓的债权性占有的对抗效力不是"物权效力",也不是"相对支配权"和"债权物权化"的效力。

综上所述,在债权性占有对抗第三人的问题上,当占有物为动产时,债权人可以阻却受让人的返还请求权;当占有物为不动产时,债权性占有无法阻却受让人的返还请求权。动产的债权性占有人对抗第三人是债权让与和请求权竞合相互影响的逻辑结果。不动产的债权性占有人无法对抗第三人的原因是,不存在让与债法上的返还请求权的问题,也无从产生债之关系中抗辩权利的适用。可见,债权性占有人对抗第三人原物返还请求权是一个债法上的问题,本质上是债之保持力的效力体现。

第五节　不动产租赁中的对抗效力

在立法例上,唯一突破债权性占有债之保持力的是不动产租赁合同。根据我国《合同法》第 229 条的规定,"买卖不破租赁"制度赋予了不动产承租人对抗买受人的权利。如前所述,不动产的债权性占有人无法对抗买受人的所有物返还请求权。因而,对不动产租赁权的对抗效力的解释,应当基于实质理性的考虑,跳出债之相对性的理论体系,从民法本位之权利本位和社会本位的关系角度探究其对抗效力的根源。

民法本位是指民法的基本理念和价值取向,是制定各项民事制度的本质性的、根本性的标准。在近现代民法的发展中,民法本位经历了从权利本位向社会本位的演变。[①] 权利本位的实质是法律确认民事主体享有人格独立、权利平等和意志自由,在此基础上构建民事主体的权利体系,其关注的是从权利本质出发,寻求权利之间的逻辑关系以完成权利体系的构造。权利本位作为民法的基本价值,保障了个人意志的平等与自由,是民法权利体系大厦的基石。

社会本位则是民法回应社会发展需求,引入社会价值考量的结果。社会本位需要考虑外部社会政策对民事权利体系构造的影响,以避免形式上过于强调人格独立和权利平等,从而导致对实质平等的损害。其通常考虑的是弱者保护、生存权利、物之保值等社会因素,据此对某些具体制度予以调整。基于民事权利体系的严密性和逻辑性,通常立法需要以民事制度形式实现社会本位价值的保护。例如,先取特权、优先权、表见代理等,均旨在通过统一的民

---

①　梁慧星:《民法总论》,法律出版社 1996 年版,第 37 页。

事制度的形式来改变权利内容,以实现对特殊社会价值的保护。

以民法价值中权利本位向社会本位的变迁来考虑不动产租赁债权的问题,是不动产租赁债权之对抗效力和其他债权性占有不同的地方。在现有社会环境下,不动产租赁权是否还有体现生存保障的社会法价值,是否还需要赋予不动产租赁权以"买卖不破租赁"的特殊规定,在立法上亦值得讨论。当然,这些均不是在民法权利体系内探讨的问题,而是一个社会法的问题。

在权利本位下,不动产租赁权并无对抗买受人的权利。"买卖不破租赁"只能从民法社会本位的角度予以解释,它是外部社会政策对权利影响的结果。在立法史上,保护承租人的居住权是社会立法政策需要面对的问题。在德国历史上,曾经由于战争影响导致住房奇缺,造成住房供需上的失衡,需要通过法律政策的调节来限制提高租金、转租、终止租赁等行为,保护承租人利益,维护社会秩序稳定。"买卖不破租赁"的核心是"保护处于经济上弱者地位的承租人"①,这成为保护承租人的重要社会原因。随着社会的变化发展,"买卖不破租赁"的立法初衷也受到质疑,在新的社会现状下承租人属于弱势群体的身份并不确定。因此,有观点认为,应当区分租赁性质,租赁可分为住处租赁和商事经营租赁,只有住所租赁才体现对弱势群体的生存权保障,租赁权的对抗效力仅适用于住处租赁。② 可见,对"买卖不破租赁"的讨论均是在社会价值层面的考量,而和租赁权的权利构成无关。赋予不动产租赁权对第三人的对抗效力,只能是民法社会本位对租赁权的影响结果。

关于"买卖不破租赁"的实现路径,有以下几种不同的基本模式:一是租赁合同保护模式,租赁合同签订后承租人可以对抗受让人;二是占有对抗模式,租赁物交付占有后承租人可以对抗受让人;三是租赁登记模式,租赁合同登记后承租人可以对抗受让人;四是法定债权继受模式,《德国民法典》规定受让人取代原出租人进入租赁债权债务关系,承租人基于新的租赁合同对抗受让人。③ 虽然四种模式均赋予了承租人对抗受让人的效力,但是在实现路径上并不相同。第一、第二种模式是直接破除债之相对性原则赋予债权人以对抗效力;第三种模式借助债权登记制度,通过登记的绝对公示效力赋予租赁权以

---

①　王泽鉴:《买卖不破租赁:第 425 条规定之适用、准用及类推适用》,载《民法学说与判例研究》(第六册),中国政法大学出版社 2005 年版,第 186 页。

②　黄文煌:《论租赁权的对抗效力——兼论〈合同法〉第 229 条的缺陷与修改》,《清华法学》2010 年第 2 期。

③　参见《德国民法典》第 566 条和第 581 条第 2 款。

对抗效力；第四种模式借助债权债务法定概括移转制度，赋予承租人在租赁债权债务关系上的对抗效力。

如前所述，为求得民事权利体系的结构完备和逻辑自洽，民法对社会价值本位的体现，通常不应当简单地直接写入特殊或者例外规定，而应以民事制度形式对社会价值予以保护。而第一、第二种模式直接突破了债法的效力体系，赋予租赁或者占有以特殊保护，均不具有体系内的逻辑性。更妥当的做法是第三、第四种模式，即以既有的登记制度或者债权债务法定概括移转制度，作为实现"买卖不破租赁"的方式。相比较而言，租赁合同登记在实际操作中面临交易效率和成本问题，可行性较差，且无法解决未经登记的不动产承租人的保护问题（从保障生存权的角度看，未经登记的承租人和登记的承租人并无差别）。因而，从民法对社会本位的实现上看，关于"买卖不破租赁"和不动产承租人的保护，笔者认为应借鉴德国民法上的法定债权债务概括继受模式，基于法律的规定，由不动产承租人和受让人继受原有租赁合同。这一模式的优势在于，在民法体系外，对不动产租赁权所体现的社会价值予以尊重；在民法体系内，承租人对受让人的抗辩权利依旧来自于债之关系，不会对债之相对性产生破坏。

第六节　小　结

传统民法所确立的物权债权二元权利体系是极具束缚力的，法律行为及物权债权二元区分具有内在一致性。对债权性占有对抗效力的分析，只能在物权债权二元权利体系中展开，才能准确得出其对抗效力的性质和内容。

通过体系和逻辑分析，债权性占有对抗物之返还请求权的根本原因在于债之保持力，而非物权化的支配力。债权性占有对抗效力是一个债法体系内的结论，是债之效力的体现，并不需要以"限制物权说"、"相对支配权说"、"中间权利说"等突破物权债权二元权利体系，以作为其对抗效力的证成路径。

作为物权人的债务人请求返还物的，债权性占有人可以基于债之关系向其主张抗辩权利。物权人转让占有物的，当标的物为动产时，受让人享有债法上的返还请求权和物权法上的返还请求权。依据"请求权相对影响说"，债权性占有人在债之关系中的抗辩权利可以阻却受让人物权法上的返还请求权。当标的物为不动产时，受让人基于登记直接享有物权法上的返还请求权，债权人在债法上的抗辩权利无法向受让人主张。

　　而对于"买卖不破租赁",需要以民法权利本位和社会本位的关系来解释其对抗效力的依据。不动产租赁权的对抗效力是保护外部社会价值(居者有其屋)的需要。基于民事权利体系的严密性和债之相对性的考虑,应当通过法定债权债务概括继受制度来实现"买卖不破租赁",以落实对不动产承租人的保护。

第四章　债权性占有的优先性分析

债权优先受偿权是指特定债权人优先于其他债权人甚至优先于其他物权人受偿的权利。[①] 在债权性占有中，先行占有标的物的债权人是否享有优先于其他债权受偿的权利？笔者将这一问题概括为"债权性占有的优先性"。债权性占有的优先性同样被认为涉及债之相对性是否突破的问题。债之相对性表明债之关系发生于相对人之间，债权人只能请求债务人履行给付而不能直接强制支配债务人的给付，因而债务人可以和多个债权人订立指向同一标的物的给付，多个债权之间表现出相容性、非公示性、平等性等特征。若此时其中某一个债权人占有了标的物，其是否可以基于占有获得优先受偿给付的权利？对此，需要对债之相对性和优先性的相关理论问题予以梳理分析，以探讨债之相对性背景下债权性占有的优先受偿权问题。

第一节　债权性占有优先性概述

在债之相对性的理论体系中，债权性占有的优先性与债之平等性、相容性、非公示性等特征产生了分歧。在司法实务中，多重债权的诉讼纠纷也经常

[①]　优先受偿权是法定受偿权的一种，是法律规定的某些权利人优先于其他权利人实现其权利的权利，包括债权优先受偿权和物权优先受偿权。债权优先受偿权是一种不表现为抵押权、质权、留置权等物权权能的优先受偿权，也可以理解为"狭义的优先受偿权"。参见刘士国：《论债权优先受偿权》，《法学》2005 年第 6 期。

涉及债权性占有的优先性问题。对债权性占有优先性的概念与内涵把握,应当从债之平等性与优先性的关系切入。债权性占有优先性的核心问题是,债权是否因占有突破债权平等而具备了优先受偿的效力。

一、债之平等性与优先性的关系

债之平等性是指,数个债权人对于同一债务人,先后发生数个普通债权时,各个债权均为有效①,其效力一律平等,不因成立先后而有效力上的先后之分②。债之平等性是债之相对性的必然要求和体现,具有明确的理论根源和逻辑依据。债之相对性是债之关系的本质,是债权区别于物权的基础。由于债之内容只涉及相对人,通常债之内容无须对外公示,第三人无须知晓债的具体内容。就同一给付内容,同一债权人可以和多个债务人、同一债务人可以和多个债权人发生债之关系。由此,债之关系具有非公示性和相容性。当债务人就同一给付内容和多个债权人产生债之关系时,就产生了多重债之关系,数个并行的债之关系均合法有效。由于债不具有绝对性和排他性,某一债权无法排斥其他债权享有优先受偿的效力,各个多重债权处于平等受偿的地位,此即为债权的平等性,也被表述为债法上的债权平等原则。

在效力表现上,当数个债权指向债务人的同一给付时,基于债之平等性,各个债权处于平等地位,对债务人的给付请求权和给付受领权亦处于平等地位。"债权既仅具相对性,无排他的效力,因此数个债权,不论其发生先后,均以同等地位并存。"③债权享有平等性,也就意味着债务人具有履行给付的选择权。法律不能强制债务人对特定债权人为给付,债务人可以选择某一个债权人作为给付对象,而对于其他债权人承担违约责任。

债权平等原则的立法精神在于市场经济的竞争性,债权平等原则对于商品经济的发展具有重大意义。法律鼓励市场展开良性竞争,排斥恶意竞争。商品经济通过竞争以完善资源配置促进交易繁荣和市场发展,商品预期交易和市场主体竞争是市场完善发达的必然要求,而债权平等原则,适应了商品经济的这一需求。由此,债权平等原则是债权属性和体系逻辑的必然结果,也是

---

① "此种负担债务为内容之法律行为(负担行为),除其标的目的自始客观不能、无从确定、违反法律强行规定、违反公序良俗及其他法律特别规定外,均为有效。"参见王泽鉴:《二重买卖》,载《民法学说与判例研究》(第四册),中国政法大学出版社 2005 年版,第 139 页。

② 王泽鉴:《债法原理》,中国政法大学出版社 2001 年版,第 11 页;郑玉波:《民法债编总论》,中国政法大学出版社 2004 年版,第 4 页。

③ 王泽鉴:《债法原理》,中国政法大学出版社 2001 年版,第 10 页。

民法制度在商品经济发展中的现实要求。①

在物权债权二元权利体系中,债之平等性是相对于物权优先性而言的。债权是相对人之间的请求给付关系,具有相容性和平等性;而物权是权利人对物的支配权利,具有排他性和优先性。因而,当在同一个物上存在数个相互排斥的物权时,数个物权之间具有先后履行的顺序。例如,对在同一物上成立数个抵押权的,当各个抵押权就同一特定物的清偿产生了冲突时,先行登记的抵押权优于未登记的抵押权,登记在先的抵押权优于登记在后的抵押权。后一顺位的抵押权只有在前一抵押权实现后或者放弃后才可就抵押物实施清偿,登记在先的抵押权具有履行上的优先性。② 与物权请求权不同的是,对同一个物上存在数个债权请求权的,数个债权之间并没有先后履行的顺序。债权不过是对特定人请求为一定行为的权利,对同一人可以有效成立同一内容的数个债权,这些债权原则上相互平等,没有排他性。③

当在同一物上的数个请求权具有受偿给付的先后顺位时,就产生了债之优先性的问题。债权的优先性必须产生于指向同一特定给付的多重债权之间。例如,在破产过程中,破产人所有的债权均转化为针对破产财产的受偿,而可以优先获得清偿的债权即为先取特权。先取特权是指当发生破产时债权人享有就破产财产优先受偿的资格。根据民事权利平等原则,当发生债务人无法履行债务且面临破产时,债权人均以同等地位参与分配。但实际上,《破产法》④、《海商法》⑤、《民用航空器法》⑥等均设置了法定的顺位清偿制度。根据上述法律的规定,破产财产要在清偿完破产费用、共益债务、职工工资、医疗伤残补助、抚恤费用、保险费用、所欠税款等债务后,才能就一般债权进行平等清偿。因而,从受偿的先后顺序上看,先取特权相对于普通债权,具有优先效力。

二、债权性占有优先性问题的提出

当存在指向同一给付的数个债权时,若其中某个债权人先行占有标的物,

① 叶涛:《论债权平等原则在多重买卖中的定义及适用》,《黑河学刊》2015 年第 6 期。

② 《担保法》上还有在抵押权均为登记的情况下,先成立的抵押权优于后成立的抵押权的规定。

③ 梁慧星:《中国物权法研究》,法律出版社 1998 年版,第 25 页。

④ 参见我国《企业破产法》第 113 条。

⑤ 参见我国《海商法》第 21—29 条。

⑥ 参见我国《民用航空器法》第 18—25 条。

其是否享有优先受偿给付的权利,就涉及债权性占有的优先性问题。现举如下例子予以说明。

案例 1:甲作为土地转让方和乙签订了土地使用权转让合同,并将土地交付乙占有,后又就同一块土地和丙签订了土地使用权转让合同,丙向法院起诉请求办理土地使用权转让登记,甲提出因为自己先行占有土地,故享有转让登记优先受偿权。

案例 2:甲作为房屋所有权人和乙签订了房屋买卖合同,并将房屋交付乙占有,后又就同一房屋和丙签订了房屋买卖合同,丙向法院起诉请求办理房屋转让登记,甲提出自己已先行占有房屋,因而享有房屋登记优先受偿权。

案例 3:甲作为土地使用权人和乙签订了土地租赁合同,并将土地交付乙占有,后又就同一土地和丙签订土地租赁合同,丙向法院起诉请求甲履行合同,甲提出自己先行占有土地,因而享有承租的优先受偿权利。

案例 4:甲作为房屋所有权人和乙签订了房屋租赁合同,在租赁期限届满时,甲欲与丙就同一房屋签订租赁合同,而乙向甲提出同等条件下优先承租的请求。

在上述案例中,甲和乙、丙就特定物给付签订合同,乙先行占有标的物,那么乙能否享有优先于丙受偿给付的权利?

关于多重之债的履行规则,我国最高人民法院的数个司法解释和地方法院的司法裁判案例中出现了与债权平等原则不一致的地方,突破了债之平等性原则,提出了"债权顺位保护"的审判态度。例如,最高人民法院出台的《关于审理买卖合同纠纷案件适用法律问题的解释》的第 9 条和第 10 条分别规定了普通动产和特殊动产在多重买卖中的纠纷处理办法,在一般动产买卖中确立了"先行受领交付＞先行支付价款＞成立在先合同"的顺位保护规则,在特殊动产买卖中确立了"先行受领交付＞先行办理产权转移登记＞成立在先合同"的顺位保护规则。①(注:此处"＞"表示顺序上的优先,下同。)

此外,最高人民法院就其他不动产权利的多重转让也出台了顺位保护的指导意见。最高人民法院在《关于审理涉及国有土地使用权合同纠纷案件适用法律问题的解释》的第 10 条确立了"先行办理产权移转登记＞先行受领交

---

① 对于不动产尤其是房屋的多重买卖,最高人民法院在《关于适用〈中华人民共和国物权法〉若干问题的解释(一)》(2012 年民法学会讨论稿)中曾规定"先行办理产权移转登记＞先行受领交付占有＞先行支付价款＞成立在先合同"的顺位保护规则,但其后在 2016 年 2 月出台的《关于适用〈中华人民共和国物权法〉若干问题的解释(一)》的正式稿中被删除。

付占有＞先行支付价款＞成立在先合同"的顺位保护规则,在《关于审理涉及农村土地承包纠纷案件适用法律问题的解释》第 20 条确立了"先行登记＞生效在先合同"的顺位保护规则。最高人民法院还在《关于审理城镇房屋租赁合同纠纷案件具体应用法律若干问题的解释》的第 6 条对出租人就同一房屋订立数份租赁合同的也确立了"合法占有＞登记备案＞合同成立在先"的顺位保护规则。

除此之外,各地法院在实务中也频繁出现债权顺位保护的裁判案例。从一系列司法解释和判例中,可以反映出司法实务对于多重买卖中确立债权顺位保护的基本审判态度。

在理论研究中,前述司法解释所确定的多重买卖中债权顺位保护的合理性以及司法适用的可操作性却存在诸多争议。对于在多重之债中确定的优先受偿权,特别是占有在多重之债中的性质和效力问题,学界有着诸多不同的观点。

首先,学界对司法解释所确立的多重买卖中债权顺位保护的规定持批评意见的甚多,以签订时间先后、价款给付先后等作为合同优先履行的逻辑不符合债法基本理论的要求。对此的说明理由是,顺位保护违背了普通债权之间的相对性和平等性,缺乏相应的理论基础,在实务操作中会带来诸多问题。①

其次,在学界对多重买卖中债权顺位保护规则持否定态度的同时,值得注意的一点是,许多学者却从不同的角度论证了一个共同结论,即认为虽然时间先后、价款先后不能视为合同履行先后的依据,但在不动产买卖过程中先行占有标的物的买受人却具有相对于其他买受人的优先受领给付的权利。在不动产买卖过程中,先行占有不动产的买受人在未履行登记前并未享有不动产物权,其对占有不动产的权利基础依旧是基于买卖合同,其占有是基于债权的占有,其债权属于债权性占有,同样遵循债权平等原则。而诸多学界观点认为,在不动产买卖过程中,合同签订时间和价款是否给付并不能成为债权优先受偿的依据,但是先行占有不动产却可以使债权获得优先受偿的效力。

① 程啸:《论动产多重买卖中标的物所有权归属的确定标准——评最高法院买卖合同司法解释第 9、10 条》,《清华法学》2012 年第 6 期;王利明:《买卖合同司法解释的理解与适用》,中国民商法律网 2014 年 1 月 21 日;王轶:《论一物数卖——以物权变动模式的立法选择为背景》,《清华大学学报(哲学社会科学版)》2002 年第 4 期;张力、郑志峰:《特殊动产一物二卖履行纠纷类型化思考——兼评〈买卖合同司法解释〉第 10 条》,《河北法学》2014 年第 7 期;李锡鹤:《多重买卖效力探讨——〈买卖合同司法解释〉第 9 条第 2、3 款之质疑》,《东方法学》2015 年第 6 期。

　　由此,债权性占有的优先性问题得以产生。不管学界对此问题分析论述的角度如何,不动产买卖中占有标的物的债权具有优先受偿的效力,已经成为理论研究的一种代表性观点。① 除了不动产买卖之外,更有学者明确指出,当所有权人在同一物上为他人设定了多个具有相同内容的用益债权时,取得用益占有的债权人享有优先效力。② 该观点指明了在以用益为内容的债权中,先行占有的债权具有优先受偿效力。

　　除了不动产多重买卖之外,对债权性占有的优先性问题的探讨还延伸至其他一些情形。在动产多重买卖中,虽然动产以交付作为物权变动要件,通常先行占有动产买受人已经是物权人,但是也存在买受人占有动产却尚未获得标的物所有权的情形,如动产的所有权保留。当动产所有权人为两个以上的买受人签订所有权保留买卖合同时,先行占有动产的保留买受人是否具有优先受偿的效力,而出卖人只能向其他买受人承担违约责任? 对此问题,我国现有法律并没有明确的规定,理论学说则认可了先行占有的买受人的优先受偿权利。③

　　在租赁的情况下,当出现多重出租的情形时,出租人就同一物与数个承租人签订了租赁合同,此时先行占有标的物的承租人是否享有优先受领给付的权利? 对此,司法解释承认了先行占有的承租人的优先受偿权利。根据最高人民法院《关于审理城镇房屋租赁合同纠纷案件具体应用法律若干问题的解释》第 6 条,对出租人就同一房屋订立数份租赁合同的,已经合法占有租赁物的,应当被确认为第一顺位承租人。对此,立法部门的解释认为是占有对债权的效果,“占有和本权同时存在时,占有可以强化本权。如在多个房屋租赁合同并存时,占有租赁房屋的当事人享有优先的保护,即其租赁权可以得到强化而优于其他租赁合同的承租人”。④

---

　　① 许德风:《不动产一物二卖问题研究》,《法学研究》2012 年第 3 期;刘保玉:《论多重买卖的法律规制——兼评〈买卖合同司法解释〉第 9、10 条》,《法学论坛》2013 年第 6 期;陈永强:《物权变动三阶段论》,《法商研究》2013 年第 4 期;彭诚信、岳耀东:《房屋多重转让中权利保护顺位的确立依据与证成——以“占有优先保护说”为核心》,《山东社会科学》2012 年第 5 期。
　　② 陶铸:《浅析用益债权的支配性及类物权保护》,《法制日报》2009 年 9 月 9 日第 012 版。
　　③ 王泽鉴:《附条件买卖买受人之期待权》,载《民法学说与判例研究》(第一册),中国政法大学出版社 1998 年版,第 160—162 页;申卫星:《所有权保留买卖买受人期待权之本质》,《法学研究》2003 年第 2 期
　　④ 黄松有:《〈中华人民共和国物权法〉条文理解与适用》,人民法院出版社 2007 年版,第700 页。

以此类推,在多重借用、保管、承揽等情形中,先行占有标的物的借用人、保管人、承揽人等是否具有合同履行的优先性,均可能涉及债权性占有的优先性问题。如在多重借用中,先行占有的借用人能否享有优先借用权;在多重保管中,先行占有的保管人能否享有优先保管权;在多重承揽中,先行占有的承揽人能否享有优先承揽权等。因而,债权性占有的优先性问题可以发生在多重买卖、租赁、运输、保管等各种债权债务关系中。

而先行占有的情形,除合同签订后交付占有之外,还存在债权人先行占有标的物后签订合同的情形。以不动产的多重买卖为例,若买受人先以承租人①、借用人、保管人的身份占有标的物后又与出卖人就标的物签订转让协议,则此时类似于动产中的简易交付,但在不动产中物权尚未发生变动。买受人的先行占有是基于其他原因的占有,在达成买卖合同之后,转化为基于买卖合同的占有。司法解释并未限定占有必须发生在买卖合同签订之后,对买受人事先基于其他原因合法占有,之后再和买受人签订买卖合同的,也应当被认定为是先行占有的债权。当出卖人将标的物转让给其他人时,同样会产生占有不动产的买受人是否享有优先受偿给付的问题。

由此,本章试图探讨的问题是,在上述各种不同类型和不同情形的多重债权中,先行占有的债权是否具有优先受领给付的效力。

三、债权性占有优先性与对抗性的区分

债之对抗性和债之优先性均在物权和债权的效力区分中被论及。通说认为:物权具有对抗性,但债权不具有对抗性;物权具有优先性,但债权不具有优先性。由此,出现了对债权性占有是否突破债之相对性,从而产生对抗性或者优先性的问题。但是,债之对抗性和债之优先性是两个不同的问题。

债权性占有的"对抗性"是指债权人对抗原物返还请求权,即占有标的物的债权人能否对抗标的物的物权人请求返还物的权利。其真实内容是,债权人能否拒绝作为债务人的所有权人不履行债权人的给付请求而要求返还物的权利,以及债权能否阻却受让标的物之返还请求权的第三人的原物返还请求

---

① 此处的承租人是否享有优先受偿权利,不同于理论中的承租人优先购买权问题。优先购买权是指承租人在同等条件下享有优先购买的权利,它是形成权,即使在承租人未和出租人签订买卖合同时亦存在。而此处承租人的优先受偿权利,是指承租人若和出租人达成买卖合同,在存在其他买卖合同且对价不一致的情况下,承租人能否基于占有享有就不动产转让优先登记的权利。

权。因而,债权性占有的"对抗性"并非真实的对抗,而是一种阻却、拒绝或者抗辩的债权效力。债权性占有的"对抗性"解决的是债权人和物权人之间的关系。

债权性占有的"优先性"是指,在多重债之关系中,先行占有标的物的债权人相对于其他债权人是否享有优先受偿给付的权利。债之优先性命题解决的是债权人和其他债权人之间的关系问题。从根源上分析,债之对抗性关注的是破除债之相对性和请求力的问题,债权享有对抗力是指债权人可以排除物权人对其请求给付的权利。债之优先性解决的是债的平等性与债的履行选择权的问题,债之优先性和债权顺位保护相关联,关注的是在多重债权中某一债权能否具有排除其他债权以获得优先受偿的权利。

在理论探讨中,往往没有将债之对抗性和债之优先性的问题予以区分,而是将债之优先性作为债之对抗性的一部分予以论述。从表面上看,多重之债中某一债权具有优先受偿给付的效力,亦可以表述为"该债权具有'对抗'其他债权的效力"。但仔细分析可以发现,此时的对抗并非真正的对抗,而是指相对于其他债权人具有受领给付的优先效力,与对抗物权人的原物返还请求权并不相同。

以前文不动产的多重买卖为例,甲为出卖人,乙为第一买受人,丙为第二买受人,当甲将不动产先行卖给乙但未完成登记,后又卖给丙但完成登记,丙向乙请求物之返还,此时乙为不动产的所有权人,甲能否拒绝物之返还,涉及的就是债权人对抗新所有权人的问题,体现了债权性占有的对抗性问题。当甲将不动产先卖给乙未完成登记,后又将不动产卖给丙同样未完成登记,此时乙和丙都是买受人,乙是否享有优先登记履行请求权,即获得债权的实际履行,涉及的就是债权和债权之间的受偿先后问题,体现了债权性占有的优先性问题。

因而,债之优先性问题只产生于多重之债中,论及债权人对抗其他债权人的效力,其实质是多重之债中某一债权人是否享有相对于其他债权人的优先受偿给付的权利,即法律能否排除债务人的履行选择权,强制其必须向某一债权人给付的问题。因此,其实质是债权的优先性问题。

四、债权性占有优先性与优先购买权、优先承租权的区分

债权性占有优先性是指具有占有内容的债权在多重之债中的优先受偿权。优先购买权则是指特定人基于法律规定或者约定,在处分权人出卖不动

产、动产或者权利时,有依同等条件优先购买之权利。[①] 与优先购买权相类似的说法还有优先承租权。优先承租权是指在房屋的租赁期满后,出租人要继续出租房屋的,原承租人享有在同等条件下的优先承租权。[②]

李锡鹤提出了债权优先权的概念,并认为债权优先权包括补偿性优先权与利用性优先权,其在设定时已决定顺位之债权优先权为补偿性优先债权,未决定顺位之债权优先权为利用性优先债权。先取特权、预告登记债权均属于补偿性优先债权,而优先购买权、优先承租权则属于利用性优先债权。[③] 由此,债权性占有的优先性是指优先受偿效力,类似于先取特权、预告登记债权,属于补偿性优先权。事实上,所谓的利用性优先权与补偿性优先权的性质和效力相去甚远。债权性占有的优先权是一种优先受偿权,与优先购买权、优先承租权的效力并不相同。

从本质上看,优先受偿权是指在数个债权相互冲突时,依照权利性质或者法律规定的标准而确定的法定的优先受偿效力,而优先购买权或优先承租权是一种约定或法定的权利,仅向权利人提供优先获得某一法律利益之可能性,该优先性能否真正实现取决于权利人是否有效行使该权利以及该权利能否对抗第三人。[④]

优先购买权或优先承租权并非债权优先受偿权,也没有表明债权具有优先于其他债权的效力。优先购买权和优先承租权的性质上属于形成权,是权利人可以单方面主张的权利。优先购买权体现了法律出于稳定社会秩序的需要,对出卖人和第三人的权利加以限制,从而达到保护特定主体利益的目的。从本质上看,优先购买权或优先承租权并不体现为对他人的请求权或者对物

[①] 在我国,优先购买权包括了共有人优先购买权(《民法通则》第 78 条)、原共同共有人优先购买权(《民法通则司法解释》第 92 条)、股东优先购买权(《公司法》第 72 条)、合伙人优先购买权(《合伙企业法》第 23 条)、承租人优先购买权(《合同法》第 230 条)等。

[②] 我国法律尚未对优先承租权进行规定,但我国的地方性法规以及一些国外立法例中已有所规定。例如《上海市房屋租赁条例》第 44 条规定:"房屋在租赁期满后继续出租的,承租人在同等条件下享有优先承租权。"在国外立法例中,亦有在特殊情况下优先承租权的规定,例如《德国民法典》第 595 条规定:"在土地用益租赁关系中,承租人依靠此土地维持其营业,而营业构成其赖以生存的经济基础;并且租赁关系的依约终结将会对承租人或者其家庭造成严苛困难,而此种困难即使在评价出租人的正当利益时,亦不能够被正当化的,在具备此种要件的情况下,可以一再请求继续租赁。"参见杜景林、卢谌:《德国民法典——全条文注释》(上册),中国政法大学出版社 2015 年版,第 480、481 页。

[③] 李锡鹤:《民法原理论稿》,法律出版社 2012 年版,第 450 页。

[④] 丁春艳:《论私法中的优先购买权》,《北大法律评论》2005 年第 2 辑,第 651 页。

的支配权,是独立于债权或者物权之外的形成权。而债之优先性主要探讨某类债权是否具有优先性的问题,例如破产过程中的先取特权,其体现的便是某些破产债权相对于其他债权是否具有优先效力。债权性占有的优先性,是指债权性占有的优先受偿权,是债权效力的体现,而非形成权。因而,承租人的优先购买权或优先承租权的问题不属于债之优先性问题的探讨范围。

第二节　债权性占有优先性的类型分析

从类型上看,涉及债权性占有优先性问题的情形有不动产买卖合同、动产买卖合同以及租赁合同。需要分析和探讨在这些合同情形中,出现多重之债时,先行占有标的物的债权人是否享有优先受偿给付的权利。

一、不动产多重转让中的优先性

在形式主义物权变动模式下,我国不动产权利转让采取登记要件主义和登记对抗主义两种物权变动方式,建设用地使用权、房屋买卖采取登记要件主义[1],而农村土地承包经营权则采取登记对抗主义。[2] 此外,特殊动产亦采取登记对抗主义。[3] 在建设用地使用权和房屋所有权的转让中,两者均以登记作为物权变动的要件。先行占有不动产的买受人并未获得标的物的物权,此时买受人对物的占有处于债权性占有的地位。[4] 在优先受偿效力上,现有司法解释明确了在国有土地使用权的转让过程中,先行占有土地的受让人具有优先请求登记的权利。而对于房屋的多重转让问题,在各地法院的相关司法裁判意见中,也出现了房屋买卖中先行占有不动产的买受人享有优先受偿的权利。[5] 从法理上看,建设用地使用权转让和房屋买卖中先行占有的受让人

---

① 参见我国《物权法》第 9 条。

② 参见我国《物权法》第 129 条。

③ 参见我国《物权法》第 24 条。

④ 此外,登记请求权罹于诉讼时效之时,购房人对房屋的占有也应当为有权占有。参见王泽鉴:《民法思维与民法实例》,中国政法大学出版社 2001 年版,第 128 页。

⑤ 参见《浙江省高级人民法院关于审理涉及房地产登记民事案件若干问题的意见(试行)》第 8 条;《北京市高级人民法院关于审理房屋买卖合同纠纷案件适用法律若干问题的指导意见(试行)》第 13 条;《重庆市高级人民法院关于当前民事审判若干法律问题的指导意见》第 38 条等。

因未完成物权登记,是债权人而非物权人,依据债之相对性和平等性的要求,其和其他未占有标的物的受让人地位应是平等的。故司法解释和各地裁判所确认的先行占有的受让人享有优先受偿的权利,值得进一步研究。

对于不动产中贯彻登记要件主义的特殊动产(船舶、航空器、机动车)、土地承包经营权以及贯彻交付要件主义的动产而言,交付占有均是其物权变动的原因,登记只是对抗第三人的要件,交付之后买受人对物的占有就是基于物权本权的占有,而非基于债权的占有。在买受人取得对物的先行占有之后,此时其已经处于物权人的地位,其对物的占有是物权性占有,而非债权性占有。司法解释规定了在特殊动产买卖和土地承包经营权转让中,先行占有的买受人享有优先受偿的权利,但其实质是先行占有的买受人或受让人,基于物权人身份排除他人对物权的干涉,享有请求物权确认登记的权利。因而,司法解释规定的并非债权性占有的优先性,而是物权性占有的排他性,其实质是物权人对债权人的效力,而非债权人之间的优先受偿效力问题,不属于债之优先性的范畴。

二、动产多重转让中的优先性

对于动产而言,通常以交付占有作为其物权变动方式。在多重买卖中,先行取得占有的买受人意味着完成了物权变动,取得了动产物权。此时,买受人对物的占有已经是物权性占有,具有优先于其他买受人的效力。而在动产的多重转让中,唯一可能发生债权性占有情形的是动产的所有权保留买卖。若动产所有权人为两个以上的买受人签订所有权保留买卖合同,先行占有动产的保留买受人已经受领占有标的物,但并未享有动产所有权,此时先行占有的买受人和其他买受人均处于债权人的地位。那么,先行占有的保留买受人是否具有优先受偿的权利?

在所有权保留买卖中,对于出卖人而言,其给付义务包括将标的物交付买受人占有和交付占有后容忍买受人对物的占有;对于买受人而言,其给付义务为按照合同的约定按期给付价款。当买受人占有标的物后,买受人基于债之关系享有持续对物占有的权利,此为债之保持力的效力。出卖人不得随意取回标的物,除非作为买受人占有物的债权基础消灭。立法中对出卖人的取回权进行了严格限制,在合同正常存续期间,出卖人不得取回标的物。且根据相关司法解释的规定,当买受人支付标的物总价款达 75% 以上时,出卖人一律不得取回标的物。① 先行占有标的物的买受人可以拒绝出卖人的原物返还请求。由此,当出卖人将物以指示交付的方式再次出卖给第三人时,买受人可以"对抗"新的所有权人,此为前述债权性占有"对抗性"的问题;当出卖人和第三人签订保留买卖合同时,先行占有的保留买受人享有优先受偿的效力,但此为债之保持力的体现。

三、多重租赁中的优先性

在出租人将物出租给数个承租人时,先行占有标的物的承租人相对于其他承租人具有优先效力。司法解释明确了在多重租赁中,先行占有标的物的承租人的优先受偿权。②

从性质上看,多重租赁中的先行占有和不动产多重买卖中的先行占有并不相同。在租赁合同中,出租人将物交付承租人,则租赁合同即得履行,出租人要取回物只能消除占有存在的基础,即通过解除合同的方式,法律并不允许所谓的强制违约。由此,先行占有的承租人具有相对于其他承租人的优先权,这是债之保持力的体现。而在不动产买卖合同中,出卖人将不动产交付买受人占有,则买卖合同并未履行完毕,只是处于履行过程中,房屋产权的变更登记才是合同的履行方式,此时出卖人选择一买受人履行登记义务的行为,是选择合同履行对象的问题。在多重租赁中,在不以登记作为租赁生效要件的前提下,先行占有意味着租赁合同的履行,先行占有的承租人基于债之保持力的效力,自然可以拒绝返还物,从而产生优先于其他承租人的受偿给付权利。因而,司法解释所确立的先行占有物的承租人并非享有优先于其他承租人受领给付的权利,而是享有占有后继续保有给付的权利。此为债之保持力的结果,并不体现为债之优先性。

四、小 结

综上所述,在动产所有权保留买卖和租赁中,占有标的物的保留买受人和承租人获得合同持续性给付、保有占有标的物的权利,债务人无法随意取回标的物。除非作为基础关系的债权债务关系消灭,例如,债务人通过确认合同无效、行使合同解除权等方式来消除占有的本权基础,才可请求债权人返还标的

---

① 参见最高人民法院《关于审理买卖合同纠纷案件适用法律问题的解释》第 36 条。

② 参见最高人民法院《关于审理城镇房屋租赁合同纠纷案件具体应用法律若干问题的解释》第 6 条。

物。此类情形的债权性占有优先性问题，是债之保持力的效力结果，并未突破债之相对性和债权平等原则。

由此，在规范意义上，已经履行的债权基于债之保持力具有优先于其他债权的效力以及物权基于排他性具有优先于债权的效力，都不属于债之优先性的问题。债权性占有的优先性问题仅存在于以登记作为合同给付的，先行占有能否产生请求优先登记的权利。在实际中，指的就是在不动产的多重买卖中，先行占有不动产的买受人相对于其他买受人，是否享有优先受偿给付即获得优先登记的权利。这才是分析债权性占有之优先性问题的关键。

在不动产多重买卖中，是否赋予先行占有的买受人以优先受偿效力，对于其利益的影响甚大。债权法上的救济以事后救济和财产补偿为准，若无法得到实际履行，在特定物的买卖中，买受人的特定利益将无法实现；在特定品质标的物的买卖中，买受人的利益能否实现也难以确定。即使在种类物上，买受人也面临着对特定交易的情感利益流失。而若出卖人无法承担事后的损害赔偿，则买受人受损的利益更大。在现有民法制度中，在多重之债中能够产生保护特定债权人效果的，包括第三人侵害债权制度、预告登记制度等。但是，第三人侵害债权制度需要证明第三人有侵害债权的恶意，单纯知晓并不构成债权侵害。而预告登记制度因建立在对债权登记的基础之上，故其享有优先受偿的效力。因而，两者具有严格的适用条件和范围，对债权人利益的保护有限。相比较而言，赋予债权性占有以优先受偿效力，对于保护多重之债中特殊债权人的利益具有重要作用。

那么，债权性占有是否具备优先受偿的效力？我国现有司法解释和民事裁判对多重债权中的顺位制度以及学理上对债权性占有优先效力的相关论述，还需要在理论构造和逻辑体系上予以进一步的分析与论证。具体而言，需要重点解决以下两个问题。

一是在解释论上，相关司法解释和各地司法裁判所确认的债权顺位保护制度和债权性占有的优先受偿效力，如何在法理上予以解释？如同债权预告登记或第三人侵害债权制度那样，债权性占有的优先性能否在物权债权二元权利体系中找到理论依据，其优先受偿的效力得以证成或者无法成立均有待论证。

二是在立法论上，需要考虑的是，若在现有民法理论体系和框架内中无法得出债权性占有的优先受偿效力结论，遵循债之相对性及其突破对应于民法权利本位与社会本位的逻辑，能否跳出体系框架从实质理性和民法社会本位的角度，将债权性占有的优先性纳入优先权制度？本章的研究主要从以上两个维度对债权性占有的优先性问题展开探讨分析。

第三节 债权性占有优先性的学说评析

如前所述,围绕着债权平等性与优先性以及债权性占有的优先效力问题,学界展开了诸多论述并产生了相应的结论。通过对相关文献的梳理,笔者对现有理论观点总结分析如下。

一、债权性占有优先性的理论学说

围绕债权性占有的优先性问题,主要有以下相关学说。

其一,传统理论的通说观点认为,一切债权均具有平等性,债权平等原则是债之履行的基本规则。在多重之债中各个债权均居于平等受偿的地位,只有在特殊情况下涉及对某些社会利益保护的,才需要通过优先权制度和法定担保制度赋予某些债权以优先效力。[①]

其二,破除债权平等性的观点认为,债权不应当具有平等性,应当破除债权平等,确立债权顺位规则。债权顺位保护的理论观点为债权性占有优先效力提供了理论依据,但是该观点建立债权顺位保护的依据并不仅仅限于债权性占有,一切债之因素,如成立生效时间、付款先后、主体身份等,均可以导致债权效力的先后。

其三,近年来,国内有许多学者在借鉴国外相关学者的基础之上,提出了一些解释多重买卖中先行占有买受人优先受偿效力的学说。这些学说从不同的理论立足点来论证,为何占有标的物的债权相对于指向同一给付的其他债权具有优先受偿效力。

下文将对破除债权平等理论和论证债权性占有优先性的相关理论进行梳理评析,以进一步分析阐述多重债权中债权性占有的优先性问题。

---

① 就债权平等原则,理论中亦有三种不同的学说倾向:全部债权平等说、普通债权平等说和多数债权平等说。全部债权平等说认为,债权不分成立先后,一律平等受偿,并适用于全部债权;普通债权平等说将债权区分为普通债权、优先受偿的债权、有担保的债权、租税债,其中只有普通债权适用债权平等;多数债权平等说认为,多数债权均得同等受偿。参见曹宇:《债权的平等与优先——兼对债权平等理论的反思》,《河北法学》2012年第10期。本书的债权性占有优先性问题,是在普通债权平等说的理论背景下进行的探讨,即探讨债权性占有是否属于优先受偿的债权。

(一)债权顺位保护的理论

有观点认为应当否定债权平等原则。"债权平等性假设在主体性基础上存在着虚构性,在技术基础上存在着不当性,债权平等性制度存在重大的法律漏洞,各债权人应依据排队原则解决其间的受偿顺位问题。""在一物数卖场合,应该遵守排队原则,由判决、裁判生效日、到期日,债权成立日等时间先后综合考虑,以确定债务人应该向哪个债权人履行转移买卖标的物所有权的义务。"①论者并未对不动产买卖过程中,已经占有不动产的买受人处于何种权利地位予以说明。但此观点为债权性占有优先效力的建构提供了理论背景,即在破除债权平等性的前提下具备了论证债权性占有优先性的条件。当然,在此理论语境下,论证债权性占有的意义也仅仅在于债权的排序问题,而没有在债权平等原则的基础上探讨债权性占有是否具有优先效力的依据。

(二)债权性占有优先性学说介绍

在债权平等原则下关于债权性占有优先效力的学说,是在债权平等原则的理论基础上试图来论证债权性占有的优先受偿效力,集中于阐述不动产买卖中先行占有不动产的买受人是否享有优先登记履行请求权。如前所述,在形式主义物权变动模式中,不动产以登记作为物权变动要件。在未发生登记时,即使买受人已经占有不动产亦不发生物权变动,此时买受人对物的占有依旧是基于买卖合同的占有。司法解释确立了多重买卖过程中的债权顺位保护的审判态度。在不动产权利上,对所有受让人均未完成所有权转让登记的,此时就债之给付受偿,先行占有不动产的买受人优于其他买受人,已经交付价款的买受人优于其他买受人,先行订立合同的买受人优于其他买受人。司法解释的规则彻底打破了在买卖合同中债权平等保护的观点,在理论中受到的批评颇多。而唯有其中先行占有不动产的买受人的权利优于其他买受人的规定,在学界得到了比较多的支持,且论证角度各不相同。

1. 事实物权说

事实物权说认为,事实物权包含的类型之一是准法律物权。准法律物权的当事人具有真实的进行物权变动的意思表示,但该意思表示并不是典型的不动产登记或者动产交付,而是其他的法律形式,只要该形式为法律所允许。物权出让人虽然具有法律物权人的名义,但物权取得人已经取得与法律物权

---

① 王立志、李静:《债权平等性:解构与解困》,《甘肃政法学院学报》2010 年第 1 期。

有同等意义的事实物权。在德国民法上，事实物权的实例是《德国民法典》第
873 条第 2 款的规定："在登记前，权利人和相对人的物权合意在经过公证证
明时，或者已经向土地登记机关递呈时，或者权利人将依据土地登记法取得的
登记许可证交付与相对人时，亦为有效。"①此款规定了在未经登记的情形下，
权利人可享有事实物权的情形。根据事实物权理论，在不动产买卖过程中，出
卖人将自己的房屋权属证书交付给了买受人，或者将交易指定的房屋交给了
买受人，则买受人取得了事实上的房屋所有权。在事实物权理论下，不动产交
易中先行占有的买受人处于事实物权的地位，其实质上处于物权人的身份，而
非债权人的身份。因此，相对于其他债权人而言，其享有登记优先请求权，从
而进一步完成事实物权向法律物权转化的事实。在事实物权论证下，不动产
交易中先行占有是事实物权，属于物权范畴而非债权范畴，其具备的是基于物
权支配性和排他性而产生的优先性。

2. 期待权说

期待权是德国民法理论中提出的概念。期待权的构成需要具备"对未来
取得某种完整权利的期待"、"已经具备取得权利的部分要件"和"期待权是一
种受保护的法律地位"三个要件。② 德国民法理论认可了在不动产交易过程
中买受人的期待。例如，冯·图尔认为，期待权包含了不动产登记前让与合
意受领人之地位；拉伦茨认为，在不动产转让时，双方承诺办理不动产登记，并
向不动产登记机关提出申请，则此时不动产受让人就享有期待权；赖泽尔认
为，不动产所有权移转登记前，受让人之地位系期待权。③ 在已经达成有拘束
力的物权合意且已提出登记申请的情形下，不动产买受人获得期待权地位，由
此"合意"和"提出登记申请"可以作为期待权的成立要件。期待权具有一定的
独立性，可以对抗第三人，甚至可以对抗所有权人。在不动产买卖过程中，交
付占有是所有权变动的重要事实要件，在转让所有权合意的基础上进一步将
物交付买受人占有，此时买受人具备了不动产转让的基础，符合期待权的构成
要件。基于期待权具有对抗第三人的效力，先行占有不动产的买受人相比于
其他买受人具有优先登记请求权利。

3. 占有权说

彭诚信提出了"绝对的占有权"理论。"绝对的占有权"是指基于完全正当

---

① 孙宪忠、常鹏翱：《论法律物权和事实物权的区分》，《法学研究》2001 年第 5 期。

② 王泽鉴：《民法学说与判例研究》（第一册），中国政法大学出版社 1998 年版，第 147 页。

③ 申卫星：《期待权研究导论》，《清华法学》2003 年第 1 期；申卫星：《期待权理论研究》，中国政法大学博士学位论文，2011 年，第 12—14 页。

权源的占有所产生的占有权,如基于所有权、他物权、债权、亲权等。"绝对的占有权"是区别于"相对的占有权"和"无权占有"的概念。"绝对的占有权"既不是所有权,也不是其所依附的本权,而是一种介于所有权与其所依附的本权之间的中间权利。在对绝对的占有权的性质说明上,"尽管有权占有来源于形式多样的权利基础(本权),但正是借助于占有表征,源于本权的占有权却发生了质变,质变为接近于所有权的对世效力(绝对性)。说它接近于所有权,意味着它还不是所有权,而是在所有权与其所依附的本权之间的一种中间权利。"①

因而,债权性占有被定义为介于所有权和债权之间的"绝对的占有权",享有的是一种"实实在在的绝对权利"。在解释房屋多重转让中权利保护顺位的问题上,已经先行占有不动产的买受人基于其占有权基础,完全可以对抗原权利人的返还请求或者其他形式的侵害或妨害,对于第三人的相同请求,占有人更是有权对抗。② 由此,通过绝对的占有权理论,不动产买卖中先行占有标的物的买受人享有了优先受偿的权利。③

4. 物权变动阶段说

物权变动阶段学说认为,债权与物权二元区分理论不能为债权与物权相混合的法律形态提供正当性说明。物权变动可区分为三个不同的阶段,分别为债权阶段、中间型权利阶段和物权阶段。④ 在基于买卖合同而发生的不动产物权变动中,"自债权设立至所有权转移之间存在一种中间型权利形态,该中间型权利由支付价款与交付占有两个要素构成。该中间型权利具有实质性的物权属性"。⑤ 由此,物权变动阶段学说认为,物权债权二元权利体系并不能涵盖所有法律所保护的利益,在债权向物权发生变动的过程中存在中间型

---

① 彭诚信:《占有的重新定性及其实践应用》,《法律科学(西北政法大学学报)》2009 年第 2 期。

② 彭诚信、岳耀东:《房屋多重转让中权利保护顺位的确立——以"占有优先保护说"为核心》,《山东社会科学》2012 年第 5 期。

③ 孟勤国对占有权理论亦有观点给予支持。他提出现存的他物权不能说明公有制下的财产经营权等财产现象,因而需要通过占有权的概念,以所有和所有权表达财产归属状态及其法律性质,以占有和占有权表达财产利用状态及其法律性质。参见孟勤国:《物权二元论结构》,人民法院出版社 2002 年版,第 69、77 页。

④ 陈永强:《论中间型物权变动之多元要素解释方法》,《法商研究》2016 年第 2 期。

⑤ 陈永强:《物权变动三阶段论》,《法商研究》2013 年第 4 期。

权利,该中间型权利可以对抗出卖人的债权人。① 因而,先行占有不动产的买受人具有优于其他买受人获得不动产登记的权利。

5. 登记公信力弱化说

登记公信力弱化说认为,基于我国登记簿记载规则存在不尽如人意之处,不动产登记尚未完全覆盖所有土地和房屋,尤其是农村地区的大量宅基地尚未进行登记等现实,我国应当对不动产登记公信力予以弱化而不能绝对化适用。登记公信力弱化一方面意味着某些不动产物权变动情形可以游离于物权登记生效规则之外,这些物权变动可以依据交付占有或者其他民间习惯予以判断物权是否转移;另一方面意味着登记簿不能被过度信赖,除查看登记簿外,受让人尚负有查看不动产占有状况的义务。② 由此,登记公信力弱化意味着先行占有不动产的买受人在未登记情形下,应当被其他买受人知晓其实际占有的事实,从而具有优先于其他买受人的效力。

二、债权性占有优先性的理论评析

(一)债权顺位保护之观点评析

债权顺位保护理论否定债权平等性,认为在存在多重债权的情况下,应根据裁判、裁决生效日、到期日、债权成立日等先后,综合考虑确定排队原则来解决债权的受偿顺位问题。在债权顺位保护理论下,债权产生了类似物权的排他性效果,获得优先顺位的债权具有排除其他债权的效力,后位债权只能在先位债权之后获得受偿给付。在民法理论中,债权平等原则是债法的重要理论支柱,债权平等原则保证了债权在请求力、受领力和保持力上的平等性,赋予了买受人享有平等的履行请求权。债权平等原则来自于债之相对性原则和意思自治原则,有利于充分保护市场的自由竞争。债权顺位保护观点以改变债权的既有效力体系、破除物权债权二元权利体系为学说内容。在此学说观点下,现有诸多民法基础理论均会受到冲击。在制度建构上,债权顺位保护要求债之相对性、相容性、非公示性等特征均进行调整;在理论基础上,债权顺位保

---

① 冉昊:《论"中间型权利"与财产法二元架构——兼论分类的方法论意义》,《中国法学》2005 年第 6 期。

② 王洪亮:《论登记公信的相对化》,《比较法研究》2009 年第 5 期;许德风:《不动产一物二卖问题研究》,《法学研究》2012 年第 3 期;江河:《不动产占有人在交易中的权益保护》,《北方法学》2014 年第 4 期。

护混淆了债权和物权的效力区分,意思自治原则的目的和市场交易规则的要求均被落空。现有民法基础理论研究基本摈弃了该学说观点。以债权顺位保护的观点来论证债权性占有的优先性不具有实务上的可行性,也没有太大的理论意义。

(二)其他债权性占有优先效力学说评析

其他学说均在物权债权二元区分的理论体系下探讨债权性占有优先性问题,而在债权平等原则的理论背景下论证债权性占有优先效力的依据只能找寻其他理论路径。

1. 事实物权说之分析

事实物权理论以物权的正确性判断理论为基础,将物权分为法律物权和事实物权。在当前中国物权理论和司法实务中,该理论得到广泛的认可和应用。在效力表现上,事实物权具有一定的绝对对抗效力,"在不涉及第三人利益的情况下,法律以保护事实物权为基本出发点,保护的基本措施是异议抗辩登记和更正登记等;在发生第三人物权取得的情况下,立法和司法保护的基本出发点是法律物权。"[1]在不动产多重买卖中,事实物权理论认为,先行占有不动产的买受人对物享有的并非债权,而是一种事实物权。"已实际占有的买受人具有事实物权人的法律地位,买受人申请办理房屋登记并请求出卖人履行协助义务,只是其行使基于'事实物权人'地位产生的权利,因此买受人请求出卖人履行办证义务的请求权具有物权属性,不应适用诉讼时效的规定。"[2]若其他买受人经过物权变更登记享有法律物权,此时事实物权不得对抗法律物权。而若其他买受人未完成物权变更登记,则先行占有不动产的买受人和其他买受人之间是事实物权人和债权人的关系,买受人已经享有了物权,就登记请求权而言,物权人当然地享有优先于其他债权人的效力。

因而,在逻辑上,以事实物权理论来论证先行占有不动产的买受人的优先性,似乎与本章探讨的主题"债权性占有的优先性"无太多理论关联。本章讨论的是多重债权之间是否具有优先性的问题,若直接认定先行占有的买受人为物权人,则不存在讨论债权的优先性的必要。

而在先行占有不动产的买受人所享有的权利是事实物权还是债权的问题

---

① 孙宪忠、常鹏翱:《论法律物权和事实物权的区分》,《法学研究》2001 年第 5 期。

② 韩延斌:《商品房买卖纠纷中逾期办证责任的认定处理》,载《最高人民法院民事案件解析——房屋买卖、租赁纠纷》,法律出版社 2010 年版,第 522 页。

上,事实物权理论认为买受人其实并非债权人,而是事实物权人。理论中对事实物权亦不乏批评意见,有观点就认为,事实物权在"表现形式"、性质、效力、保护方式上均违反了物权法基本原理,模糊了物权与债权的界限。① 在形式主义物权变动模式下,法律物权以登记作为物权变动模式,事实物权不需要以登记作为物权产生的依据,交付被视为物权变动的要件,从而使物权变动的要件不明确。形式主义物权变动模式和意思主义物权变动模式亦产生了模糊。因而,以事实物权来解释不动产买卖中先行占有的优先性与债权优先受偿权无关,其本身也面临着物权法体系中的理论质疑。

2. 期待权说之分析

期待权在德国民法理论中的争议很大,对期待权是否存在本身都有诸多质疑。② 在权利划分上,期待权很难被界定为一项完整的权利,期待权是作为和既得权相对应的概念而存在的,而权利应当是以既得权作为其基本形态。"期待权概念乃是一个空壳的制度概念,它包括了统领在权利取得的'先期阶段'标志下的权利内容迥异的形形色色的法律现象。"③期待权并非是独立于物权和债权之外的权利类型,而是被物权和债权所涵盖的权利形态。指向物权的期待利益是物权的期待权,指向债权的期待利益是债权的期待权。④ 以期待权说论证先行占有不动产的买受人优先效力的逻辑是,交付占有是买受人对不动产的权利由债权向物权的转化过程中的重要内容,先行占有的买受人构成对物权的实质期待,指向物权的期待权具有一定的物权对抗性,因而先行占有的买受人相对于其他买受人具有一定的优先效力。

期待权理论认为,指向债权的期待权应具有部分债权效力,指向物权的期待权应具有部分物权效力。物权的期待权具有一定的物权性对抗效力,可以对抗原所有权人和第三人,但不能对抗善意第三人。以动产的所有权保留买卖为例,随着动产买受人支付价款的比例不断提高,买受人享有获得物之所有

---

① 魏永、王全弟:《事实物权:理论困境与出路》,《东方法学》2014 年第 4 期。

② [德]迪特尔·梅迪库斯:《德国民法总论》,邵建东译,法律出版社 2000 年版,第 60 页。

③ Andreas von Tuhr, Allgemeiner Teil, Band I, 1910 S. 186;转引自申卫星:《期待权理论研究》,中国政法大学博士学位论文,2011 年,第 12 页。

④ 王泽鉴:《附条件买卖买受人之期待权》,载《民法学说与判例研究》(第一册),中国政法大学出版社 1998 年版,第 160 页。

权的期待权,从而可以对抗原所有权人的物之返还请求权。① 在所有权人将物处分时,虽然所有权保留买受人和第三人均处于债权人的地位,但是所有权保留买卖具有对抗第三人的效力,也就是相对于第三人享有受领给付的优先性。基于此,先行占有不动产的买受人也应具有一定的物权对抗效力,具有优先于其他买受人的效力。然而,这一逻辑具有诸多可商榷之处。

其一,虽然对期待权的理论定义不同,但通说认为期待权并不是一项完整的权利,不同的期待权依附于不同权利,因而期待权的效力也应由其所指向的权利(物权或债权)来决定。认为动产的所有权保留买卖和不动产买卖中的先行占有均属于指向物权的期待权,因而两者均具有物权的对抗效力,这一逻辑并不严谨。在对抗性上,动产的债权性占有具有对抗效力,动产的所有权保留买卖可以基于占有对抗所有权人和第三人的物之返还请求权,其根源是债权人对占有享有保持力而产生了"对抗效力",而不是对物权的期待利益导致了对抗效力。在优先性上,动产所有权保留买卖享有优先于其他买受人效力的依据也应在于债的保持力,并非体现为因物权期待而具有优先性。而不动产以登记作为物权变动模式,对不动产占有并无法产生针对登记的保持力,无法使买受人获得受领登记上的优先效力。

其二,期待权概念的内容和效力范围的界定存在困难。期待权只能和既得权相对应而存在。由于任何权利都是主体对获得某种利益的期待,"此项多数取得权利应具备之事实,一般而言,多非必在同一时间发生,可依时间之先后,逐渐完成。因此,部分要件一旦具备,则取得权利之过程已经开始"。② 而在权利取得过程中,若把将来可能获取的利益称为权利,则权利概念会变得模糊。依照此逻辑,所有债权都可以被认为是期待权,因为债权都是以期待将来的受偿给付作为其权利内容的。理论研究为了克服期待利益的不确定性,认为并非任何期待利益都可构成期待权,只有期待利益具备了"取得权利的部分要件"才能构成完整的期待权,以此完成对期待权内涵的确定。但这种取得权利部分要件的期待权和期待利益之间的区分同样存在困难。在立法例上,各国民法典均未将期待权规定为独立的权利类型;在理论研究中,持期待权肯定

---

① 我国司法解释明确了动产所有权保留买卖中买受人对出卖人取回标的物的限制,对买受人已经支付标的物总价款的 75% 以上,出卖人主张取回标的物的,人民法院不予支持。参见最高人民法院《关于审理买卖合同纠纷案件适用法律问题的解释》第 36 条。

② 王泽鉴:《附条件买卖买受人之期待权》,载《民法学说与判例研究》(第一册),中国政法大学出版社 1998 年版,第 146 页。

说的相关学者对期待权类型也难以达成一致观点。

其三,具体到不动产多重买卖而言,以期待权理论来论证债权性占有的效力存在理论瑕疵。在形式主义物权变动模式下,动产以交付、不动产以登记作为物权变动要件。在不动产转让未登记前,转让过程需要完成合同签订、价款支付、交付占有等诸多环节,且在同一环节中还存在着诸多不同的履行情形,合同签订有口头约定和书面签订,价款支付有一次性支付和分期支付,交付占有也存在着实际交付、钥匙交付、权属证书交付等诸多不同情形。各个买受人的履行状况各不相同,但均指向所有权变更登记以获得不动产所有权。此时,难以区分不动产买卖过程中所谓的期待利益和期待权。在期待利益的对抗性上,当涉及买受人和所有权人之间的相对关系时,逻辑上可以认为期待利益产生了对抗所有权人的效力(事实上也不是期待利益的结果,而是债之保持力的体现)。但在多重买卖的数个买受人之间,难以说明占有相对于定金交付、价款支付等期待利益,为何可以导致买受人享有受领登记上的优先性。

因而,以期待权来论证债权性占有的优先性欠缺充分的理论基础和逻辑依据。

3. 物权变动阶段说之分析

物权变动阶段说在论证债权性占有优先性上,是通过证成物权和债权之外的第三种权利的路径来完成的。该说的逻辑是,债权向物权的变动过程不是简单的债权到物权的转变,而是存有三个不同的阶段,分别是债权阶段、中间型权利阶段和物权阶段。[①] 先行占有不动产的买受人的权利处于中间阶段,其效力尚未转化为物权,但亦不同于债权,是具有对抗效力的中间型权利。与期待权不同的是,期待权理论认为,期待依附于债权或者物权,本身并非完整的独立权利。而物权变动阶段说认为,不动产买卖中的先行占有是物权变动的第二个阶段,先行占有不动产的买受人享有的是"超越债权与物权二元区分的中间型权利"。不动产买卖过程中的债权和占有结合突破了债权范畴,虽然未形成物权,但已经构成第三种权利,由此产生了相对于其他债权的优先效力。

从论证逻辑上看,物权变动阶段说和期待权理论的思路是基本相同的。两者都认为由债权向物权变化是一个阶段过程,随着合同的履行,权利人具备对物权的期待利益,由此产生了优先性和对抗性。只是相对于期待权,物权变

---

① 陈永强:《物权变动三阶段论》,《法商研究》2013 年第 4 期;陈永强:《论中间型物权变动之多元要素解释方法》,《法商研究》2016 年第 2 期。

动阶段说进一步提出在不动产买卖过程中,最为重要的履行内容是交付占有,先行占有是具备期待利益的实质性和独立性要件。交付占有使所有权权能中的占有、使用权、收益权和风险均发生了转移。在处分权利上,出卖人也是处于第一买受人所享有的权利之外的剩余权。因而,交付占有相对于其他履行事实具有实质性的期待价值,先行占有不动产的买受人具有请求登记的优先受偿权。

在形式主义物权变动模式中,动产以交付、不动产以登记作为物权变动模式。物权变动阶段学说在证成上的问题依然是权利的形式确定问题。

其一,所谓的物权变动阶段,其实就是期待利益转化为既得利益的过程,任何权利都有这一过程,不动产所有权变动也有这一过程。在物权债权二元权利体系中,不动产登记是所有权变动的要件,在未登记前均处于债权阶段,难以进入到所谓的第二阶段。

其二,物权变动阶段说同样面临着期待权和期待利益的区分问题,即为何先行交付占有相对于其他形态的债权履行具有优先性。论者认为,交付占有使得所有权中的占有、使用、收益、风险等诸多权能均发生了转移,且所有权人的处分权也发生了限制,因而交付占有具有了实质性的利益转移。但是,这一系列的权能并非物权的专属,基于债权的原因也可以发生占有、使用、收益、风险的转移效果。处分权也并非因为部分物权的转移而发生了限制,债权原因同样可以产生"出卖人处于相对人所享有的权利之外的剩余权"的效果。例如,所有权人将房屋出租后再将房屋转让,则依照类似的逻辑其转让的利益也是在"承租人所享有利益之外的剩余权"。但是,这并不意味着承租人利益的特殊性,承租人依旧是债权,而非超脱于物权和债权的中间型权利。

因而,以物权变动阶段理论来论证先行占有不动产的买受人之优先权,面临着与期待权相同的逻辑问题。同时,在先行占有是否具有实质性利益上,所提出的依据完全可以在物权债权二元权利体系下得出相应结论,缺乏证成第三种中间型权利的依据。

4. 占有权说之分析

占有权说认为,先行占有不动产的买受人享有的是一种绝对的占有权。绝对的占有权既不同于所有权也不同于本权,其具备了区别物权和债权的绝对效力。绝对的占有权包含了基于物权、债权以及其他正当权利等能够产生有权占有的情形。在债权性占有中,绝对的占有权既不同于占有,也不同于债权本权,是独立于物权和债权之外的第三种权利,据此可说明先行占有不动产的买受人的优先权利。相对于其他理论,绝对的占有权理论说明了先行占有不动产的买受人享有的权利,不属于物权,但也不同于债权,其具有对抗其他买受人的权利。绝对的占有权借助于正当本权和占有外观,完成了相关理论体系和内容的证成,在解释债权性占有优先效力上具有很强的逻辑性和合理性。但是,在我国现有的财产权利体系中,即以物权债权二元权利区分作为财产法构造的基础,如何将占有权概念进行独立化并将其作为权利效力的分析工具,值得进一步研究与探讨。

鉴于占有是事实或是权利的争论,占有权的概念和内涵在民法理论中尚存争议。一种观点认为,占有是事实,该事实享有的法律保护和效果即为占有权;另一种观点认为,占有权是一种"得为占有的权利",只有存在正当本权基础的占有权利。[1]

第一种观点将占有权定义为占有作为一种事实所享有的法律保护和效果。占有作为一种事实,并不同于权利,但是占有享有一系列法律保护措施,如占有保护请求权和占有损害赔偿等救济措施,占有权是法律保护层面上的概念。这是因为,占有作为一种事实是条件,占有权则是该事实的结果。史尚宽认为:"占有为人与物间之社会之事实现象,占有权为法律所与占有人之法律上之力。占有权以占有之事实为基础,占有事实之存在是否,直接影响占有权之得丧,约言之,占有权为占有之效力。"[2]在立法例上,《日本民法典》明确规定了作为物权类型之一的占有权。而《德国民法典》、《法国民法典》及我国《物权法》均将占有规定为一种事实。当然,占有事实享有法律上的保护效力,对此可称为占有权。

第二种观点将占有权定义为"占有特定财产的法律上的资格"[3],权利成了占有的基础,享有本权的占有才被定为占有权。这种占有权可以基于法律规定或者当事人的约定,在《物权法》、《债法》和《继承法》中得以存在。占有权可能和占有发生脱离,但占有权依旧存在。而当占有资格和占有事实并行时,就具备了产生物权性质的占有权。占有权是一个在所有权、他物权以外构建财产利用状态及其法律性质的概念。[4]这样,占有权的概念就超越了传统用

① 〔日〕我妻荣:《我妻荣民法讲义Ⅱ·新订物权法》,罗丽译,中国法制出版社 2008 年版,第 473、474 页。

② 史尚宽:《物权法论》,中国政法大学出版社 2000 年版,第 530 页。

③ 温世扬:《占有制度与中国民法》,《法学评论》1997 年第 5 期。

④ 孟勤国:《物权二元论结构》,人民法院出版社 2002 年版,第 77 页。

益物权的范畴,在权利内容和客体范围上有了新的解释。[①]

从理解上看,就占有权的第一种观点,绝对的占有权仅是占有事实保护,占有事实通过占有保护请求权给占有人带来绝对性保护,但这是占有事实的效果,而非占有权的效果。因而,绝对的占有权只能是第二种观点理解上的占有权概念,是占有和本权结合后的法律效果。占有权被认为是占有的一种资格,其实际上就是占有本权。占有权的概念也就是有权占有的概念。若将有权占有享有法律保护的效果,归结为占有权的概念并无问题。正如占有权的第一种观点,将占有事实的法律保护效果概括为占有权的概念,本身也没有问题。

但是,关于有权占有的效力,在物权债权二元权利体系中有明确的规定。对于债权性占有而言,其效力是占有事实和债权本权的结果,占有事实可以享有占有保护,债权本权可以享有债权保护,两者均有明确的法理依据。从类型上看,绝对的占有权主要体现为物权性占有和债权性占有。物权性占有具备绝对性效力,是物权支配性和排他性的效力体现,无须以绝对的占有权来解释其效力表现。物权性占有中占有权的绝对效力,其实就是物权本权的效力。只有对于债权性占有,由于债权本权的相对性特征,占有权的绝对性效力才具有理论价值。而为何债权性占有产生了与债权本权不一致的效力,有待在法理依据上作出进一步解释。综上,绝对的占有权理论指明了占有和本权并存时权利的效力现象,但是占有权理论中以物权、占有权、债权的分类来区分财产权利。对于这种区分的必要性以及债权和占有的结合产生绝对性效力的依据,亦有待进一步阐释。

5. 登记公信力弱化说之分析

登记公信力弱化说认为,基于现有我国不动产登记状况不容乐观的情况,应当考虑逐步建立不动产登记公信制度,不能完全以不动产登记作为物权公示方式。在具体的制度建构上,应当以占有和"知情"作为影响物权变动的因素。第一买受人事实占有的状态一定程度上具有对抗第二买受人或其他第三人的效力。而在不动产登记状况不理想的情形下,应当推定买受人具有调查不动产权属真实状况的义务。如果买受人未调查不动产权属状况,则主观上构成恶意,先行占有不动产的买受人相对于其他债权应当具有优先性。

登记公信力弱化说建立在不动产形式主义物权变动模式和不动产登记状

---

① 覃远春:《论占有及其民法保护——兼谈占有诉讼对我国民事诉讼模式完善的影响》,中国社会科学出版社 2012 年版,第 59 页。

况不理想的前提之下,试图提出公信力与衡平之间的一个解决方案,但这一观点存在以下问题。

其一,它并没有完全解决先行占有在不动产多重买卖中的优先性问题。假如甲将房子分别卖给乙、丙、丁三人并签订买卖合同,乙、丙、丁分别为第一、第二、第三买受人,乙先行签订合同、丙先行支付价款、丁先行占有标的物,则乙、丙的买卖合同成立在丁之前,并无法产生对丁占有事实未经调查而产生恶意的可能性。若依照类似的逻辑,后位先行占有标的物的丁反而需要对前面的合同负有调查的义务。因而,此情形说明丁的占有债权具有优先性,以占有和知情作为先行占有买受人优先受偿的依据难以成立。

其二,即使占有成立在先,以此来推定在不动产买卖过程中,后位买受人通常应当知晓不动产被占有事实,由此得出先行占有的买受人具有优先性的结论也并不妥当。在形式主义物权变动模式下,先行占有和合同订立、价款支付等情形只是债权履行的一个过程,先行占有但未登记的买受人并不享有标的物的物权。由于债权的相对性,其他债权人无须知晓先行占有不动产的买受合同存在的必要。即使知晓存在,其他债权人也不应构成恶意,因为先行占有不动产的买受人享有的只是债权而非物权,其他债权人可以参与到多重之债中,各个债权的地位也应平等。因而,在不存在以意思主义物权变动模式作为立法背景的前提下,以登记公信力弱化作为推导先行占有不动产的买受人之优先性难以成立。

综上,在解释不动产多重买卖的过程中,事实物权说、期待权说、物权变动阶段说、占有权说、登记公信力弱化说均看到了占有和债权结合的表象,而试图推导出在多重之债中占有可以导致债权具有优先受偿效力。事实物权说认为先行占有未经登记的买受人享有事实物权人的地位,期待权说认为占有使买受人具有了指向物权的期待权,物权变动阶段说认为占有可以在债权向物权变动过程中形成具有绝对性的中间权利,占有权说认为绝对的占有权是独立于物权和债权之外的具有绝对性的权利,登记公信力弱化说认为在公信力登记状况不乐观的情形下应当考虑到占有在不动产变动中的重要性,通过占有推定其他买受人恶意赋予先行占有买受人的优先性地位。但是,在现有民法权利体系下,上述学说均与物权债权二元区分的理论体系发生了分歧,也与占有制度在传统民法理论中的定位不相符合。以占有和债权的结合来赋予债权优先性的观点均需要在理论上作出进一步思考辨析,重新厘清债权性占有应有的效力范围和保护路径。

第四节　民事权利的平等与优先的分析

对债权性占有优先效力的论述,需要厘清债之平等性和债之优先性的关系。在物权债权二元权利体系下,通说认为"物权具有优先效力,债权不具有优先效力"。① 物权的优先效力包括物权优先于债权以及不同的物权之间具有效力先后的差异,而债权不具有优先效力指债权之间不应有效力先后的差异。为此,还需要分析清楚权利的平等性、物权的优先效力、债权平等性等基本范畴的含义,才能进一步分析债权性占有优先性的问题。

一、民事权利的平等与优先

权利是主体对客体的支配资格。权利的效力先后,是指在同一客体上产生的数个相互冲突的权利之间的效力比较,是权利和权利的比较。

首先,在某一权利客体的权利人与非权利人进行比较,权利人享有权利,非权利人不享有权利,则权利人的权利效力当然地优于非权利人,这并不能称为效力先后。例如,甲是一个杯子的所有权人,相对于任何其他人,甲享有杯子的所有权,但在逻辑表述上不能说甲的所有权效力优先于其他人,因为此时根本不存在具有可比性的两个权利。

其次,在两个不同客体上的权利之间,由于两者支配的客体内容并不相同,两个权利"各行其道",也不产生权利效力先后的问题。我们通常听到的一个权利高于另一个权利,更值得法律保护,例如生命权高于健康权、人格权高于财产权,其实并非对两者的效力比较,而是对两者彰显的价值的比较。两个权利的客体并不相同,所支配的利益也不相同,一个权利的实现并不会导致另一权利不能实现,因而客体不同的权利之间也不产生效力先后的问题。

再者,在同一个客体上两个不相冲突的权利之间,由于权利没有相互竞合的可能,因而也不存在权利效力先后的问题。例如,在同一块地上设置的两个地役权,一为需役地通行方便,另一为不建高楼便于需役地眺望,两个权利没有冲突,也不产生效力先后的问题。

---

① 该观点为我国理论界通说,参见梁慧星:《中国物权法研究》,法律出版社 1998 年版,第 78 页;王利明:《物权法论》,中国政法大学出版社 1998 年版,第 27 页;张俊浩:《民法学原理》,中国政法大学出版社 2000 年版,第 401 页。

因而,只有在同一客体上分别产生数个相互冲突的权利时才存在权利效力优先的问题,才有进一步探讨的必要。

(一)权利平等性是权利本质的逻辑结果

关于民事权利的定义,主要有三种不同的学说,分别是:意思说,认为权利是个人的意思自由,萨维尼和温德夏特持此观点;利益说,认为权利是法律所保护的利益,凡依法律归属于个人生活之利益就是权利,耶林持此观点;法力说,认为意思或者利益都必须受到法律的保护,才能成为权利,梅克尔持此观点。[①] 不同学说从不同角度揭示了权利的本质。意思说强调权利的本质是权利主体在一定范围内的意思自由,即人的意思能够自由支配的范围界限。利益说强调权利本质是权利主体享有的受法律保护的利益,因此不受法律承认和保障的利益就不是权利。而法力说在内涵上并未否定意思说和利益说的定义,只是认为法律需要对这种状态进行保护。

当性质相同的不同权利作用于同一客体时,根据意思说,由于都是基于意思力享有对客体支配的资格,法律上无法对意思力进行效力排序。例如,甲对某物拥有 A 权利,乙对某物拥有性质相同的 B 权利,两者都是基于意思力对该物享有一定的利益,根本无法对 A 权利和 B 权利进行效力先后上的排序。若承认这些权利是可以排序的,就等于否认了不同权利主体之间的意思自治,进而否认了民事主体之间的地位平等,那么,民法调整平等主体之间财产与人身关系的属性也就不存在了。而根据利益说,权利是民事主体在特定物或者人身上的利益范围,相同性质的利益只有大小可言,没有效力先后可言,法律无法对不同主体所享有客体上的利益进行选择性的先后保护,只能根据利益本身的大小赋予权利主体利益范围不同但效力相同的保护力度。当客体上所承载的利益无法满足全部主体所享有的利益总和时,只能根据利益大小对各个主体平均分配利益,而无法得出谁先谁后的效力排序。可见,无论是意思说还是利益说,都对权利主体在多大范围内可以享受权利进行了界定,强调了人作为权利主体,可以在不同的客体范围上享受支配特定利益的意思自由。因而,权利的本身属性说明了同一客体上性质相同的权利之间效力平等,不产生效力先后的问题。

民事权利平等与民事权利主体平等相关,但并不等同于权利主体平等。权利主体平等强调人获得权利的机会资格平等,而权利平等强调的是权利本

[①]　史尚宽:《民法总论》,中国政法大学出版社 2000 年版,第 18、19 页。

身在行使过程中应具有同等的效力,不应以权利外的因素而异其效力。民事权利与权力不同。权力的支配或保护对象均不像权利那样归属于市民成员,故而权力概念应限用于公法领域。① 因此,权力具有明显的不平等性,例如警车的优先通行权、上级对行政事务的优先决策权。但是,权利作为产生于市民社会平等主体之间关系的意志或者利益,其本身具有平等性。

由此,可以进一步得出,物权、债权等权利的下位概念应当具有权利的所有特征,也具有平等性。平等性是权利的本质属性,两个权利之间并没有权利效力的先后之分。物权具有平等性,债权也具有平等性,知识产权、人身权都具有平等性。因而,认为债权之间具有平等性,物权之间不具有平等性②而具有优先性,这种说法其实是不准确的。物权具有平等性,表现为不同主体在同一物之上的不同权利效力没有先后之别。债权具有平等性,表现为针对同一物而发生的多重买卖之间的各个债权效力平等。两者唯一的不同在于客体不同,因而权利行驶的方式也有差别。

(二)权利行使方式受权利客体的影响

从权利的自身构造上看,权利受到权利客体的影响,不同客体的权利行使不同,从而会使不同类型的权利在权利之间的冲突上产生差别。权利作为一种意志或者利益,都是通过某种客体来承载的。民法的权利是在甄别现实社会中各种利益的基础上建立起来的,并非任何利益都可以纳入权利体系之中,只有那些法律认为值得保护的利益,经过法律的确定才能上升为权利。权利在经过一般利益、法益、权利的塑造过程之后,逐渐形成了完善的权利体系。在权利体系中,不同权利区分的关键在于其所表征的利益不同。以财产权为例,物权的客体为物,物权表征为对物直接支配的利益;债权的客体为给付,债权表征为可以受领相对人给付的利益。

权利的客体赋予了权利不同的内涵与外延,同时决定了权利的效力内容。权利所产生的各种各样的特征,也都是权利客体所产生的。我们对不同的权利进行分析必须从其客体出发,才能求得对权利最准确完整的认识。在不同性质的权利之间,其本身支配客体的利益并不相同,因而根本不可能产生效力

---

① 张驰:《民事权利本质论》,《华东政法大学学报》2011 年第 5 期。

② 权利平等不同于权利主体平等,此处论及的物权平等性不是针对如"国家所有权、集体所有权、个人所有权是否应同等保护"争论中的权利主体平等,而是指存在于同一物上的不同物权之间效力是否平等。

先后的问题。当数个权利的客体相同时,客体的属性会影响到权利之间的共存状态。若权利客体可以被直接支配(例如物权),则先存在的权利直接支配客体,必然导致排除后位权利的存在,后位权利只能在先位权利的支配的利益之外进行支配,或者说物权客体的可支配性导致后成立的物权只能在先成立的物权范围之外存续,否则物权的本质属性就会发生改变。而若两个物权同时存在,则它们之间的效力完全相同。可见,所谓的物权"优先效力"是物之客体可直接支配的体现,而非权利之间效力差异的体现。对于权利客体不可直接支配的(例如债权),只能通过请求对方给付来实现。此时,权利本身不具有支配力,相同性质的数个权利之间无法产生相互排斥的效果,先存在的债权无法排斥后产生的债权,因而几个债权可以同时并存。

综上,民事权利平等是权利属性的本质要求,无论是具有排斥力的物权,还是具有相容性的债权,权利与权利之间完全平等。但是,权利的客体属性会影响到权利行使方式,所谓的"物权优先效力"只是物权客体可支配性的表现。民法只有在特殊情形下才会规定权利的优先效力形态,下面就物权和债权分别展开进一步论证。

二、物权的平等性与优先性分析

通说认为,物权的优先效力有两个方面:一是物权优先于债权;二是不同物权之间有效力先后的差异。对此,需要厘清物权之优先效力的内涵。

物权与债权属于两个不同客体的权利,根本没有效力比较的可能,也不产生效力先后的问题。物权是对特定物享有的独占性的排他权利,而债权是对特定人享有的请求给付的权利。从逻辑上看,两者的标的物完全不同,所享受的权利内容也完全不同。以多重买卖为例,甲把一个杯子卖给了乙,之后又把杯子卖给了丙,并且把杯子交付给了丙。此时,丙通过交付获得了杯子的所有权,其权利标的指向的是这个杯子,可以排他性地支配这个杯子。而乙获得的是请求甲给付杯子的权利,可以要求甲向其履行特定的义务。物权和债权之间无法比较效力先后。

真正值得探讨的是,指向同一标的物的不同物权之间,是否存在效力先后的问题,包括他物权优先于所有权、担保物权之间的效力先后、留置权优先于担保物权。

(一)同一物上不相冲突的物权之间,不产生效力先后问题

所谓"他物权优于所有权",是指对在所有权上为特定的人设置用益物权

或担保物权的,他物权人可以优于所有权人实现使用或者担保目的。具体而言是,用益物权人优先于所有权人使用标的物,担保物权人在债权未获清偿时可以对物进行受偿。但是如前所述,这不能被理解为不同物权效力先后的表现。一个完整的所有权包含了对物的占有、使用、收益、处分的权利。从经济学上看,所有权人享有对标的物使用价值和交换价值的支配权。为了达到物尽其用的效果,所有权人往往会出让物的使用价值给他人设立用益物权,或者出让物的交换价值为债务在物上设立担保物权。当所有权人为他人设立了用益物权时,所有权人支配的是已经让渡了使用价值的物,用益物权人支配的是物的使用价值。而当所有权人为他人设置担保物权时,所有权人支配的是交换价值受到约束的物,担保物权人支配的是物的交换价值。不管是所有权和用益物权之间,还是所有权和担保物权之间,两者都正好是互补关系,而非冲突关系,因此根本不产生效力先后的问题。同样,当一个物上存在性质相同但内容不相冲突的他物权时,也不产生效力先后之说。例如,同一块地上为两个不同主体设立了通行的地役权,通行道路彼此没有影响,两个地役权之间也没有效力先后。

(二)同一物上相互冲突的物权之间,体现了物权客体的可支配性

在同一物上产生相互冲突的物权,主要有同一物上担保物权之间的冲突、同一物上用益物权之间的冲突和同一物上担保物权和用益物权的冲突。此时,各个物权之间的效力亦完全相同。若担保物权同时成立,则数个担保物权效力之间平等,发生债务不履行时应当平等受偿。但是,由于物权客体可直接支配,后位物权必须在先存物权可支配的利益范围之外行使权利。但这不能理解为各个不同物权之间效力不同,而是特定物权人可以对物实施排他性支配的体现。由此,同一物上相互冲突的物权之间,各个权利只能依次实现,产生的效力呈现先后顺位,学界通常称之为物权之间的优先效力。[①] 但如上所述,这并非物权优先效力的体现,而是物权客体为物的可支配性所必然导致的权利行使结果,是物权人可以直接支配物的体现。

(三)特殊情形下法定担保物权具有优先效力

如上所述,物权之间具有平等性,并无效力先后的问题。在同一物上发生相互冲突的物权之间,也是由于作为物权客体的物具有可直接支配性所带来

---

① 梁慧星:《中国物权法研究》,法律出版社 1998 年版,第 80 页。

的,遵循先到先得、公示公信的规则。但在某些特殊情形下,出于特定的原因,法律会规定某些物权类型以真正的优先效力。具体而言,法定担保物权具有优先效力,在同一客体上法定担保物权优于约定担保物权,包括留置权优于质权、法定抵押权优于约定抵押权。

法定担保物权是指债权人与债务人并未就特定财产设立担保物权,但是基于法律的特殊规定,债权人可以就债务人的某些特定财产具有优先受偿效力权利,债权人可就该特定财产优先受偿,从而产生类似于担保物权的效果。法定担保物权包括留置权(标的物为动产)和法定抵押权(标的物为不动产)。① 其中,留置权是指在合同关系中,债权人基于合同原因占有债务人的动产,在债务人不履行债务时,债权人有权留置所占有的财产,并以该财产折价或者以拍卖、变卖该财产的价款优先受偿。而法定抵押权的含义和留置权相近,只是其对象为不动产。我国《合同法》②、《海商法》③、《民用航空器法》④均规定了对于建筑工程、船只、航空器的法定抵押权。

留置权优于质权是指对同一个物上既存在留置权也存在质权的,留置权效力应优于质权。⑤ 留置权发生于货运、保管及承揽合同过程中,之所以规定其效力优于其他担保物权,是基于物之保值的考虑。举个例子:甲在自己一辆高级轿车(价值 100 万元)上为乙设立担保物权,之后该车需要检修,送丙修理厂维修花费 5 万元,甲未付修理费,丙扣押该车,获得对该车的留置权,则此时丙的 5 万元债权应优先于乙的债权从而就该高级轿车清偿。在丙维修车子前,该车的实际价值扣除需要维护以恢复原状的价款,其实际价值为 95 万元,丙的维修使得该车的实际价值恢复到 100 万元。因而,法律赋予了丙可以对该标的物优先受偿。对于丙而言,假若不赋予丙优先受偿,则丙在未获得对价的情况下,根本不可能去做好对物的保管和维护义务。对于乙而言,其本身担保物权的标的在车子未维修前为 95 万元,在丙使车了增值 5 万元的情形下,赋予丙对 5 万元债权的优先受偿权,也并未损害到乙的利益。可见,民法之所以规定了留置权的优先效力,是为了防止贯彻绝对物权平等所可能导致的实质上不利于财产价值的维护。从宏观上看,当此类特殊情形值得民法承载物

---

① 理论中关于法定担保物权的概念存有争议,本书采用"相对于质权的留置权"和"相对于抵押权的法定抵押权"的概念,它们分别属于在动产和不动产上的法定担保物权。

② 参见我国《合同法》第 286 条。

③ 参见我国《海商法》第 25 条。

④ 参见我国《民用航空器法》第 19、22 条。

⑤ 参见我国《物权法》第 239 条。

之保值的社会利益时,民法需要突破权利平等。

除了《物权法》关于"留置权优于质权"的规定之外,《合同法》《海商法》、《民用航空法》有法定抵押权的效力优于约定抵押权的规定,同样是基于物之保值的社会利益考虑。

(四)小结

讨论物权是否具有优先效力的问题,应当在同一物上相互冲突的不同物权之间展开。事实上,所谓的物权优先效力,大多数时候是物权支配力的结果,物权支配力的支配范围由产生先后和是否登记所决定。物权具有优先效力只是物权支配效力的表象,优先效力并非物权的本质。物权应当具有平等性,不同物权之间的效力平等。真正具有优先效力的是留置权和法定抵押权。留置权和法定抵押权不由物权支配力来体现,不以产生先后和是否登记来决定支配范围。基于法律的规定,其权利效力具有优先于在同一物上相冲突的其他担保物权。

三、债权的平等性与优先性分析

债权的平等性和优先性问题,体现在数个债权作用于同一客体之上时,各个债权之间是否有效力先后之分。

(一)不相关联的数个债权之间

当同一个债务人与不同的债权人发生数个没有关联的债时,债权人各自按照合同达成的合意内容请求债务人履行债务,根本不触及债权效力先后的问题。

但是,当债务人不履行债务,且面临破产、资不抵债时,就产生了权利冲突。因为债务人唯一的责任财产需要对所有的债权人进行清偿,这就意味着本来不相关联的数个债权在此时指向了同一财产。此时,根据权利效力平等原则,各个需要清偿的债权效力相同,各个债权在破产程序上处于同等地位,债权人只能按照债权数额大小取得平均求偿权。

(二)多重买卖的债权之间

当发生多重买卖时,债务人就同一个标的物与数个债权人签订了买卖合同,产生了数个债权。但此时客体并非为标的物,而是债务人的给付。由于给付只有请求力,数个债权之间并不发生权利冲突。此时可以明显地看出,物权和债权在客体上的重大差异。当同一物上产生数个物权时,物权的支配性决定了在数个物权之间,按照成立在先的在支配范围内排斥成立在后的(特殊情形,经过登记的在支配范围内排斥未经登记的)规则,如此依次实现物权。但债权却无法产生类似的效果。债的客体为给付,债权不是一种支配权,"债权人既不能支配债务人的人身,也不能对债务人的给付行为和债务人给付的标的物进行直接支配"。① 给付只能产生请求力,而没有排斥力。因而,在多重买卖中,先存在的债权无法排斥后产生的债权,各个债务之间完全没有冲突关系。不管各个债权的成立时间如何,它们之间地位完全平等,也不产生效力先后的问题。

但是,当债务人需要实际履行债务时,由于标的物的唯一性,数个债权之间就发生了冲突,履行其中的一个债务导致债务人不能履行其他债务。此时,根据权利效力平等,各个债权的效力没有先后之分。这也就意味着,在实际履行时,多重买卖中的各个债权人获得债务人履行债务的机会平等。债务人有履行合同的选择权,如何履行重合的债务依然是出卖人的个人意思,其对决定向谁履行或者不履行债务以及履行先后拥有着决定权,法律对此不能强制干预。对于债务人无法履行合同的,当事人可以解除合同或者主张违约损害赔偿,并由债务人的责任财产进行清偿。

(三)特殊情形下的债权之间具有优先效力

如上所述,彼此不相关联的数个债权和多重买卖中的各个债权之间没有效力先后。当债权人破产时,各个债权需要由债务人的同一责任财产进行清偿,从而产生了冲突问题。在多重买卖中,当各个债权需要实际履行时,由于标的物的唯一性,也产生了冲突问题。根据债权平等原则,各个债权效力平等,享有平均受偿权。但是,在特殊情形下,债法也规定了某些债权具有优先效力。

通常论及债权之间具有优先效力的有担保物权(约定担保物权和法定担保物权)具有先取特权的债权、经登记的债权,但这些并非都是债权优先效力的体现,现简述理由如下。

1. 有担保物权的债权

担保物权是指有担保物权的债权享有优先受偿的资格,包括法定担保物

---

① [德]卡尔·拉伦茨:《德国民法通论》(上册),王晓晔等译,法律出版社 2003 年版,第218、219 页。

权和约定担保物权。前述"物权平等与效力优先"中讨论的是担保物权之间的效力比较,此处讨论的是在多重之债中,有担保物权的债权与无担保物权的债权之间就受偿先后的效力比较。

约定的担保物权是指债务人和债权人基于担保合同约定,在特定财产上为特定债权设置担保物权,当发生债务不履行时,债权人享有对担保财产的优先受偿权。有担保物权的债权人在特定物上享有担保物权,而其他债权人在该特定物上不享有物权。对于担保物权人相对于其他债权人具有在物上优先受偿的权利,其解释应当是债权人行使自己物权的结果,是物权人相对于非物权人的效力,而并不意味着债权具有优先效力。因此,若担保物权人在担保财产上获得债务的全部清偿,则就未获清偿的债权部分并不产生优先受偿效力,而只能和其他债权就债务人的责任财产平等受偿。可见,所谓有担保物权的债权具有优先效力,只是一种权利的表象,其实质是债权人行使物权的必然结果,是物权效力的体现。

法定担保物权和约定担保物权概念相似,但性质不同。约定担保物权是通过民事主体之间的设权行为而产生的,无论就动产设立质权,还是就不动产设立抵押权,均是典型的物权行为。法定担保物权并非双方设权行为的结果,而是来自于法律的直接规定。民法基于保护某些社会价值的需求,赋予具有特殊身份的债权人可在债务人的特定财产上享有优先受偿的权利。法定担保物权并非基于法律行为而产生,而是民法从权利体系外的社会利益的考量,赋予特殊债权享有优先效力。由此,享有法定担保物权的债权具备了优先于其他债权的优先受偿效力是真正的债权优先受偿效力的体现。因而,法定担保物权在性质上更加类似于先取特权,所不同的是法定担保物权是在特定财产上的优先效力,而先取特权是在债务人全部责任财产上的优先效力。

2. 具有先取特权的债权

先取特权是指某些特殊债权在债务人破产时就破产财产享有优先受偿的资格。基于债之相对性及债权平等原则,当发生债务人无法履行债务且面临破产时,债权人均以同等地位参与破产财产的分配,就破产财产平等受偿。但实际上,《破产法》①、《海商法》②、《民用航空器法》③等均设置了法定的顺位清偿制度,破产财产要在优先清偿完破产费用、共益债务、职工工资、医疗伤残补

---

① 参见我国《企业破产法》第 113 条。

② 参见我国《海商法》第 21—29 条。

③ 参见我国《民用航空器法》第 18—25 条。

助、抚恤费用、保险费用、所欠税款等后，才能就一般债权进行平均清偿。由此，先取特权相对于普通债权具有优先受偿效力。先取特权并非是权利自身客观属性的逻辑结果，而是民法出于维护国家财产、劳工的生活保障等社会利益的需要而变更权利体系的结果。民法所考虑的是权利属性之外的诸多社会因素，从而赋予了特定债权具有优先效力。因而，先取特权是真正的优先权。

3. 经登记的债权

在我国法律中，经登记的债权主要是指房屋买卖或者不动产物权交易中的预告登记制度。在多重买卖中，不动产的买卖合同经过预告登记，可以对抗其他买卖合同。经预告登记的债权效力优于其他债权，从而在合同实际履行时，可获得优先受领给付的权利。如前所述，债权客体为给付，不具有支配性、非公示性和相容性；物权客体为物，具有可支配性、公示性和排斥性。对债权进行登记公示，其实是赋予客体以公示性，从而赋予了债权以排斥性。预告登记制度是法律为了实现保护特定买受人的利益，借助登记制度的强大公示效力，对债权客体予以登记公示的结果，它使得债权产生了类似于物权的排斥力。虽然此时各个债权之间的效力平等，但是经过登记的债权具有了和物权一样在可支配范围内独享权利的效果，后位权利只能在其可支配的范围之外享受权利。由于标的物的唯一性，后位权利可支配的利益可能已经为零，所以出现了预告登记的债权排斥其他债权的效果。经过预告登记之后的债权借助于登记的绝对公信力，产生了类似于物权的绝对性效力。

（四）小结

通常而言，债权具有平等性，且债权的平等性和物权的平等性有所不同。在同一物上相互冲突的物权之间，由于物权具有支配力，必然有登记或成立在先的物权在支配范围内享有支配权利，其他物权在后享有支配权利，这是物之支配力的必然要求，并不意味着不同物权的效力具有高低之分。物权的优先效力只是物权支配力的表象。在同一给付上相互冲突的债权之间，由于债权具有相对性，是请求给付受领的权利，因而各个债权可以完全并存，享有平等获得履行请求权。债之平等性原则以民事权利平等为基础，由于债权不适用公示的原则，因而无法依债权成立的先后来确定债权的效力。现代民法确立的债权人平等原则有两个功能：一是尊重债权人之间的自由竞争；二是确保约定物的担保的价值。如果肯定特权，在法律上赋予债权人中的某一方当然地具有优先地位，那么将会损害以自由竞争为宗旨的债权交易的安全。

在物权中，留置权和法定担保物权打破了物权支配力具有的优先效力；在债权中,先取特权和具有法定担保物权的债权才具有优先效力。而同"买卖不破租赁"中债权对抗性对债权相对性的突破一样,先取特权和具有法定担保物权的债权对债权平等的突破,在效力根源上均来自于民法社会本位对权利本位的影响结果。从民事权利体系的内在逻辑出发,债权平等性是债权效力的应有之义,而只有跳出民事权利体系的既有框架,从社会政策对民事权利的价值需求上,才能得出特殊债权产生优先效力的根本原因。

四、债权性占有的平等性与优先性

综上所述,民事权利平等是建立在权利客体属性基础之上的平等,无论是物权还是债权,作为权利的下位概念,平等都应是其本质属性。从民法之权利本位和社会本位的关系角度看,民法只有基于社会价值的考虑,才会设置对权利平等性突破的特殊制度,赋予某些权利以优先于其他权利的效力,这就是优先权制度的来源与初衷。由此,优先权并不是某类权利,而是指某类权利具有的优先效力。优先权是和权利平等相对应的概念,优先权从权利体系之外赋予了权利以优先效力,既有物权优先权,也有债权优先权。

通过对债权优先权的分析,有担保物权的债权优于无担保物权的债权,是权利人作为担保物权人和债权人的共同权利人行使物权的后果,不能视作债权的优先效力。在不动产预告登记中,预告登记债权人可以优先于其他债权人获得登记的原因在于,借助登记的强大公示效力,法律规定赋予了债权以类似于物权的排斥力,使得未预告登记债权人的效力后于预告登记债权人。预告登记债权的客体其实已经不是真正意义上债权的客体,预告登记的债权也已经不是纯粹的债权。其优先效力是建立在对客体的改造之上的,在本质上已经改变了债权的相对权性质,使债权产生了类似于物权之间的排斥效力。因而,预告登记的债权是改造客体所导致的权利可支配性和排斥性的必然结果,并没有对外在因素的考虑而赋予债权以优先效力,依然不能视作对权利平等性的突破。只有具有法定担保物权和先取特权的债权,基于实现社会效益的考虑,在未改变债权本质的前提下,强行地赋予该类债权具有优先效力,突破了权利的平等性,可以说才是真正的优先权,具备了优先受偿的效力。

由此,在民法传统理论和权利体系框架中,债权性占有并不具备优先性的法理基础。在多重之债中,先行占有标的物的债权人在其未获得对标的物的所有权之前,或者未保有对债的给付之前,均不产生相对于其他债权人的优先受偿效力。那么,需要进一步分析的是,在债法制度中,占有对于债权效力的意义到底是什么?若债权性占有不具有优先性的逻辑依据,是否能如同法定担保物权和先取特权那样,基于社会本位的原因,在民法权利体系之外,探寻构建债权性占有优先性的法理依据。

第五节　债权性占有优先性的制度建构

由前所述,物权和债权作为权利的下位概念,均应具有平等性。但是,物权具有支配性,而债权具有相对性。由此,物权的支配性决定了物权具有不相容性和排斥力,在同一特殊物上产生的数个物权之间存有顺位关系,其体现为物权的优先性。而债权的相对性决定了债权具有相容性和平等性,在同一特殊物上产生的数个债权之间通常不应当产生顺位关系,因而债权效力无法体现为优先性。

不动产买卖中先行占有的买受人对物的占有是债权性占有,在物权债权二元权利下,不宜以事实物权、期待权、占有权或其他中间型权利的概念来解释其效力。为了完整阐述债权性占有的优先性,还需要进一步分析以下三个问题:一是在不动产多重买卖中,债权性占有的本义是什么,应当如何解释债权性占有在司法解释和实务判例中体现出的优先性问题? 二是从现实效果上看,赋予先行占有在不动产买卖过程中的优先受偿,是否符合了效率原则,而对其优先性的否认,是否有悖效率原则? 三是在现有权利体系下,若无法得出债权性占有的优先性结论,那么能否从立法论的角度基于实质理性和社会本位,建构债权性占有的优先权制度?

一、占有在不动产转让中的性质分析

在我国《物权法》中,不动产物权变动模式以登记要件主义为原则,以登记对抗主义为例外。在登记对抗主义的物权变动模式中,如特殊动产和土地承包经营权,经交付占有后,受让人取得物权,但未经登记不得对抗善意第三人,其对物的占有已经是物权性占有。在登记要件主义的物权变动模式中,物权变动以登记为要件,当出让人将物交付受让人占有后,先行占有的受让人此时并没有获得物权,其对物的占有是债权性占有。

由此,特殊动产买卖中的占有和不动产买卖中的占有,两者性质完全不同。

在特殊动产买卖中,虽然需要以登记作为对抗善意第三人的依据,但是先行占有标的物的买受人已经是新所有权人,买受人对物的占有来自于物权,物

权是其占有的权利基础。在完成交付占有之后,买受人对物的占有是买受人对物享有排他性的支配权的结果。获得物权的买受人可以直接支配物,基于自己的意志对物行使占有、使用或收益的权利,不受出卖人的意志干涉。除了获得登记的买受人之外,先行占有的买受人可以对抗任意第三人。在多重买卖中,先行占有的买受人自然可以"对抗"其他未获得占有的买受人,相对于其他未获得占有的买受人"优先"受偿给付。但本质上,此时的"对抗"、"优先"是物权支配力的结果,占有是其物权获得的要件,不能认为是债权优先受偿的依据。

但是,在不动产买卖中,先行占有标的物的买受人对物的占有来自于买卖合同,债之关系是其占有的权利基础。买受人对物的占有,并非是基于物权的占有,而是基于债权的占有。买受人之所以享有对物占有的权利,是请求受领出卖人给付的结果,买受人不享有对物排他性的支配权利。买受人对物占有体现的是出卖人的意志,而非自己的独立意志。出卖人容忍买受人在物上的占有、使用或收益权利,在物权变更登记之前的占有内容和形式都受制于买卖合同中的约定。物之处分权依旧归属于出卖人。先行占有不动产的买受人不享有物之处分权利,其对物的处分只能是无权处分。在多重买卖中,先行占有不动产的买受人和其他买受人一样,都处于债权人的地位。先行占有不动产的买受人不具有对其他买受人的排他性权利。

在债之关系内,与定金支付、价款交付等要素一样,交付占有只是不动产买卖合同履行过程中的一个要素环节。《物权法》规定了不动产以变更登记完成物权变动,而不以交付占有作为物权变动的依据。对于买受人而言,需要完成登记才能完成受领给付获得合同最终履行,实现债权人身份向物权人身份的转变。因而,在物权债权二元权利区分体系下,先行占有的买受人和其他买受人只是占有债权人和非占有债权人的关系,而不是物权人和非物权人的关系,也不是准物权人和非物权人的关系。

在债权性占有中,买受人获得占有利益并享有占有保护。例如,先行占有的买受人对物占有是有权占有,享有占有、使用或者收益的权利,针对侵害占有行为可以主张占有保护请求权和占有损害赔偿请求权。这些权利均是占有带来的,是债权人以占有人身份所享有的。但是,就债权履行而言,占有债权和非占有债权在优先给付受偿上没有任何区别。若各个买受人均未完成变更登记,则先行占有的买受人和其他买受人一样,都需要请求出卖人履行登记义务才能获得物权。此时,先行占有的买受人和其他买受人基于买卖合同所带来的债之请求力上并无任何差异,无法得出先行占有的买受人具有登记履行上的优先效力。

　　而在多重租赁、借用、运输、承揽的合同履行过程中,先行占有标的物的债权人具有受领给付的优先性,其理论原因在于债之保持力。在租赁、借用、运输、承揽等合同中,交付占有即为合同的履行内容,只要在合同约定的效力范围内,债权人就可以享有保持占有的权利,此为债之保持力的应有之义。只有合同因无效、撤销、解除等原因被消除,债权人不具有继续占有标的物的本权基础时,才需要将占有返还所有权人。① 债权人可以以债权内容对抗所有权人的原物返还请求权,享有继续占有获取债权利益的权利,相对于其他未获得占有的债权人而言,自然就表现出受领给付的优先性。此时,先行占有的债权人相对于未获得占有的债权人,是获得给付的债权人相对于未获得给付的债权人的关系。获得给付的债权人基于债之保持力自然可以保有对物的持续占有。因而,此时所谓债权性占有的优先受偿效力,其实质是债之保持力的作用结果,并非真正意义上的债权优先受偿权。

　　仔细分析不动产多重买卖中的占有以及多重租赁、借用等情形中的占有,可以发现占有对于债权的意义并不相同。在多重租赁中,交付占有为合同履行内容,获得占有即为受领给付,在受领给付后,基于债之保持力的效果,先行占有的承租人可以保有对物的持续占有。而在不动产买卖中,交付占有并非合同履行内容,登记才是合同履行的关键。诚然,对于占有而言,先行占有的买受人基于债之保持力的效果,可以针对所有权人享有持续性占有物的权利。但是对于履行登记而言,买受人并没有保有优先获得登记的债权权利,当出现其他买受人时,先行占有的买受人和其他买受人在获得登记的效力上没有任何差异。先行占有的买受人无法基于占有以排斥其他买受人获得登记的权利,也就意味着不享有相对于其他买受人的优先受偿给付,即优先获得物权登记的效力。

　　综上所述,占有在不动产买卖中的效力是,先行占有标的物的买受人可以基于债之保持力,拒绝所有权人请求返还原物。但是,在多重买卖中,当存有其他买受人时,先行占有标的物的买受人不享有针对其他买受人获得优先登记的权利,所有权人可以选择任一买受人予以履行物权登记。在某一买受人

---

　　①　例如,在无偿借用合同中,出借人享有无条件解除合同的权利。在多重借用中,出借人可以解除与已经占有标的物的借用人的借用合同,从而取回标的物,并选择交付给其他借用人。又如,在租赁合同中,若出租人和承租人约定出租人在一定条件下可解除合同,则出租人亦可以在条件符合时,解除与已经占有标的物的承租人的租赁合同,将标的物交付给其他承租人。

完成物权登记后,则先行占有买受人和完成登记的买受人之间的关系即为债权人和新所有权人的关系,涉及两者之间的对抗关系。而根据本书第三章所述,此时,不动产先行占有的买受人无法以占有对抗新的所有权人,需要将物返还新所有权人,同时可以向原所有权人主张债权损害赔偿请求权。

二、占有在不动产转让中的公示效果分析

如前所述,在不动产转让过程中,占有只是债之关系中的事实状态,并不具备对物支配的绝对效力。但是,在特殊情况下,债权也可以产生绝对效力,如不动产预告登记制度。那么,在债权性占有中,占有是否也具有足够的公示效果,从而具有对抗第三人的绝对效力呢?

在物权的公示公信上,物权的排他和绝对效力,物权的存在和变动需要让第三人知晓,而最初占有成为发挥这一功能的主要方式。在意思主义的物权变动模式中,占有是动产和不动产的权利变动公示方式。在形式主义的物权变动模式中,占有仅对动产具有公示功能,不动产公示手段已经被登记制度取而代之。占有的这种公示公信功能体现在,第三人在动产交易的过程中,无须调查交易对象的所有权归属情况,就可相信对方占有物的处分权利,从而完成交易。而在不动产的交易中,占有则不具有公示公信功能,交易人必须以登记内容判断对方处分不动产的权利。从公示公信的效果上看,登记的公示功能远远大于占有。但登记只能在不动产中适用,无法在动产领域贯彻登记公示公信制度。因为如果不动产交易要求贯彻登记制度,则会严重影响交易效率。实践中有大量动产权利实际归属和占有状态属于不同主体的情形,从而出现动产善意取得的适用。而不动产的权利实际归属与登记状态不同的情形远远少于动产,相对较少出现不动产善意取得的适用。物权的公示公信制度和物权本身属于相生相长的制度,物权的支配性需要物权对第三人具有公示公信,而公示公信反过来又保证了物权具有对抗第三人的效力。

通常而言,债权由于仅适用于相对人之间,无须对外表征权利,贯彻公示公信制度。因而,债权具有非排他性,可以针对同一标的物产生多重债权,且各个债权都具有获得平等履行的权利。但是,在一些特殊债权中,为了保护在一些特殊标的物上债权人的利益,保障债权人获得对标的物的给付受领,法律会引用登记制度来赋予特殊债权一定的对抗效力,即预告登记制度。经过登记的债权,仍然"始终保持着债权性",但却表现出了"权利人所享有的处分或

继受保护、诉讼保护以及对抗破产及强制执行的能力"。[①] 经过登记的债权使得债权获得了公示公信效力，获得了绝对的保护。可见，登记作为公示公信制度被引入到债权法中，确实可以使债权出现绝对效力，从而达到保护特定债权的效果。在物权法中，登记和公示都作为权利变动的公示方式，既然登记债权可以使债权获得绝对对抗效力，那么占有能否使债权产生类似的效果呢？

这需要从登记和占有的不同公示效果来分析，登记具有绝对的公示效果，而占有则不具备绝对的公示效果。在预告登记的债权中，适用于登记中的不动产相关权利，其主要目的是为了防止后位买受人介入多重买卖并获取所有权，虽可以请求债务人承担债务不履行之违约责任，然在特定不动产上的履行利益丧失。而在不动产经过预告登记后，即向第三人明确宣示债权人在特定不动产上的请求利益，后位买受人与债务人又签订的买卖合同绝对无法获得登记履行。因而，登记对于权利的公示效果是绝对的，其可以使债权获得绝对保护效果。但占有仅仅获得相对的公示效果，在所有权分离利用的市场环境中，通过占有并无法使第三人知晓债权存在的事实。从分类上看，登记、占有分别和债权结合，可以产生不动产债权登记、动产债权登记、不动产债权占有、动产债权占有四种不同情形。

关于登记债权。其一，不动产债权的登记。若不动产出卖人和买受人签订了买卖合同，并就此进行了预告登记，则其他买受人要进行权利变动登记时，在现今登记制度下，必然完全知晓登记债权的存在，此时即可推定该买受人为恶意，从而阻却其权利变动的完成，保护经过预告登记的债权人。同理，若不动产出租人和租赁人签订了买卖合同，并就此进行预告登记，其他买受人要进行权利变动登记时，也必然就知道他人在标的物上的租赁债权利益存在的事实，此时亦可推定其为恶意。其二，动产债权的登记。动产买卖债权无法通过登记制度来获取对抗力，因为动产以交付为权利变动方式，对其他买受人而言，其再和出卖人签订买卖合同并完成交付的过程，并不涉及登记事宜无法知晓前债权的存在，无法推出其主观恶意。动产租赁债权的登记，在建立登记制度的前提下，同样可以获得对抗第三人的效果。

关于占有债权。其一，不动产债权的标的物占有。当所有权人和买受人、承租人等签订了债权合同后，将标的物交付债权人占有，此时若第三人再与所有权人签订买卖合同，并进行所有权变更登记，在法律程序上，第三人和债权人的占有并无任何交集。论者认为，买卖不动产的行为，通常需要对标的物上

[①]　金可可：《预告登记之性质——从德国法的有关规定说起》，《法学》2007 年第 7 期。

的权属使用情况进行调查,从而应当知晓标的物的权属情况,由此可以推定第三人主观上是恶意的。然而,对不动产的实际权属情况的调查并非买受人的义务。在已经建立了不动产登记制度的情况下,不动产买受人通常通过登记簿上所记载的事项来明确不动产的基本信息。以买受人对不动产实际权属情况未调查来推定其恶意的构成,在现有制度语境下是不成立的。其二,动产债权的标的物占有。所有权人和其他占有债权人签订合同,并移交标的物后,先行占有标的物的债权人已经取得了物之所有权,所有权人可以再通过让与所有权返还请求权的方式将所有权转让给其他人,但第三人无从知晓动产的真实状态。

因而,占有的公示效果和登记并不相同,占有的公示效果在债权中并无法成立,占有和债权的结合并无法使他人获取其权利的公示信息。在形式主义的物权变动模式中,登记之所以能使债权获得对抗效力,在于登记的排他性的绝对公示功能。在不动产中,债权登记预告把握住了不动产权利变动登记要件的"脉门",先登记的债权是其他无法再次完成不动产权利变动的登记。因而,其也只是赋予了登记债权在对抗处分时的对抗效力,在第三人侵害标的物或者所有权人破产时并无法产生绝对效力。而除此之外,动产债权登记不符合交易现实,仅从占有的公示效果上看,动产或不动产的占有无法依据登记获取对抗效力。

从根源上分析,认为占有具有对债权的公示功能,从而使债权具有对抗效力的问题根源,在于脱离了占有和权利区分的依据,混淆了占有的权利推定功能和物权的推定功能。占有的功能在于维持财产秩序的稳定,占有人可依据事实上的占有状态,推定其在占有上的合法权利,在第三人侵害占有时,占有人对第三人享有占有保护请求权。占有保护请求权的目的是承认占有人对物的占有状态,防止权利人陷入无止境的自证权利的困境之中。因而,所有权人面对第三人夺取其物时,可以选择通过占有保护请求权来要求对方返还财产,在占有保护请求权中只需要证明占有事实即可。其也可以选择通过物权保护请求权来要求对方返还原物,但是需要证明合法物权的存在,权利证明的难度高于占有事实的证明。故在借助占有保护请求权可以保护物权人的前提下,无须通过物权保护请求权来恢复权利。也正因为如此,占有保护请求权无法对抗更高形式的权利,在无权占有的情况下,占有人可以对抗其他第三人,但是无法对抗合法物权人。这才是占有公示功能与权利推定效力赋予其对抗效力的价值。从占有保护请求权的角度看,债权人的占有和物权人的占有没有区别。因而,占有保护请求权并不是物权的绝对效力的表现,而是占有的绝对效力的表现,无法由此得出获得占有的债权人具有对抗物上地位更高的所有权人的效果。

综上,债权性占有中发生的占有与债权的结合,只是证明占有事实来自于债权债务关系。同时,可以援用此占有事实来得出债权人对第三人的占有保护请求权,占有保护请求权对抗的是没有权利基础的瑕疵第三人,这并没有跳出传统民法中占有的基本制度内容,也没有解释债权性占有对抗基于物而产生的其他债权人和物权人。因而,在此基础上,将债权性占有认定为具有优先效力具有强烈的拟制色彩,将债权占有权能的授予拟制为处分行为,则模糊了债权与物权的基础性区分。

三、占有在不动产转让中的效益分析

在债权平等原则的理论背景下,债权性占有在不动产多重买卖中并不具有优先性。认为债权性占有具有优先受偿效力的观点突破了债权平等原则,打破了市场平等主体之间的自由竞争,除了不具备理论依据之外,在实践中也必然会产生诸多适用困境,认为其能提高交易效率与维持交易秩序的相关论述也有待商榷。

其一,因为违反了债之相对性和债权平等保护的基本理论,债权性占有优先性的相关规则实际上不具有可操作性。

合同产生的是相对权利,是拘束双方意思表示的契约,法官在审判时只须根据法律规定和合同内容进行判决即可,在特殊情形下当涉及相关利益人时,才由相关利益人作为诉讼第三人参与到诉讼之中。在发生多重买卖时,只要还未涉及标的物的所有权为第三人的情形,其他买受人无须作为诉讼第三人参与到诉讼之中。法院没有义务,也根本不可能去调查存在多少买受人以及这些买受人和出卖人之间的合同状况。基于债权的平等性和相对性,在多重买卖中,当其中一个买受人与出卖人发生纠纷而诉诸法院时,法院只需要对其合同进行审查即可,法院不需要,也无法调查其他买卖合同。

事实上,赋予先行占有的买受人以优先受偿权,在实务上也无法达到保护买受人利益的效果。根据相关司法解释的规定,先行占有对于买受人而言,只有相对于其他买受人具有优先受偿的效力,而不具有对完成登记买受人即新所有权人的对抗效力。对于先行占有的买受人而言,"要达到限制出卖人选择权的目的,除非赋予其债权人撤销权,甚至直接赋予其对特定物的支配力,才

有可能阻止出卖人通过交付来实现其任意履行之目的"。① 就撤销权而言，《合同法》第 74 条规定了撤销权的适用条件，关注的是因债务人的行为导致责任财产的损害，这与在不动产买卖中先行占有并无关联。就特定物的支配力而言，债权性占有优先性和物权的排他性支配力完全不同。在登记对抗主义中，先行占有的买受人是物权人身份，其他买受人要通过登记获得物权需要满足"主观善意"的要求，若其知晓先行占有事实还完成物权登记的，则先行占有买受人可以对抗其物权并请求撤销物权登记。在贯彻登记要件主义的不动产买卖中，债权性占有优先性赋予先行占有的买受人享有相对于其他买受人的优先受偿权利，但无法享有优先于已经获得物权的买受人的权利。

根据民事诉讼法的相关规定，买卖合同管辖法院为被告住所地法院或者合同履行地法院，双方还可以约定管辖法院，合同履行地或者约定管辖法院的不同会发生不同买受人在不同法院起诉的情形。先行占有买受人无法阻止在其向法院起诉后甚至是在法院判决后，出卖人再向第三人履行登记的行为。② 例如，甲把房屋卖给乙并交付占有，其后甲又以更高价把房屋卖给了丙，乙随后向法院起诉，要求甲向其履行登记。按照司法解释的规定，此时法院是继续履行判决，而非确权判决，应判决甲继续履行合同，把房屋过户登记给乙。但甲在法院判决期间或者法院判决后，将房屋登记给丙。此时，根据司法解释的规定，丙已经取代乙成为顺位确定规则中的第一债权人，并继而已经取得了房屋所有权，此时法院没有任何理由可以排除丙对于所有权的取得。因先行占有买受人还未取得不动产所有权，其请求出卖人或者诉诸法院要求履行登记的，其他买受人均可以率先完成登记从而取得物权人地位。因而，债权性占有优先性规则一方面赋予买受人以优先效力，另一方面却没有如同登记对抗主义那样赋予买受人以物权保障，其结果是在不动产买卖中先行占有事实无法排斥其他买受人的物权登记行为，实际上没有太大的操作意义。

其二，认为赋予债权性占有优先性可以增进交易效益、维护交易秩序的结论存有疑问。

有观点认为，在登记要件主义的不动产物权变动模式下，赋予先行占有不

---

① 周江洪：《特殊动产多重买卖之法理——〈买卖合同司法解释〉第 10 条评析》，《苏州大学学报》2013 年第 4 期。

② 李锡鹤：《多重买卖效力探讨——〈买卖合同司法解释〉第 9 条第 2、3 款质疑》，《东方法学》2015 年第 6 期。

动产的买受人以优先受偿权利符合经济效益原则。① 在土地使用权或者房屋所有权的转让中,不动产的交付占有虽然没有产生任何物权化效果,但是从实际效果上看,取得占有的买受人达到对不动产的支配或控制,双方合同义务最接近履行完毕,此时较其他买受人之法律关系已处于更为稳定的状态,物权变动亦最接近完成。若此时把不动产过户登记给其他买受人,则势必产生再次交付占有的费用。此外,先行占有的买受人往往会对不动产进行一定的实际利用,如土地开工、房屋装潢等。因而,赋予债权性占有以优先性,符合债之履行的经济效率原则。

但是,上述观点只是看到了先行占有的效益问题,并未注意债法制度运行成本的问题。赋予先行占有以优先受偿效力,对于债之履行中提高效率或增进效益的结论并无确切证据。

从合同内部的成本上看,在物权变动登记要件主义的模式下,不动产买受人经交付占有标的物而不及时请求登记,是其本身承担风险的结果。若买受人占有标的物,但出卖人选择向其他买受人履行合同,则可能导致的损害包括买受人在不动产上的先期投入、交换占有的相关费用等。但是,这些损害均是债权损害,可以在债法范畴内予以救济,买受人向出卖人主张违约损害赔偿,采取"补偿差价"的方式,以"转卖的价格作为确定标的物价值"②以计算违约损害赔偿的数额。出卖人选择买受人履行合同,是其自身利益的考量结果,并不影响买受人的损害赔偿请求权。相对于先行占有的买受人,其他买受人也有可能为将来的合同履行支付费用。特别是先行支付价款的买受人,其对合同履行的期待利益更大,因其无法受偿给付同样会产生在支付价款上的相关费用。纯粹比较对何种买受人履行合同,可以在总体上将费用降为最低的论证并不成立。究其原因,对于合同关系中的债权损害,将其交由有履行选择权且愿意承担违约损害的出卖人更为合适,故无须将某种买受状态演化为具有排他性的优先效力。

而从合同之外的成本上看,抛弃以登记作为物权变动中的确权依据,意味着买受人需要对他人占有状态等信息予以事先查知。但事实上,基于债之相对性和非公示性,合同之外的第三人要查知这些信息是异常困难的。买卖合同并没有任何公示要求,在许多交易中合同双方还会约定有保密条款,对合同

---

① 许德风:《不动产一物二卖问题研究》,《法学研究》2012 年第 3 期;陈永强:《物权变动三阶段论》,《法商研究》2013 年第 4 期。

② 韩世远:《违约损害赔偿研究》,法律出版社 1999 年版,第 450 页。

的内容进行严格保密。预告登记制度就是为了弥补债权的信息不公开性,借助强大的登记公信力,才可赋予买受人以受偿优先效力。在不动产的确权上,占有不具备登记的节约调查成本和降低诉讼成本的效果。因而,在信息不可能实现完全充分公开的情形下,强加买受人可以对他人买卖合同予以查知,但这无疑增加了出卖人的调查负担,增加了交易成本,妨害了交易效率。

综上,债权性占有优先受偿的理论和规则突破了债权平等原则,不具有完整的理论基础,也无法具有实际的可行性。无论是在债权效力体系的内部逻辑上,还是在债法制度的市场功能上,债权性占有均不应使债权人享有优先受偿的效力。要赋予债权性占有以优先效力,只有跳出民法权利体系,引入优先权制度。那么另一个问题就是,从立法论的角度看,能否将债权性占有纳入优先权的范畴呢?

四、债权性占有中优先权制度的分析

债权性占有的优先性和债权性占有的优先权是不同但相关的命题。债权性占有的优先性是解释论的问题,而债权性占有的优先权是立法论的问题。债权性占有的优先性探讨的是在债法权利体系中能否得出其优先受偿效力的结论,是体系内的论证结果。而如前文所述,该结论并不可靠。债权性占有的优先权探讨的是跳出债权体系,基于民法实质理性和社会本位的考量,赋予某些债权性占有以优先受偿效力,是一个民事权利体系外的论证。要赋予债权性占有以优先受偿权,在无法从债权体系内予以证成的前提下,只能借助于优先权制度。

(一)突破债权平等性的优先权制度

优先权制度是指突破民事权利平等,享有优先行使资格的权利。如前所述,优先权包括了物权优先权和债权优先权。在债权优先权上,只有先取特权、法定担保物权(留置权、法定抵押权)才属于优先权。

优先权制度是有深刻内因的,需要从民法本位的变迁中观得其立论依据。民法本位是指民法的基本观念和价值取向,是各项民事制度本质性的、根本性的制定标准。[①] 在近现代民法的发展过程中,民法经历了由权利本位向社会

---

① 梁慧星:《民法总论》,法律出版社 2004 年版,第 36 页。

本位的转变。[①]

权利平等性是民法权利本位的本质要求,权利平等性是权利自身属性的必然结果,是民法大厦构建之基础,是市民社会诞生发展之基石。民事权利平等和权利主体平等共同彰显了民事主体人格独立的巨大光辉,对于商品社会发展具有重大的实质意义。对于物权而言,平等性保障了民事主体基本的财产权利,促使了权利人最大可能地利用物,实现物尽其用之目的;对于债权而言,平等性赋予了权利人高效自由地寻求市场交易的权利,促进了商品经济的发展。以上都是民法权利本位的应有之义。

而优先权制度突破了权利平等性,仅在特殊情形下才规定,以彰显社会本位对权利本位的补正。虽然优先权制度破坏了权利平等的基本逻辑,牺牲了一部分权利主体的利益,但却换取了对实质平等、正义等社会利益的保护。当然,优先权制度必须贯彻严格的限定主义,只有在民法需要回应社会价值需求、承载特殊目的时,才能引入优先权制度。随着社会的发展,维护特定社会目的的需求消失后,相应的优先权制度也应当消除。[②]

从债权优先权产生的历史和类型上看,罗马法中的优先权包括甚广,有为人而创设者,亦有为事而创设者。例如,妻之嫁资优先偿还权、受监护人优先受偿权、纳税人的税捐优先权、丧葬费优先权等,其产生的原因都是为了保护弱者的合法权益,帮助其适应社会生活的需要,维护社会公平正义。[③]

近代大陆法系国家在优先权制度上,形成了以法国法和日本法为代表的以优先权为手段的一元模式和以德国法为代表的以法定担保物权加破产法规定为手段的二元模式。《法国民法典》把优先权作为与抵押权、质权并存的担保物权的一种,享有优先权的债权人得就债务人之特定或一般财产优先于其

[①]　就民法本位之社会流变,理论上有着诸多论述。例如,认为《法国民法典》中的个人本位和《德国民法典》中的个人本位兼顾社会倾向,《日本民法典》中的个人本位社会化,但这些观点均认为权利本位和社会本位的融合是近代民法发展的一个趋势。参见章礼强:《民法本位论》,西南政法大学博士学位论文,2004 年,第 21—36 页;梁慧星:《从近代民法到现代民法——20 世纪民法回顾》,载《民商法论丛》(第 7 卷),法律出版社 1997 年版,第 233 页。

[②]　例如,我国台湾地区的《积欠工资垫偿基金提缴及垫偿管理办法》规定了设立垫偿基金以保障工资债权之实现。假若垫偿基金制度高度发达,完全可以满足工资债权之社会保障目的,则工资债权的优先权制度就应当废止。另有论者提及,侵权之债属于优先权,原因在于现有社会保障制度不完善。当社会保障制度足以保护上述利益时,则相应的优先权制度也就没有存在的必要了。参见王泽鉴:《矿工工资优先受偿权》,载《民法学说与判例研究》(第一册),中国政法大学出版社 1998 年版,第 498 页。

[③]　郭明瑞、仲相:《我国未来民法典中应当设立优先权制度》,《中国法学》2004 年第 4 期。

他债权人(甚至抵押权人)受偿。在《法国民法典》中,优先权的范围十分广泛,包括保障人权功能的,如丧葬费用优先权、医疗费用优先权、为债务人及亲属提供日用品及住宿等服务的优先权等;实现公平和对经济弱者以特别保护功能的,如工人工资、补贴、违约金优先权、员工社会保险费优先权等;保护公共利益或共同利益功能的,如税收优先权、破产共益费用优先权等;保护经济秩序和实现某些社会观念功能的,如基于质权观念产生的优先权(类似于留置权)。① 《日本民法典》借鉴了《法国民法典》的做法,在物权法中详细规定了先取特权制度②,在权利类型上与法国法大致相当。

《德国民法典》并未明确规定优先权制度,只规定了法定担保权。此外,德国在其破产法中规定了先取特权。③ 相较于法国法和日本法,德国法对于优先权范围规定得相对简略。在法国,相对忽视公示原则的历史渊源及法律传统,经济生活中的封建性使得《法国民法典》更倾向于将社会生活中的各类习惯、价值纳入到优先权制度中。而在德国,基于对交易安全的考虑和对公示制度的高度重视,民法不愿意把更多的社会因素纳入其中,对优先权范围进行严格限制,仅规定了少许优先权制度。

但是,从商品经济萌发时期到近现代市场经济自由发展时期,无论是法国立法模式还是德国立法模式,遵循民事权利平等都是各国民法典的共识,也是各国构建民法权利体系的逻辑起点。各国民法为了体现对公共利益和社会正义的维护,有必要打破债权一律平等的原则,在不改变权利之债权性质的前提下,规定优先权制度。④

(二)债权性占有之优先权的可行性分析

综上,在不动产买卖中,优先权制度赋予了买受人在合同存续期间限制出卖人无正当理由拒绝或不移转标的物所有权的权利。基于债权平等原则,各个买受人处于平等受偿的地位,出卖人可以选择向某个买受人履行给付。若赋予买受人优先权,则需要突破债之平等原则对买卖合同平等受偿效力的规定,使特殊买受人获得优先受偿给付的权利。

基于物权债权二元权利区分和债权平等原则的理论背景,大陆法系并未

---

① 参见《法国民法典》第 2100—2113 条,第 2121—2123 条,第 2134—2145 条。
② 参见《日本民法典》第 295—341 条。
③ 参见《德国民法典》第 559 条第 1 款、第 585 条、第 704 条。
④ 陈本寒:《优先权的立法定位》,《中国法学》2005 年第 4 期。

规定在多重之债中特殊债权人的优先权制度。但是，在美国法上则规定了多重买卖中的优先权制度。美国法上的优先权是衡平法上的权利，以公平保护双方当事人的利益为目的。买方的优先权的条件包括价款支付、税金和保险金等。买方的优先权不以占有标的物为要件，买方在合同有效期间内支付价款，或者未支付价款但支付了税金和保险金时，都可以行使优先权；当卖方违约时，可以优先于其他买受人请求实际履行合同。而且，在同一标的物上存有银行抵押权时，买方的优先权优于银行抵押权。[①] 当然，买方的优先权不能对抗其他买方获得所有权，也就是说，对其他买受人以善意的方式获得所有权转移契书，或者完成了所有权登记的，则买受人的优先权无法对抗此买受人的所有权。因而，从效果上看，美国法上的优先权制度赋予了在多重债权中，支付价款的买受人具有在受领给付上的优先效力。

马新彦提出了建立不动产买卖中优先权制度的可能性。"优先权无论在功能上还是在产生的方式上都是预登记制度和转交付支付的必要补充。""应当在担保物权章节中规定不动产买卖合同中的优先权制度，在规定不同的构成要件的前提下分别赋予出卖人和买受人，以合同分配双方当事人在物权变动中因受偿不能的风险所导致之损失，体现物权法的效率原则及和谐原则。"[②]

对于在不动产买卖过程中是否有必要赋予债权性占有人以优先权的问题，需要关注的焦点是，占有对于买卖合同是否具有社会价值的保护必要。其逻辑起点在于，在民法权利体系内占有并不产生债权，具有优先受偿效力。为此，需要跳出民法权利体系，在社会本位的价值范畴中论证债权性占有优先性的立法依据。

如前所述，基于经济效益的原因赋予债权性占有以优先权的结论并不可靠。对不动产买卖中先行占有的保护可能与经济效益相关联，但是在不动产转让中解除先行占有所涉及的相关利用损害，则可以在债法范畴内依违约损害赔偿制度予以解决。从整体制度利益上衡量，并无确切结论表明，赋予先行占有买受人以优先效力可以达到更优的经济效益；相反，在交易成本和交易效率上，其还会产生诸多损害。由此，债权性占有的优先性问题，即在民事权利体系内不具备逻辑依据，也难以在社会价值上具有足够的立法依据。

[①]　陈永强：《美国不动产登记法上的善意购买人与优先权规则》，《环球法律评论》2008 年第 5 期。

[②]　马新彦：《一物二卖的救济与防范》，《法学研究》2005 年第 2 期。

有学者指出,虽然《物权法》确立了不动产主要以登记要件主义作为物权变动模式,但我国尚存在大量权属状态并不明晰的不动产,其产生原因在于交易当时国家相关登记制度的不完善或缺失。不动产登记的公信力,并不能否认物权法颁行前完成的、未作登记的买卖的所有权转移效力,也不能普遍适用于权利变动规则至今尚不明晰的不动产类型。[①] 此类房屋买受人购买房屋后,已经在房屋上享有了长期的居住权。对此特殊社会历史时期下的房屋买受人,笔者认为这更多的是一个社会法的问题,而非民法问题。应当在社会政策上考虑赋予此类房屋买受人的特殊保护,而不应当以牺牲物权法所确立的登记要件主义的物权变动规则为代价。从根源上分析,这也是遵循形式理性和权利本位所构建的民法制度和权利体系的要求,不应当过多地将与权利体系有冲突的社会价值因素纳入民法考量范围。

综上,不动产买卖中的优先权制度,需要考虑社会价值和个人价值相冲突时进行取舍的正当性问题。在不动产物权登记要件主义的物权变动模式中,先行占有的买受人,在占有标的物后而没有及时进行物权变动登记的,是其对自己利益考量和风险承担的选择。先行占有并不意味着买受人具有履行效率、物之保值和居住利益保护等方面的保障要求。在立法论的层面,不宜通过优先权制度对不动产多重买卖中的债权性占有予以特殊保护。

第六节　小　结

债之优先性问题和债之对抗性问题是不同的问题。债权性占有的优先性问题,主要体现为在贯彻形式主义物权变动模式的我国民法中,先行占有标的物的不动产买受人是否享有优先受偿的权利。我国司法解释和实务判例分别确认了在不动产买卖过程中,先行占有的买受人相对于其他未完成所有权变动的买受人具有优先受偿权利。对此,应当分别探讨债法体系内和债法体系外的效力依据问题。

在债法体系内,债权平等原则是债之履行的基本规则。通过对权利的平等与优先、物权的平等与优先和债权的平等与优先等问题的分析,可以得出在民事权利体系的理论框架内,权利平等原则是物权和债权的应有之义。所不同的是,物权平等是在物权之支配力的基础上的平等,债权平等是指在债之相

[①]　许德风:《不动产一物二卖问题研究》,《法学研究》2012 年第 3 期。

对性基础上的平等。债之相对性的本质决定了在多重之债中,各个债权人的履行地位平等。在不动产转让过程中,交付占有并不体现事实物权、期待权、占有权等物权化效力的产生,债权人不具有对标的物的支配力和排他性,其相对于其他买受人均无法享有优先受偿的权利。

在债法体系内,需要考虑是否要赋予不动产买卖中交付占有以优先权的保护。现有的债权优先权包含了先取特权和法定担保物权。当面临社会利益保护的需求时,法律可以突破债之相对性原则,赋予某些债权以优先效力。从立法论的角度上看,先行占有并不意味着债权具备了特定社会利益保护的需要,不宜在立法上赋予债权性占有以优先权的地位。

综上,债权性占有是否具有优先受偿效力既是一个法律逻辑的问题,也是一个立法政策的问题。从债权体系或者占有理论的角度切入无法得出债权性占有的优先效力。即使在债法体系外,基于立法对于社会价值的考量,占有事实也与合同订立时间、价款交付等因素并无差别,并没有体现特殊社会利益,不需要赋予债权性占有以优先权的地位。

第五章　第三人侵害债权性占有的
法律关系分析

　　当发生第三人侵害占有的情形时,物权性占有和债权性占有中权利人和第三人之间的法律关系有着显著区别。在物权性占有中,当第三人侵害占有时,基于物权的绝对性和占有的绝对性,物权人可以以物权损害向第三人主张物权保护请求权或侵权保护请求权①,也可以基于占有损害向第三人主张占有保护请求权②,两者指向对象均为第三人,可以发生竞合③。但在债权性占有中,从法律关系上看,权利人具有债权人和占有人的双重身份,基于债之相对性的要求,债权人应当向债务人主张债权损害;而基于占有的绝对性,占有人应当向第三人主张占有保护请求权。在债权性占有中,关于债权人的权利损害范围和权利保护方式,有着诸多理论争议与分歧。这些争议包括,债权损害和占有损害的关联与区别,债权人对物的占有、使用或收益的债权利益能否向第三人主张侵权保护,以及债权人和回复请求权人就占有物损害的保护问题。本章将围绕债权人的权利损害和请求权基础,探讨第三人侵害债权性占有时的相关法律问题。

---

　　① 　参见我国《物权法》第 34、35 条。

　　② 　参见我国《物权法》第 244、245 条。

　　③ 　物权侵害和占有侵害的构成要件并不相同,物权侵害不需要以占有为前提,如物权人脱离占有的依旧可以主张物权保护请求权,而当物权和占有同时存在时,物权人享有物权和占有事实的双重绝对性保护。

第一节　第三人侵害债权性占有概述

第三人对占有的侵害是指第三人行为侵害了占有物，致使占有人对物的占有、使用或者收益的利益受到损害。侵害占有的类型包括对占有造成妨害危险、对占有造成实际妨害、对占有的侵夺、造成占有物的灭失等四种。

对占有造成妨害危险是指侵害行为致使占有受到损害可能性。占有妨害危险并没有对占有造成现实的损害，而是导致将来占有实际损害的现实危险，是一种可能发生的危险。这种危险判断以对占有物可能造成现实的具体损害为标准，依据社会一般观念和认识予以判断。相比较而言，对占有造成妨害危险是侵害占有行为中侵害强度最小的。

对占有造成实际妨害是指侵害人的行为虽然没有使占有人丧失占有，但是，占有人不能对物实现完全的控制和支配。其对占有的妨害是现实存在的对占有物的侵害，而不仅仅是产生侵害的危险。

对占有的侵夺是指第三人违背占有人对物占有的意思，排除占有人对物的支配和控制，包括对占有的侵夺行为和侵夺后对占有的非法侵占状态。妨害占有和侵夺占有并不相同，前者使占有人对占有物的控制和支配受到影响，但并没有丧失占有；后者使占有人对占有物的控制和管领支配全部或者部分丧失。

造成占有物的灭失是指侵害行为致使占有物产生部分或者全部灭失，占有人对物的占有利益不复存在，也无法恢复对物的占有状态。

针对上述第三人对占有事实的侵害行为，法律通过占有保护理论予以保护，在《物权法》中规定了占有保护请求权来实现对占有利益的保护。从广义的角度上看，一切保护占有的请求权均可以纳入占有保护请求权之中。但是，理论上通常认为，占有保护请求权只限于三种类型，即占有物返还请求权、占有妨害排除请求权和占有妨害防止请求权，而占有损害赔偿请求权则被归入侵权之债的范畴。[①] 理论上对于占有损害赔偿权的性质有许多争议，但是，无论占有损害赔偿的性质如何，其在结果上均能产生保护占有人的效果。因而，广义的占有保护包括了占有保护请求权和占有损害赔偿请求权。

在立法例上，我国《物权法》和《日本民法典》均在占有内容中一并规定了

---

① 卜祥洪：《论占有损害赔偿的请求权基础与范围》，《当代法学》2011 年第 4 期。

占有保护请求权和占有损害赔偿请求权。① 而《德国民法典》在占有的相关内容中,只规定了占有保护请求权,而占有损害赔偿请求权则规定在侵权法中。从性质上看,占有保护请求权和占有损害赔偿请求权并不相同。"占有保护请求权属于物上请求权,又被称为占有人的物上请求权、占有物上请求权;而占有损害赔偿请求权属于债法上的请求权。"②

对于有权占有,当第三人侵害占有时,除了造成对占有本身利益的损害之外,还会对权利人在占有物上的权利产生侵害。此时,如何处理占有侵害和权利侵害之间的关系,在物权性占有和债权性占有中具有明显的差异。

在物权性占有中,第三人侵害占有的同时,也意味着对物权的侵害。例如,所有权人对物既享有占有利益,也享有物权权利。当第三人侵害占有时,所有权人既可以行使占有保护请求权,也可以行使物权保护请求权。占有保护请求权和物权保护请求权的性质并不相同,占有保护请求权是对占有事实的保护,是一种暂时性保护;而物权保护请求权是对物权权利的保护,是一种终局性保护。因而,占有保护只是为了维持事实状态,只是一种"弱小地位者的法律保护"。③ 物权保护请求权的目的是为了维护权利的应有秩序,而占有保护请求权是为了维护占有状态,"把社会事实支配状态乃至物的现实支配原样不动地保护起来"。④ 因而,两者在诉讼程序、请求权保护期限等方面均不相同。但是,物权保护请求权和占有保护请求权在适用上却有着重要联系。占有保护请求权和物权保护请求权都属于物上请求权,均可以直接向侵害占有的第三人主张,目的是为了保护权利人对物占有的事实状态或者对物占有的权利。占有保护请求权和物权保护请求权的行使要件和保护效果相近,证明占有事实和物权内容具有同一性,且都能够产生返还原物、消除妨害和排除危险的效果。

在占有损害赔偿请求权的问题上,虽然关于此损害赔偿的性质和范围有着争议⑤,但无论是权利人以占有人身份主张占有损害,还是以物权人身份主

---

① 参见《日本民法典》第 198、199 条以及我国《物权法》第 245 条。

② [日]我妻荣:《我妻荣民法讲义Ⅱ·新订物权法》,罗丽译,中国法制出版社 2008 年版,第 516 页。

③ [德]鲍尔、施蒂尔纳:《德国物权法》(上册),张双根译,法律出版社 2004 年版,第 160 页。

④ [日]我妻荣:《我妻荣民法讲义Ⅱ·新订物权法》,罗丽译,中国法制出版社 2008 年版,第 512 页。

⑤ 这一系列的争议包括侵害占有是否存有损害赔偿请求权、占有侵害和权利侵害的区分等问题,下文将会详述。

张权利损害,在法理和逻辑上均不影响其向第三人主张物的损害。占有损害赔偿请求权的适用要求占有人能够证明其在物上的某种利益损害,而这与物权损害赔偿请求权的适用相同。因而,在物权性占有中,物权之绝对性特征使得权利人在行使占有保护和物权保护上并无二致,权利人可以通过占有保护或者物权保护来恢复对物的占有。通过占有损害赔偿请求权或者物权损害赔偿请求权来实现物上利益损害赔偿,在请求权实现和效果上并没有区别。

而在债权性占有中,占有保护和权利保护在适用上不具有同一性,此问题产生的原因在于占有保护绝对性和债权保护相对性之间的不一致。具体而言,当发生第三人侵害债权性占有时,债权人可以基于占有事实向第三人主张占有保护请求权,包括要求第三人返还原物、排除妨害或者消除危险。但是,因第三人侵害占有的行为,导致债权人丧失的债权利益应当如何保护呢?试举例说明如下。

案例1:甲将房屋租赁给乙用于旅馆经营,丙对房屋实施纵火行为致使房屋损毁。此时,乙的权利损害应当如何主张?乙能否向丙主张债权损害?

案例2:李某将汽车借用给张某使用,王某盗窃汽车后将汽车转卖给他人。此时,张某的权利又应当如何保护?张某能否向王某主张占有使用利益的损害赔偿?

这两个案例均涉及乙的占有利益和债权利益的保护问题。若只考虑占有保护请求权,则权利人当然可以向侵害人主张返还原物、消除危险或者排除妨害的请求,但这只是解决了占有状态的保护,并没有解决权利人的权利保护问题。而且,在发生第三人侵害致使占有物部分损害或者灭失的情形中,如在案例1中,丙因承租房屋的灭失,其占有保护请求权无法适用,此时更需要考虑损害赔偿请求权的问题。但是,对于债权性占有而言,债权人在物上的使用或者收益利益均来自于债权债务关系,属于债权利益。基于债之相对性,债权人就债权损害只能向债务人主张。此时,债权和物权的权利性质差异得以显现。在物权性占有中,物权人均向第三人主张占有损害或者物权损害;而在债权性占有中,占有损害指向第三人,而债权损害只能向相对人主张。由此,当第三人侵害债权性占有时,需要明确债权人可享有的占有保护或债权保护的适用条件以及相对应的债权人和第三人、债务人之间的法律关系问题。

有权占有中的占有保护和权利保护的问题同时也体现在诉讼程序上。在传统民法中,占有保护和权利保护在诉讼上分别为占有之诉和本权之诉。占有之诉和本权之诉在具体的请求权基础、立法目的、举证责任、诉讼时效、归责原则上有着诸多差别。① 但在物权性占有中,适用占有之诉和本权之诉在诉讼效果上并无太大差别,物权人要对第三人主张返还原物、消除危险或停止侵害的请求,占有之诉和本权之诉均可以实现,并且通过本权之诉向第三人主张损害赔偿责任请求权,由此形成了物权人针对第三人的占有之诉和本权之诉并行保护的格局。但在债权性占有中,占有之诉和本权之诉的适用则显得比较复杂。从逻辑上看,占有之诉和本权之诉的对象并不相同,本权之诉能否通过债权侵害制度向第三人主张责任,值得在民法理论上进行探讨。

《物权法》第 245 条规定:"占有的不动产或者动产被侵占的,占有人有权请求返还原物;对妨害占有的行为,占有人有权请求排除妨害或者消除危险;因侵占或者妨害造成损害的,占有人有权请求损害赔偿。"此条除明确了占有保护请求权之外,还规定了占有损害赔偿请求权。针对债权性占有的保护,对占有损害赔偿请求权的理解,在解释论上应当探讨并解决以下法理问题。

其一,《物权法》第 245 条是否承认了独立的占有损害? 在无权占有中,侵害占有能否产生占有损害赔偿请求权,占有损害的范围是什么?

其二,占有损害和权利损害的关系。若不认可独立的占有损害,则占有损害只能是权利损害的体现,即《物权法》第 245 条规定的占有损害的本质是侵权法上的权利损害。若认可独立的占有损害,则占有损害和权利损害的性质和范围又应当如何区分?

其三,进一步而言,占有损害和债权损害的关系如何? 占有损害可以直接向第三人主张,而债权损害只能向相对人主张。那么,债权人能否向第三人主张债权损害? 这种损害赔偿的内容和基础又应当如何界定?

以上问题均关系到债法制度和占有制度中一些基础理论问题,本章将结合对传统理论观点的分析,分别探讨在债权性占有中债权人的占有保护请求权、损害赔偿请求权的适用以及债权人和第三人、债务人之间的法律关系问题。

---

① 本权之诉和占有之诉的区别来自于权利和占有事实的区别。在请求权基础上,本权之诉的基础是权利,占有之诉的基础是占有事实;在立法目的上,本权之诉是为了保护权利,占有之诉通说认为是为了维持财产秩序;在举证责任上,本权之诉需要确认合法的本权,占有之诉需要证明是占有人;在诉讼时效上,本权之诉受诉讼时效制度约束,而占有之诉适用一年的除斥期间;在举证责任上,占有之诉中占有保护请求权无须证明对方过错,占有损害赔偿请求权需要证明对方过错,而本权之诉则更为复杂,当本权为物权时,除了停止侵害、排除妨害、消除危险的物权保护之外,其他归责原则需要证明对方过错。当本权为债权时,必须依照合同法上的具体规定。

第二节　债权性占有人对第三人的请求权分析

一、债权性占有中的占有保护请求权

我国《物权法》第 245 条规定了占有物返还请求权、占有妨害排除请求权、占有妨害防止请求权和占有损害赔偿请求权，即返还原物、排除妨害、消除危险和损害赔偿。其中，传统的民法理论将占有物返还请求权、占有妨害排除请求权和占有妨害防止请求权统称为占有保护请求权。占有保护请求权是基于占有事实而产生的保护请求权，占有人或侵害人有无本权，侵害人是否具有过失，都不影响占有保护请求权的成立。[1] 占有保护请求权是一种暂时性的保护措施，而非终局性的保护措施。

占有保护请求权是占有保护理论的核心内容，但是关于其理论基础又有不同的学说。这些学说包含：人格保护说。萨维尼认为，占有保护的基础在于"占有人具有不可侵犯性"，第三人侵害占有的行为会导致"不利于占有人的事实状况的变化"。[2] 所有权（本权）保护说。该观点认为，之所以要对占有事实进行保护，是因为占有诉权的证明相对容易，可以通过占有诉权实现保护所有权的目的。[3] 维护社会和平与秩序说。"特定物如已有某人之事实支配存在，纵令仅为事实支配状态，甚至实际上与法律上应有之状态相左，亦不许私力擅加侵害，而应加以保护，唯有如此，方足以维持社会之和平与秩序。"[4]

维护社会和平与秩序说是我国民法学界的通说，其认为占有保护理论的意义在于禁止私力随意侵扰他人财产，保护和平的社会财产秩序。[5] 我国《物

---

[1]　全国人大常委会法制工作委员会民法室：《〈中华人民共和国物权法〉条文说明、立法理由及相关规定》，北京大学出版社 2007 年版，第 434 页。

[2]　[德]萨维尼：《论占有》，朱虎、刘智慧译，法律出版社 2007 年版，第 10 页。

[3]　周枏：《罗马法原论》（上册），商务印书馆 2009 年版，第 455、456 页。

[4]　谢在全：《民法物权论》（下册），中国政法大学出版社 1999 年版，第 936、937 页。

[5]　全国人大常委会法律工作委员会民法室：《〈中华人民共和国物权法〉条文说明、立法理由及相关规定》，北京大学出版社 2007 年版，第 434 页；史尚宽：《物权法论》，中国政法大学出版社 2000 年版，第 587 页；王泽鉴：《民法物权》，北京大学出版社 2010 年版，第 534 页；谢在全：《民法物权论》（下册），中国政法大学出版社 2011 年版，第 1218、1219 页；梁慧星：《中国民法典草案建议稿附理由书·物权编》，法律出版社 2004 年版，第 423 页；王利明：《中国民法典学者建议及立法理由·物权编》，法律出版社 2005 年版；孙宪忠：《物权法》，社会科学文献出版社 2005 年版，第 334 页。

权法》对占有保护的规定同样如此："占有保护的理由在于,已经成立的实时状态,不应受私力而为的扰乱,而只能通过合法的方式排除,这是一般公共利益的要求。"①保护社会和平与秩序说使占有保护请求权成为一项独立制度,占有完全脱离了本权而享有法律保护。有权占有可以不须证明本权而享有占有保护,无权占有虽然在权利诉讼中可能败诉,但同样可以享有占有保护。

占有返还请求权适用于侵害占有的各种情形,占有人需要主张自己占有事实和他人侵占占有的事实。对占有人因自己的意思丧失占有的,如租赁、借用期限届满后承租人不返还租赁物的,不构成侵占占有。对占有物无法返还的,如果是物被其他人善意取得的,或者物被侵占后灭失的,则只能寻求占有返还请求权外的其他救济途径。占有妨害防止请求权适用于出现占有被妨害的危险时,占有人需要证明占有事实和占有存在被妨害危险。占有妨害排除请求权适用于占有被实际妨害的情形,占有人必须证明占有事实和占有被他人实际妨害的事实。该请求权要求正在发生的妨害是可以消除的,如果妨害难以消除或者不能消除,则不能行使该项请求权,只能寻求其他救济途径。

占有返还请求权、妨害防止请求权和妨害排除请求权并非损害赔偿的请求权。虽然占有保护请求权和损害赔偿请求权可以产生相类似的效果,即恢复侵害行为发生前的占有状态,但是两者的性质和内涵并不一致。占有保护请求权是一种暂时性的保护措施,目的是为了维护占有人对物的占有状态,其不涉及金钱代替赔偿的问题。权利人在行使占有保护请求权的过程中产生的相关费用由侵害人承担,但并不属于损害赔偿。权利人在占有返还、妨害防止、妨害排除的过程中代为侵权人所支付的相关费用,亦属于不当得利请求权,而非损害赔偿。

债权性占有属于有权占有,当第三人侵害占有物时,其自然可以不通过债之关系来寻求权利保护,而是可以通过占有事实为依据主张占有保护请求权,从而实现对物占有、使用或收益利益的保护。债权人可以根据不同侵害情形,选择主张原物返还、排除妨害或消除危险来实现对债权利益的保护。占有保护请求权是基于占有事实的请求权,债权人能够行使占有保护请求权的依据也在于占有事实。就这一点而言,权性占有和无权占有中,占有人享有的占有保护请求权无异,与作为占有本权的债权也并无关联。当债权债务关系出现无效、被解除、到期等情形时,其并不影响债权人行使占有保护请求权。由此,

---

① 全国人大常委会法制工作委员会民法室:《〈中华人民共和国物权法〉条文说明、立法理由及相关规定》,北京大学出版社 2007 年版,第 434 页。

占有保护请求权使得债权人具有了对第三人的诉讼保护,以相对权为基础的债之关系具有了绝对性特征。当然,相对于物权性占有本身的绝对性,债权性占有只是基于占有保护理论获得了对第三人的绝对性保护,作为本权的债权依旧是债权人和债务人之间的相对关系。

占有保护请求权对于债权性占有的保护具有重要的现实意义,占有保护请求权可以增强对债权的保护效果,债权人可通过占有保护制度来实现获得对第三人的诉讼保护。占有保护请求权维持了债权人基于债之关系对物的占有利益,在一定程度上实现对债权利益的保障。但是,占有保护请求权对债权性占有的保护也是有限的。例如,若第三人侵害占有物导致物的灭失,则债权人就没有占有保护请求权的适用可能。此外,占有保护请求权的效果是维持占有事实,返还原物、排除妨害、消除危险等请求目的均是恢复占有状态,其无法解释债权人是否就损害赔偿享有对第三人的诉讼保护,也无法解决债权人的损害赔偿问题。这些均表明,对于债权性占有被侵害的情形,还应探讨其他救济途径。

二、债权性占有中的损害赔偿请求权

与《德国民法典》不同的是,我国《物权法》在占有保护中既规定了占有保护请求权,也规定了占有损害赔偿请求权。而关于占有损害赔偿请求权的适用,在立法例上存有差异,理论中亦有诸多不同的观点。这些分歧集中于单纯占有事实能否构成损害赔偿以及占有损害与权利损害之间的关系。

(一)占有损害赔偿请求权的立法例

《德国民法典》第三编第一章为“占有”,其中第 861、862 条规定了占有人的占有物返还请求权、占有妨害除去请求权以及占有妨害预防请求权,但是没有在“占有”一章中规定侵害占有的损害赔偿请求权。德国民法理论认为,占有保护请求权和占有损害赔偿请求权的性质完全不同。占有保护请求权属于物上请求权,而占有损害赔偿请求权属于债权范畴内的请求权。占有保护请求权在法律所禁止之私力发生侵害或者有侵害之虞时产生,而侵害占有损害赔偿请求权则以侵害人存在过错作为责任发生的根据。两者在终局性上亦不同,占有保护请求权为临时性裁判,而侵害占有的损害赔偿请求权为终局性裁判。

基于这一立法考虑,《德国民法典》在占有部分只规定了占有保护请求权,而没有相应地规定侵害占有的损害赔偿请求权。由此,在侵害占有导致的损害赔偿请求权的构成上,德国民法理论只能从解释论上来解决侵害占有的损害赔偿问题。具体包括以下两种解释途径。

第一种解释是,通过将《德国民法典》第 858 条关于占有的"法律禁止之私力"的规定,解释为第 823 条第 2 款的"保护他人之法律",从而使得侵害占有的行为按照该款承担侵权损害赔偿责任。①

第二种解释是,将《德国民法典》第 823 条第 1 款的"其他权利"作为侵害占有损害赔偿请求权的基础。② 占有损害赔偿请求权与占有权源相关,占有损害赔偿请求权的范围被限定在有权占有和善意占有中,由此来解释占有可以成为侵权对象,侵害占有可以构成侵权行为。当然,在坚持占有为事实状态而非权利的立法模式中,侵害占有和权利侵害的区分变得模糊了。

我国台湾地区的"民法典"采取了类似于德国的做法。台湾地区的"民法典"同样没有在物权法的占有部分规定占有损害赔偿请求权,但在司法实践中,通过解释论来解决侵害占有的损害赔偿。在解释路径上,其同样以"民法典"第 184 条第 2 项的"保护他人之法律"和第 184 条第 1 项的占有属于侵害权利之客体来解释侵害占有损害赔偿的适用依据。③

日本民法将占有视为一种权利,将权利人对物的占有视为占有权。其在占有权部分规定了对占有权保护的占有之诉,包括占有保持之诉、占有保全之诉和占有回收之诉。④ 这三种占有之诉在内容上均包含了占有损害赔偿的功能。但占有之诉和占有损害赔偿的请求权并不相同,"占有诉权是排斥占有之侵害,回复完全之占有状态之权利,是一种物上请求权"。而"侵害占有的损害赔偿请求权是一种纯粹的债权,不是物权之请求权。民法仅是从便利上,将其列入占有诉权的内容"。⑤ 由此,虽然《日本民法典》将占有之诉和占有损害赔偿合并规定,但是两者在性质和适用条件上亦存在明显的区别。

而在我国,传统民法理论并不认为占有保护请求权包含了占有损害赔偿请求权。占有损害赔偿请求权的理论基础和适用条件与占有保护请求权有着很大的区别。占有保护请求权的理论根据在于禁止私人暴力、维护社会秩序。

---

① [德]鲍尔、施蒂尔纳:《德国物权法》(上册),张双根译,法律出版社 2004 年版,第 106 页。

② [德]鲍尔、施蒂尔纳:《德国物权法》(上册),张双根译,法律出版社 2004 年版,第 106 页。

③ 王泽鉴:《侵害占有之侵权责任与损害赔偿》,载《民法学说与判例研究》(第三册),中国政法大学出版社 2004 年版,第 211、212 页。

④ 参见《日本民法典》第 198—200 条。

⑤ [日]我妻荣:《日本物权法》,有泉亨修订,李宜芬校订,台北五南图书出版公司 1999 年版,第 459 页。

对社会秩序维护只需要以返还占有、妨害排除、妨害防止的方式来恢复原有的占有事实即可,并不需要规定占有损害赔偿请求权。占有损害赔偿请求权的目的并非为了恢复占有的圆满状态,维护社会秩序,而是为了填补占有人的利益损失。通说认为,"占有损害赔偿请求权和占有保护请求权的性质并不一致,占有保护请求权属于物上请求权,而占有损害赔偿请求权为债权法上的请求权,应当由侵权法来调整"。① 占有损害赔偿请求权和占有保护请求权在请求权的成立要件上存在明显区别。因而,将占有损害赔偿请求权规定在《物权法》中,仅仅是立法技术上的考虑,只是司法实践中出于对法律理解和适用的便利考虑。

（二）占有损害赔偿请求权的理论学说

占有损害赔偿请求权的构成和占有的侵权保护问题密切相关。是否认可占有受侵权保护,对于占有损害赔偿请求权的性质和构成会有不同的理解。以下通过占有侵权保护的肯定说和否定说予以阐述。

肯定说认为,占有作为一种财产利益,可以成为侵权对象并受侵权保护。占有事实为法律上的利益,而且系社会利益和个人利益的综合体。就社会利益而言,占有体现为维持社会财产秩序的利益;就个人利益而言,占有体现为占有人对物占有的利益。占有作为一种利益,具有法律保护的正当性。因而,占有损害虽然不适用侵害"权利"的规定,但也仍然是一类独立的侵权行为类型。② 与肯定说相关的有"有权占有说"和"相对有权占有说"。有权占有说认为,只有有权占有可以成为侵权对象;相对有权占有说认为,有权占有和具有收益权的善意占有可以成为侵权对象。③ 而占有损害的范围包含了责任损害、必要支出损害和使用收益损害,因侵害行为而导致的占有人的这些损害均可以归入占有损害赔偿的范围。④

---

① 王泽鉴:《侵害占有之侵权责任与损害赔偿》,载《民法学说与判例研究》(第三册),中国政法大学出版社 2004 年版,第 209—219 页。

② 理论上普遍认为,占有虽然不属于权利,但属于财产利益。侵权损害赔偿规范中的"保护他人的法律"可以作为其规范基础。参见苏永钦:《私法自治中的经济理性》,中国人民大学出版社 2004 年版,第 67—83 页。

③ 金可可:《基于债务关系之支配权》,《法学研究》2009 年第 2 期。

④ 王泽鉴:《侵害占有之侵权责任与损害赔偿》,载《民法学说与判例研究》(第三册),中国政法大学出版社 2004 年版,第 211、212 页;[德]迪特尔·施瓦布:《民法导论》,郑冲译,法律出版社 2006 年版,第 245 页。

否定说认为,占有并不能成为侵权对象,因而也不存在占有损害赔偿请求权。该说认为,从法律效果和规范目的的角度观察,占有损害赔偿规范并非独立的请求权基础,而只是对权利侵害的侵权规则的体现。[①] 具体而言,在无权占有中,占有作为事实本身并不存在归属内容,而侵权法仅保护具有归属内容(终局性)的法律地位,对单纯占有的侵害无法构成侵权行为,也不存在可得赔偿的占有损害。在善意占有中,虽然法律认可善意占有人对占有物有收益权和费用偿还请求权,但这两项请求权均是占有人的权利,而非占有利益,因第三人侵害导致占有人的这两项损害均为权利损害,而非占有损害。而在有权占有中,只有具有收益内容的有权占有才存有损害赔偿,其损害赔偿请求权需要以权利内容为判断。因而,所谓的"占有损害"其实就是本权损害,"占有损害"赔偿请求权其实就是侵害本权导致的损害赔偿请求权。进一步而言,物权性占有中的占有损害赔偿其实就是物权损害赔偿,债权性占有中的占有损害赔偿其实就是债权损害赔偿。

肯定说和否定说的关键区别在于,肯定说将占有视作一种利益,而利益可以上升为法律保护的对象,由此明确了占有可以成为侵权对象。而否定说认为,占有只是一种事实状态,这一事实本身不属于侵权法的保护对象,占有人可以得到侵权保护的原因不在于占有,而在于占有背后的其他权利应当受到侵权保护。

此外,还有一种代表性观点认为,应该将侵害占有损害赔偿和侵权损害赔偿予以区分,两者并不相同。[②] 权利损害适用侵权损害赔偿请求权,占有损害适用侵害利益损害赔偿请求权。占有作为事实,是一种可以受到法律保护的利益。占有损害应适用侵害占有损害赔偿请求权,而非侵权损害赔偿请求权。此观点认为,占有作为财产利益可以获得法律保护,只是其严格区分了侵害权利和侵害利益。事实上,《侵权责任法》中将权利和利益一并列为保护对象,因而在逻辑和效果上该说和肯定说观点一致。

(三)占有损害赔偿请求权相关理论评析

在上述关于占有能否受侵权保护以及占有损害赔偿请求权问题上,肯定说和否定说的争议焦点在于,对占有保护理论中占有性质和功能的认识不同。否定说排斥占有损害赔偿请求权的理由在于,其认为占有功能在于维护社会

---

① 吴香香:《论侵害占有的损害赔偿》,《中外法学》2013 年第 3 期。
② 章正璋:《论侵害占有的损害赔偿责任》,《江苏社会科学》2015 年第 1 期。

和平,"和平秩序与公共利益要求的满足,以占有返还、妨害排除或防止为已足,无法为占有人在私法上的损害赔偿请求权提供正当化说明"。① 和平秩序维持理论基于公共利益的考量来维护占有现状,而这种维持现状只能是暂时性的维持,有待将来更加充分的权利诉讼来确定占有的真正归属。占有保护的目的是为"回复之前的占有状态,而非之前的财产状态"。② 因而,和平秩序维持理论不能支持侵害占有的损害赔偿。从具体内容上看,责任损害、必要支出费用损害、使用收益利益损害均是权利损害,而非占有损害,无法将权利损害的救济等同于占有损害的救济。因而,占有保护理论对占有事实的保护,以占有保护请求权为已足,无须涵盖占有损害赔偿请求权。

肯定说则认为,占有不仅是一种事实状态,而且是一种财产利益。从根源上看,占有的价值基础除了维护社会和平秩序之外,尚有维护占有人财产利益的原因。除了和平秩序维持理论之外,占有尚具有其他诸多价值功能,包括本权保护说、生活关系继续保护说和人格保护说。后三种学说均认可占有自身承载了某种利益,这种利益并不仅仅是为了维护社会秩序,而且是为了保障占有人对占有物的正当利益。虽然维护社会和平制度无法说明占有损害赔偿,但是其他占有理论为占有损害赔偿提供了正当性基础。③ 从法律解释上看,《侵权责任法》除了权利的保护之外,还对特殊利益予以保护。占有作为一种利益形态,具有了侵权保护的正当性。而从体系上看,"作为占有保护请求权具体内容的占有物返还请求权、占有排除妨害请求权、占有消除危险请求权以及占有损害赔偿请求权具有充实的生活基础和法律逻辑,在体系上、逻辑上构成一个整体"。④ "如果不存在真正意义上的占有损害,不能对侵害占有以损害赔偿的方式予以保护,那么同样不存在真正意义上的占有物返还请求权、占有排除妨害请求权和占有消除危险请求权。"⑤因而,有对维护占有状态的占有保护请求权,也应当具备占有损害赔偿请求权。

笔者认为,占有作为一种财产利益,虽然不等同于权利,但具有法律保护的正当性。占有损害和权利损害的区别在于,在保护方式上,占有保护是暂时性保护,而权利保护是终局性保护。因而,占有损害应当区别于权利损害;相

---

① 吴香香:《论侵害占有的损害赔偿》,《中外法学》2013 年第 3 期。

② 吴香香:《论侵害占有的损害赔偿》,《中外法学》2013 年第 3 期。

③ 郝祥明:《论侵害占有的损害赔偿责任》,华东政法大学硕士学位论文,2014 年,第 8—10 页。

④ 章正璋:《厘清侵害占有的损害赔偿责任》,《中国社会科学报》2014 年 12 月 3 日。

⑤ 章正璋:《论侵害占有的损害赔偿责任》,《江苏社会科学》2015 年第 1 期。

应的,占有损害赔偿请求权也应当区别于权利损害赔偿请求权。在功能上,占有损害赔偿请求权应当是和占有保护请求权相一致的,其目的是维持占有的原有状态。对此,需要结合占有的功能予以分析。

其一,否定说提出不存在占有损害赔偿的依据在于,从占有的和平秩序维护功能上看,保护占有旨在保护稳定的财产秩序;防止私人之间的暴力,维持正常社会秩序。否定说由此认为,和平秩序维护说无法支持侵害占有的损害赔偿,只是为了公共利益维护占有状态,且是暂时性的维护,并非保障持续之财产归属。维持社会财产秩序以占有保护请求权为必要,无须通过占有损害赔偿的方式予以实现。而在损害赔偿请求权的构成上,判断能否受《侵权责任法》保护的依据在于对象是否具有归属性,单纯占有事实无任何归属内容,欠缺受到《侵权责任法》保护的必要前提。

否定说的问题在于,割裂了占有保护请求权和占有损害赔偿请求权,忽视了两者的一致性。从占有的理论基础上看,和平秩序维护说表明占有具有维持现有财产状态的功能,本权保护说认为维持占有以保护本权不受侵犯,人格保护说认为维持占有保障占有人的人格独立,生活关系继续保护说认为占有是为了维护私人利益的持续性。这些占有保护理论均表明,占有保护基于某种社会利益或个人利益的原因以维护财产状态,对财产状态维护的功能,可以说明占有保护请求权的成立,也同样应当说明占有损害赔偿请求权的成立。因为要排除他人以禁止之私力的方式侵害占有状态,仅仅依靠占有保护请求权并不足以解决此问题。当他人侵害占有物时,占有人要求返还原物、排除妨害和消除危险可以恢复对物占有、维持财产状态。但当发生侵害占有导致占有物部分或者全部损毁时,占有保护请求权就丧失了适用性。若占有的本权人没有或者来不及从权利侵害角度提出损害赔偿请求权,作为直接管领物的占有人无法对侵害人采取损害赔偿请求权的话,就不利于维持既有财产状态,也不利于保护真正的本权。

因而,权利归属并非占有保护理论需要考量的内容,以权利归属来探讨占有事实的保护并非占有制度的本来目的。对占有事实的私力救济和占有保护请求权,也不是在占有人具有权利归属的基础上才能产生对第三人的请求权。占有作为一种利益,其法律效果不具有归属内容。是否具有归属内容只能影响到对占有的保护是暂时性的还是终局性的,而不能决定占有利益能否受到侵权保护。占有事实既受占有保护请求权的保护,也受占有损害赔偿请求权的保护。两者的目的均是为了维持占有受侵害前的财产状态。只不过占有保护请求权和占有损害赔偿请求权是暂时性保护,是为了维持财产利益以满足本权层面对利益归属的终局性保护。两者的适用均不影响占有人和权利人之间的返还、求偿等法律关系。这种维持是一种暂时性保护，无法对抗本权意义上的权利保护。当然，因为占有保护是一种暂时性保护，无论是占有保护请求权，还是占有损害赔偿请求权，均无法对抗终局性的权利保护。若在占有人提出占有损害赔偿请求权的同时，作为权利归属的物权人提出物权请求权，则应以物权请求权为准。当然，在占有人行使占有损害赔偿请求权时，获得的也只是物之损害价值的保有而非所有。在其后的权利诉讼中，该损害赔偿内容要通过权利诉讼归属于物权人。

其二，肯定说中承认占有享有侵权保护及占有保护请求权，与此相关的还有有权占有说、相对有权占有说、任意占有说等区别。认为占有可以成为侵权对象有两种思路。一种观点认为，占有是一种权利，因而可以享有侵权保护。"占有为事实，是否为权利，不无争论，民法特设有保护规定，可认为财产权之一。其侵害为侵权行为，殆无疑义。"①另一种观点认为，占有是一种值得法律保护的财产利益。在满足特定要求的前提下，利益也可以成为侵权法的保护对象。换言之，虽然占有是事实而非权利，但占有却是一项利益，可以由此享有侵权法的绝对保护。占有要获得侵权法的保护，需要承载特定民事主体的合法利益，具有侵权法上绝对性利益的要求。因而，并非所有的占有都可以成为侵权对象，只有有权占有在本权范围内的使用、收益损害以及善意占有人在不超越假想的占有范围内的使用损害，才可以成立占有的损害赔偿请求权。

但是，将占有损害限定为有权占有或者相对有权占有范围内的观点存在一个逻辑问题，即对于不同类型的占有而言，占有事实才是其共同属性，若认可占有损害，则所有占有均应当产生占有损害。占有损害赔偿请求权解决的是独立的占有事实是否受侵权保护的问题。在占有保护请求权中，占有事实具有独立性，占有是否具有权利基础并不影响占有保护，单纯的占有事实也享有占有保护请求权。而在占有损害的问题上，占有损害赔偿请求权同样应当脱离权利损害，仅就占有事实而独立存在。若认为只有占有依附某些权利才能成为侵权对象，从而享有损害赔偿请求权，则其实质是已经脱离了占有来谈论权利损害了。在有权占有中，当占有人同样享有某种作为占有基础的权利时，所谓的占有人的损害赔偿请求权，其实应当是占有人同时作为权利人所享有的损害赔偿请求权。但是，占有保护和权利保护的适用，在物权性占有中没有问题，而在债权性占有中，还需要解决占有保护的绝对性和债权损害的相对

---

① 史尚宽：《债法总论》，中国政法大学出版社 2000 年版，第 130、131 页。

性问题。因而,若占有损害的命题成立,则只能是独立的占有事实被侵害时是否享有损害赔偿请求权的问题,而不应当以占有和权利的结合,将权利作为占有损害的成立基础。

因而,本书认为占有事实具有保护的正当性,其在于对维持占有状态以保护相关利益。这既体现在通过占有保护请求权以维持财产事实状态,也体现在通过占有损害赔偿请求权以恢复原有财产利益状态。更进一步的,本书提出占有保护请求权和占有损害赔偿请求权均是占有保护,且属于暂时性保护。两者和权利保护的区别在于前者是暂时性保护,而后者是终局性保护。在占有人向侵害人主张占有保护请求权和占有损害赔偿请求权之后,并不影响当事人通过相关权利之诉来确认占有人和权利人之间的返还、求偿等法律关系。

(四)占有损害赔偿请求权的适用范围

占有损害赔偿请求权的范围是指占有人向侵害占有的第三人主张占有损害的内容。通说认为,占有损害包含责任损害、费用损害和使用收益损害。[①]但如前所述,占有损害是和占有保护相对应的概念,正如物权损害和物上请求权是相对应的概念一样。占有损害请求权是一种为了维持占有状态,与占有保护请求权相类似的暂时性保护措施。笔者认为,责任损害、费用损害和使用收益损害均属于权利损害,属于占有之本权损害的范畴,而非占有损害的内容。从维持占有的角度看,占有损害的内容为物之价值损害,而占有损害赔偿请求权是对物之价值的一种暂时性保护。

如前所述,占有保护理论是对占有状态的维护,其并非为了对权利归属的最终确认。占有功能的和平秩序维护说、本权保护说、人格保护说、生活关系继续维持说均表明,基于某种社会利益或个人利益的需要,法律需要保护占有以维持现有财产利益。而这种财产利益的维持,应当以占有物之价值没有受到损害为标准。[②]占有保护请求权在第三人侵夺物、妨害物或者具有妨害危险时,占有人要求返还原物、排除妨害和消除危险均是为了防止物的价值损害。当第三人侵害物致使物的灭失时,则需要以占有损害赔偿请求权来恢复

---

① 王泽鉴:《侵害占有之侵权责任与损害赔偿》,载《民法学说与判例研究》(第三册),中国政法大学出版社 2004 年版,第 211、212 页。

② 和平秩序维持说关注占有功能的社会价值,但忽视了占有利益的个体价值。从整体上考察占有价值的学说可以看出,本权保护说、人格保护说均说明了占有保护理论具有对占有主体利益的保护功能。

物之原有价值。因而,占有损害的范围应当是物之价值。而占有中的责任损害、必要支出损害和使用收益损害,则并非占有损害的内容,而是权利损害的内容。

其一,责任损害。责任损害是指因第三人侵夺致使物损毁灭失时,占有人对物权人的损害赔偿责任。责任损害的产生通常与占有人疏于物之管理相关,但在根本上,占有物毁损灭失则是第三人侵夺所致,占有侵夺者距离损害较近,应负损害赔偿之终局责任。[①] 例如,甲的某物被乙盗窃占有后,又被丙盗窃,乙为第一盗窃人,而丙为第二盗窃人。对于乙而言,此时甲可以向乙主张损害赔偿,乙对甲的损害赔偿为乙的责任损害。

但是,责任损害并不同于物之损害。第三人致物毁损灭失时,占有人对物权人的损害赔偿责任受制于占有人和物权人之间的权利义务关系。根据《物权法》第 241 条的规定:"基于合同关系等产生的占有,有关不动产或者动产的使用、收益、违约责任等,按照合同约定;合同没有约定或者约定不明确的,依照有关法律规定。"因而,第三人致使物损毁灭失时,并不意味着占有人一定对物权人承担着所有物之价值损毁的责任。这种责任损害因占有人和物权人之间法律关系的不同而不同。在无权占有中,恶意占有人因第三人毁损灭失物,需要对物权人承担完全的物之损害责任,但善意占有人并不因此承担物之损害责任。在有权占有中,物权占有人是否需要对所有权人承担物之损害责任,取决于物权法定的具体内容。而债权性占有人是否需要承担物之损害责任则需要先依据合同约定,在没有合同约定的情形时依照合同法相关规定。因而,责任损害并不等同于物之损害。

从本质上分析,责任损害和占有损害的性质并不相同。占有损害为了维持财产利益而赋予占有人对侵害人的损害赔偿请求权,其内容为物之受损价值,且是一种暂时性保护。而责任损害是物权人向占有人主张的物之价值受损的请求权,物权人也可以同时向第三人主张损害赔偿请求权,在物权人、占有人和侵害人之间构成不真正连带责任。在比较法上,一般以让与请求权[②]或赔偿代位权[③]之规范为其请求权基础,即占有人向权利人承担损害赔偿责

---

① 王泽鉴:《侵害占有之侵权责任与损害赔偿》,载《民法学说与判例研究》(第三册),中国政法大学出版社 2004 年版,第 217 页;吴香香:《论侵害占有的损害赔偿》,《中外法学》2013年第 3 期。

② 参见《德国民法典》第 255 条以及我国台湾地区"民法"第 218 条。

③ 参见《日本民法典》第 422 条。

任后,取得权利人对占有侵夺者的损害赔偿请求权后,再向占有侵夺者追偿。因而,就物权人而言,其向占有人或侵权人主张的是权利损害赔偿请求权,是一种终局性保护。占有人若向物权人承担了损害赔偿责任,则可以受让物权人就第三人侵害物权的损害赔偿请求权,受让的请求权属于权利损害赔偿请求权。当然,该权利损害赔偿请求权是占有人受让物权人的,而非占有人原有的权利损害赔偿请求权。

其二,费用损害。费用损害是指占有人"对占有物支出费用之损害"。①我国《物权法》第 243 条规定了善意占有人对必要费用的偿还请求权,若因第三人侵害导致占有物损毁灭失的,则就此部分损害,占有人可以向侵害人主张赔偿。笔者认为,占有人对物进行维护所支出的费用得不到权利人的偿还,与占有的侵夺并无必然的联系。占有人的费用损害是占有人和物权人之间的关系,占有物被侵夺并导致毁损灭失,物权人享有对占有侵夺者的损害赔偿请求权。占有人享有的仅仅是对物权人必要费用的求偿权。在本质上,费用损失是占有人向所有权人主张的不当得利返还请求权,不属于占有损害的范畴。

其三,使用收益损害。占有的使用利益是指因占有物被侵夺或妨害而导致占有人无法享有物之使用价值,例如用益物权人、承租人、借用人等物的使用具有正当化、合法化基础,其对物享有占有的使用利益。占有的收益利益是指因占有物被侵夺或妨害而导致占有人不能正常收取物之孳息的利益损失,例如用益物权人、质权人、留置权人以及承租人均得就占有物享有收益利益。占有人的使用收益损害就是指因第三人侵害行为导致占有人对物的使用收益利益损害。

使用收益损害并非占有损害,而是权利损害。占有物的使用价值和收益价值,来自于占有背后的权利,而非占有事实。对于善意占有而言,其基于法律规定享有对物的使用收益权利。对于物权性占有而言,其基于物权享有对物的使用收益权利。对于债权性占有而言,其基于债权享有对物的使用收益的权利。当然,并非任何债权性占有都具有使用收益权利,例如租赁债权、借用债权可产生使用收益利益,而对于保管、承揽、运输等债权性占有则没有使用收益利益。因而,占有人享有的使用收益权其实是权利的效果,而非占有事实的效果。使用收益损害也不同于占有损害。

当发生第三人侵害占有时,对于使用收益的损害,应当以占有人享有的权

---

① 王泽鉴:《侵害占有之侵权责任与损害赔偿》,载《民法学说与判例研究》(第三册),中国政法大学出版社 2004 年版,第 216 页。

利为中心来考察权利保护问题。当占有人为物权人时,占有人既可以基于占有损害向侵害人主张占有损害赔偿请求权以恢复对物占有,也可以以物权人的身份基于物权损害直接向侵害人主张物权损害赔偿请求权。此时,占有损害赔偿请求权和物权损害赔偿请求权发生竞合,占有人可以向侵害人主张暂时性的占有损害赔偿,也可以向侵害人主张终局性的权利损害。而当占有人为债权人时,占有人可以基于占有损害向侵权人主张占有损害赔偿请求权,也可以基于债权损害寻求债权救济途径。只不过债权损害和物权损害不同,通常而言,债权损害只能向债之相对人主张。因而,占有人可以主张暂时性的占有损害,或者基于债权债务关系向相对人寻求债权保护。

综上,在第三人侵害占有中,笔者认为责任损害、费用损害和使用收益损害均是权利损害,而非占有损害。占有损害的范围限定为物之损害,行使占有损害赔偿请求权的目的是为了恢复物之利益的完整性,且这只是一种暂时性保护,并不意味着物之价值终局性地归属于占有人。对责任损害、费用损害和使用收益损害体现的占有人与权利人之间的关系,损害内容是权利损害的范畴,是一种终局性保护,目的是为了确认相关权利义务归属。而占有损害属于占有之诉范畴,是暂时性保护,目的是为了保有占有利益,维持社会秩序。

(五)小结

对于债权性占有而言,在占有事实保护上,占有人享有占有保护请求权和占有损害赔偿请求权。当第三人对物侵占、妨害或妨害危险时,其可以主张占有保护请求权以返还原物、排除妨害或者消除危险。当第三人侵害致使物损毁灭失时,其可以主张占有损害赔偿请求权,要求第三人赔偿物之价值。此时,债权人均是以占有人身份主张相关请求权,而与债权本权无关。

债权性占有中的责任损害、费用损害和使用收益损害均属于权利损害范畴。责任损害是债权人对物权人承担损害赔偿责任,债权人可以在承担损害赔偿后代位物权人取得对侵害人的损害赔偿请求权,这是债权人代位物权人权利的结果,而非占有损害的结果。费用损害是债权人和物权人之间的权利义务关系,不属于占有损害。使用收益损害是债权人基于债之关系享有债权利益的损害,债权人应当在债权保护层面寻求对此的保护。对于债权性占有人而言,基于债之关系享有对物占有、使用或收益利益是其最关切的内容,对此需要进一步明确第三人侵害占有时,债权人的债权利益保护问题。

三、债权性占有中的本权(债权)保护

对于债权性占有,当第三人侵害占有时,债权人可以通过占有保护向侵害人主张占有保护请求权和占有损害赔偿请求权,由此得以维护基于债之关系对物的占有、使用或收益利益,并在物之价值受损时要求占有赔偿损害。但占有保护对于债权性占有的保护亦具有局限性,因第三人侵害占有导致其债权性使用收益利益受损,即在债权权利损害上无法直接通过占有保护予以救济。如前所述,此为债权性占有和物权性占有的区别。物权性占有的占有损害和物权损害;均指向侵害人,可选择向侵害人主张占有损害或物权损害;而债权性占有中占有损害指向侵害人,债权损害则指向相对人。对此,需要探讨的是债权性占有中的债权能否受到侵权保护,并直接向第三人主张债权损害赔偿请求权。

(一)债权性占有中本权保护的相关理论

如前所述,占有保护和本权保护在保护目的和请求权的构成要件上,存有明显区别。当发生占有保护和诉讼保护的冲突时,应当以本权保护而非占有保护来确认最终的权利归属。[1] 占有保护体现为《物权法》第 245 条所规定的占有保护请求权和占有损害赔偿请求权。对于债权性占有中的债权保护问题,当第三人侵害债权性占有时,债权人的债权利益受损,即因第三人侵害行为导致债权人基于债之关系对物的占有、使用或收益利益丧失。债权损害体现在使用收益权利的债权性占有中债权人的使用收益利益受损。对于单纯占有物使用收益权利的债权,则没有权利损害产生。

债权具有相对性,传统理论认为第三人固然可以侵害债权利益,但由于债权不具有绝对性和公示性,因而也就很难期待第三人履行不侵害的义务,故债权不能成为侵权对象。[2]《合同法》第 121 条规定:"当事人一方因第三人的原因造成违约的,应当向对方承担违约责任。当事人一方和第三人之间的纠纷,依照法律规定或者按照约定解决。"通常情形下,债权因第三人原因受到侵权,债权人只能向相对人主张债权损害赔偿。债权要成为侵权对象,则需要通过

---

[1] 温世扬、廖焕国:《物权法通论》,人民法院出版社 2005 年版,第 917 页。

[2] 史尚宽:《债法总论》,中国政法大学出版社 2000 年版,第 1、2 页。

侵害债权理论予以解决。[①] 在债权性占有中的债权利益能否成为侵权对象的问题上,学界在论述过程中有不同的观点。

一种观点认为,债权性占有可以成为侵权对象,在于"债权性占有的物权化"。[②] 此观点坚持债权性占有并非单纯债权,而具有了物权化效力,是债权物权化导致了占有债权可以受到侵权保护。例如,拉伦茨和卡纳里斯提出,基于债权的占有本权不仅可对物为使用利益,而且因其占有可排除任何第三人对物的干涉,自其取得占有之时起即具有归属内容,实践中与限制物权人的地位相似,享有类似于物权的保护,从而得以"物权化",受到侵权法的保护。[③] 王泽鉴同样认为,有权占有之人,依其权源,得对占有物为特定范围之使用收益,此种基于特定权原所生使用收益之权能,与占有结合之时,强化了占有之地位,使占有人处于类似于物权人之地位,具有权利之性质,而受侵权法之保护。为了保护占有之利益,应使具有基础权源之占有"权利化"或物权化。[④]

还有观点认为,债权可以分为物权化的债权和非物权化的债权。租赁权属于物权化的债权,而其他债权性占有只属于一般债权。物权化的债权可以受到侵权保护,而非物权化的债权不由此受到侵权保护。[⑤] 该观点否认占有和债权的结合都会产生物权化现象,而只是认为租赁权属于物权化债权。由此,租赁权可以受到侵权保护,但其他债权性占有则不受到侵权保护。

笔者认为,以债权物权化说论述债权性占有受侵权保护,与前述债权性占有的对抗性、优先性问题中提及的物权化观点相同,未从根源上指明债权性占有的本质。债权性占有具备的某些"对抗性"、"优先性"效力,均可以在债法效力范畴内予以解释。债权性占有中看似某些类似于物权的效力现象,其实是债之请求力、保持力等在权利效力上的表现,并不需要也无法由此得出债权物权化的结论。同样,以物权化来解释债权性占有可以受到侵权保护,同样是脱离债权本权而展开对其的效力论证,违背了物权债权二元区分的理论体系。

另一种观点认为,债权性占有受到侵权保护,在于占有能够使债权本权被

---

① 王泽鉴:《侵害他人债权之侵权行为》,载《民法学说与判例研究》(第五册),中国政法大学出版社 2005 年版,第 162—180 页;佟强:《侵害债权制度法律性质考察》,《现代法学》2005 年第 2 期。

② [德]迪特尔·施瓦布:《民法导论》,郑冲译,法律出版社 2006 年版,第 245 页。

③ 转引自吴香香:《论侵害占有的损害赔偿》,《中外法学》2013 年第 3 期。

④ 王泽鉴:《侵害占有之侵权责任与损害赔偿》,载《民法学说与判例研究》(第三册),中国政法大学出版社 2005 年版,第 208—219 页。

⑤ 苏永钦:《私法自治中的经济理性》,中国人民大学出版社 2004 年版,第 71 页。

第三人识别。债权能否受到侵权保护的关键在于其是否具有公示性,即债权能否让第三人知晓其存在的可能性。虽然不必以承认债权性占有的物权化来说明其受侵权保护,但债权能够因具有占有外观的可识别性而受侵权法的保护。"具有占有外观的债权因其具有可识别性因而可以阻碍其他人对债权的侵害。占有的公示功能表明了占有人对物的使用的状态,这种公示功能表明了其对物使用的正当权利,第三人侵害了债权人对物的占有、使用、收益利益时,债权人可以向第三人主张侵权责任。"①当第三人侵害债权性占有时,行为人也许不知道物的占有、使用、收益利益是由所有权人还是债权性占有人享有,但是他至少可以从被害人的占有中判断出此为他人的权利范围。占有的作用在于使债权可以被识别,债权人的占有、使用和收益的身份可以被第三人知晓,由此占有的公示性使得债权可以受到侵权保护。因而,在债权性占有中,占有本身虽然无法成为侵权对象,但债权本权因占有而得以凸显并成为侵权法的保护对象。

由此,需要分析的一个关键问题是:能否以占有的公示效力来阐释债权人对第三人的侵权保护。

(二)债权性占有中债权公示性的法理分析

以占有的公示效力探讨债权性占有性质的"异化现象"在理论分析中一直存在。在前文论述债权性占有之对抗性、优先性时,占有公示效力亦被很多学者提出作为债权对抗性和优先性产生的依据。当在阐述债权的对抗性和优先性,即债权对抗原物返还请求权和债权优先于其他债权具有受偿请求权时,提出占有具有公示效力的观点在于,第三人知情可以阻却其权利效力。其逻辑是,当所有权人将占有物的所有权转移给第三人,基于债权人对物占有的外观,第三人应当知晓债权人占有事实,因而债权人可以对抗第三人的原物返还请求权。当所有权人就物的标的与数人签订了同一类型的债权合同时,则只有先行占有标的物的债权人基于占有公示,才能被其他债权人知晓其债权的存在,因而先行占有标的物的债权人可以获得给付优先的受领权。

但如前文所述,占有的公示效力并非债权的对抗性和优先性的依据,影响债权性占有之对抗性和优先性的是债权的保持力问题。在论述债权是否能对抗原物返还请求权时,债权人对抗债务人的依据在于债权的保持力。在论述债权具有优先性时,探讨的还是债权的保持力问题。在多重债权中,占有的公

---

① 吴香香:《论侵害占有的损害赔偿》,《中外法学》2013 年第 3 期。

示效力不足以得出债权具有优先受偿请求权的结论,此时占有的公示效力并不产生债权对抗性或优先性作用。因而,占有的权利公示或者公示效力,不能及于债权。① 债权性占有权不应成为占有上可被推定之权利,不能以占有之事实,反推债权性占有权的存在。②

而债权是否享有侵权保护,阐述的是占有的公示效力能否使债权享有绝对性保护。在第三人侵害债权的问题上,债权作为权利的一种,不得突破"权利不可侵性"的必然结论。③ 债权相对性并不是第三人可以随意侵害债权的理由,但是当债权受侵害时,通常而言,侵权损害赔偿的依据在于行为人对侵害他人可识别的权利范围负责。法律默认债权的非公示性,债权人无法向第三人主张侵权责任,只能向债务人主张权利。例如,甲与乙签订了关于某物的租赁合同,在物交付之前,丙破坏了该物,则此时乙的合同目的落空,但乙只能向甲主张权利,而不能向丙主张责任。而当甲将物交付乙占有后,乙获得了对物的债权性占有,但是债权人占有、使用、收益物的权利来自于相对人之间的关系,依旧不具有绝对的公示性。论者通常引用德国民法上的一个著名判例来说明占有债权的侵权成立。在该判例中,原告承租他人的房屋用以开设诊所,但被告作为另一承租人对房屋的地下室进行改建,改建过程中的巨大噪声影响了原告诊所正常经营并导致其收入锐减。法院认定被告侵害了原告的占有,判决赔偿原告的经营损失。该案被认为表明了债权经占有公示可以成为侵权对象,由此可证明债权性占有的侵害性。④ 但笔者认为,此处应当区分经营权和债权。原告承租他人房屋用于诊所经营,被告的噪声并非对房屋租赁的侵害,而是对原告开设诊所经营行为的侵害。将本案解释为被告侵犯了原告诊所的经营权更为妥当,而非构成对租赁物或租赁权的占有侵害。总之,债权性占有并未脱离债之相对性的本质属性,第三人侵害占有物使债权人对物占有、使用或收益利益受到损害,但无法从占有公示性得出债权可受侵害的法理依据。

从第三人侵害债权制度的理论来看,该制度在传统民法理论中的适用是

① ［德］鲍尔、施蒂尔纳:《德国物权法》(上册),张双根译,法律出版社 2004 年版,第 177 页。

② 张双根:《占有的基本问题评述——评〈物权法草案〉第二十章》,《中外法学》2006 年第 1 期。

③ 李锡鹤:《对债权不可侵性和债权物权化的思考——兼论物权与债权之区别》,《华东政法大学学报》2003 年第 3 期。

④ 王泽鉴:《侵害占有之侵权责任与损害赔偿》,载《民法学说与判例研究》(第三册),中国政法大学出版社 2005 年版,第 216 页。

受到严格限制的。只有当第三人以故意悖于善良风俗的方式侵害他人债权时,债权人才可对第三人主张侵害债权。[①] 因而,第三人侵害债权制度关注的是第三人对债权侵害的主观恶性,而非债权自身的权利内容。以占有具有公示性来推导债权性占有的可侵害性,其逻辑是在对债权知晓上适用了推定知情。但推定知情并不构成悖于善良风俗,推定第三人知晓债权和第三人侵害债权制度的本意不符。可见,第三人侵害债权制度和债权的自身内容无关,无法以占有的公示性来得出侵害债权性占有可以构成侵害债权行为。

综上,债权性占有中的"占有外观公示"既不能阻止权利人处分标的物的行为,也不能阻止第三人侵害标的物的行为,无法成为债权具有绝对性从而受侵权保护的依据。当第三人侵害占有物导致债权人的债权利益受损时,应当以债之关系来解决债权利益的救济问题。

(三)债权性占有中债权损失的范围

在物权性占有中,若第三人侵害物的,则可能需要赔偿物的价值,包括物的自身价值和使用价值。对于自主占有的所有权而言,第三人侵害物可能造成的损害包括物之使用价值和物之自身价值,物之使用价值是指物的使用收益利益,物之自身价值是指物的损毁灭失导致的损害。对于他主占有的用益物权而言,第三人对物的侵害可能造成的损失是物的使用收益价值的损害。

在债权性占有中,债权损害有以下两点内容。

其一,债权人在物上的利益可能为占有、使用或收益利益,且不同的债权性占有所承载的利益也会不同。若为单纯占有的债权性占有,没有使用收益利益,则由于单纯占有没有使用收益内容,因而不发生债权损害。若为存在使用收益利益的债权,则债权利益即为使用收益利益,第三人侵害债权导致的损害为使用收益利益。总之,债权人在物上享有的是基于债之内容而产生的使用收益利益,对此应当由债权人和相对人之间的债权债务关系予以调整。[②]

其二,债权损害是不包括物之自身价值的损害。所有权人才是物的支配人,物之自身价值归属于所有权人。当然,此时的物之自身价值是就权利保护上而言的。在事实保护上,占有人可以就物之自身损害提出占有损害赔偿请

---

① 参见《德国民法典》第 823 条第 2 款和第 826 条以及我国台湾地区"民法"第 184 条。

② 参见我国《物权法》第 241 条的规定:"基于合同关系等产生的占有,有关不动产或者动产的使用、收益、违约责任等,按照合同约定;合同没有约定或者约定不明确的,依照有关法律规定。"

求权。在债权性占有中,债权人不享有物权损害赔偿请求权,但可以基于占有事实主张占有损害赔偿请求权。当然,占有损害赔偿请求权是一种暂时性保护,债权人只能保有物之损害价值,其不能对抗所有权人之终局性的物权损害赔偿请求权。

四、债权人对所有权人的代位权分析

如前所述,在债权性占有中,基于债之相对性的要求,债权人就债权损害只能向债务人主张损害赔偿请求权。而通常作为债务人的物权人,就其对债权人的赔偿可以通过物权请求权一并向侵害第三人主张损害赔偿。因此,可以进一步讨论的问题是,就此债权损害,债权人能否直接代位所有权人向侵害人主张。此处,债权代位权和侵害债权理论不同之处在于,债权代位权是由债权人代位所有权人向第三人主张损害赔偿责任,是一种间接权利;而侵害债权理论是指债权人以债权受损向第三人主张损害赔偿责任,是一种直接权利。

(一)债权人的代位权[①]

我国《合同法》第73条规定了债权人的代位权:"因债务人怠于行使其到期债权,对债权人造成损害的,债权人可以向人民法院请求以自己的名义代位行使债务人的债权,但该债权专属于债务人自身的除外。代位权的行使范围以债权人的债权为限。债权人行使代位权的必要费用,由债务人负担。"代位权制度的核心在于债务人怠于行使到期债权,对债权人的债权实现造成了损害。最高人民法院通过司法解释,将代位权的范围限定在具有金钱给付内容的到期债权。[②] 因而,代位权的产生需要三个条件,即:到期债权,所有权人怠于行使,所有权人怠于行使损害了其债权人的债权利益。

由此,在债权性占有中,若债权人就所有权人对第三人的损害赔偿请求权要获得代位权利,还需要满足一定的条件。首先,损害赔偿请求权自债权受损时即可主张,属于到期债权。其次,所有权人怠于向第三人主张损害赔偿。对于享有使用和收益利益的债权性占有,就承租人和借用人而言,若所有权人不向第三人主张物权保护请求权,显然会侵害其租赁、借用利益的实现,承租人

---

①　我国台湾学者就提出,虽然纯粹的债权不受第三人侵害,但可以通过代位权来实现对债权侵害的救济,避免侵害债之相对关系来实现债权人对第三人的侵权损害赔偿请求权。参见邱聪智:《新订债法各论》(上),中国人民大学出版社2006年版,第247页。

②　参见最高人民法院《关于适用〈中华人民共和国合同法〉若干问题的解释(一)》第13条。

和借用人只能代位出租人向第三人主张请求权,要求第三人行使承担损害赔偿责任,以代位所得的金钱清偿自己对所有权人的债权。而对于单纯享有占有利益的债权性占有人,其对占有物负有保管责任,占有物受损只能引发其应当向所有权人承担违约责任,其本身并无针对所有权人的请求利益,因而无法产生代位权利。最后,债权人行使代位权,应当以债务人责任财产不足从而使债权人利益受到损害为前提。第三人对占有物的侵害,所有权人不向第三人行使请求权并不当然导致其无法向债权性占有人承担债务。因而,从现有的代位权制度来看,债权性占有人的代位权难以成立。

（二）物上代位权

物上代位权主要是指担保物权人享有的代位权利,担保物被毁损或灭失的,担保物权人对由此产生的赔偿金、保险金或其他担保物之代替物的价值享有优先受偿的权利。有观点提出:"在租赁关系中,对于承租人而言,要求出租人履行义务抑或获得出租人对第三人的请求权,都为达成修复租赁物的目标,与物上代位权以标的物的交换价值为最终追求相似。"[1]对此,应当认为物上代位权存在的法理在于担保物权人对物之交换价值的支配权,而物上代位权存在的范围也仅限于物所担保的债权范围。而债权性占有人对物享有的占有、使用、收益权利,其利益范围限于物的使用价值,但其又不同于物权人对物享有绝对的支配力,无法直接基于使用价值受损提出物权保护请求权。因而,通过物上代位权的方式无法证成债权性占有人的代位权利,其根本原因在于,债权损害是对所有权人相对性的请求力,而非对物的支配力。

五、小　结

债权性占有享有占有保护和本权保护,前者是法律维持占有现状而赋予占有人的占有保护请求权和占有损害赔偿请求权;后者是法律为了保持债权利益而赋予债权人的请求权,即债权损害赔偿请求权。当发生第三人侵害占有时,债权性占有中的债权本权无法享有侵权保护,占有并不能赋予债权人对物使用收益利益的公示外观,债权人的债权损害只能向相对人主张。

占有保护和债权保护赋予了债权性占有从事实到权利的双重保护。[2] 占有保护的对象是占有事实,其目的在于维护现存之财产占有秩序,以维护社会

---

① 朱晶晶:《第三人致害租赁物的法律关系分析》,《晋阳学刊》2014 年第 3 期。

② 章正璋:《论侵害占有的损害赔偿责任》,《江苏社会科学》2015 年第 1 期。

和平与物之秩序。占有保护是暂时性的,不具有终局效力,不能对抗本权保护。而债权保护的对象是债权本权,防止第三人侵害导致债之关系中使用收益利益损害,债权保护是终局性的,要考虑到权利的衡量。在占有保护与债权保护的冲突中,最终应依据侵害人、债权人与所有权人之间的法律关系决定权利归属,即依据法律上的权利义务关系而非事实上的占有关系来决定权利归属。

第三节　所有权人请求权与损害求偿关系分析

一、所有权人的请求权分析

在债权性占有中,除了债权人享有相关请求权外,标的物之物权人同样享有相关的请求权。债之相对人通常为所有权人,一些用益物权人,如建筑用地使用权人,同样可以将物交由他人使用,因而债之相对人包含了所有权人和用益物权人。为了叙述方便,下文仅以所有权人为债之相对人展开论述。

当第三人侵害物时,债权性占有中的所有权人同样享有占有保护和权利保护两个层面的请求权。在占有保护上,所有权人处于间接占有人的地位。间接占有人是否享有占有返还请求权在理论上存有争议,通常认为间接占有人享有占有返还请求权,但是在返还原物上其只能要求侵害第三人向直接占有人返还物。[①] 对占有损害赔偿请求权,由于理论上对占有损害本身存在争议,至于间接占有人能否行使占有损害赔偿请求权则更存有疑问。故笔者认为所有权人以间接占有人的身份行使占有损害赔偿请求权并没有意义,因为占有损害赔偿是暂时性保护,所有权人可以基于物权占有损害赔偿请求权直接主张物之损害价值的赔偿。

而在权利保护上,当第三人侵害占有物时,所有权人基于物权人的身份享有物上请求权,根据《物权法》第34、35、36、37条的规定,所有权人可以向第三人要求承担返还原物、排除妨害、消除危险、恢复原状、赔偿损失等责任。就物权损害赔偿请求权而言,其损害范围为物之价值,所有权人可以要求侵害第三人赔偿物之损毁灭失价值。若占有人对物之损毁灭失需要承担责任的,则所有权人亦可向占有人主张物之损毁灭失价值,占有人在承担了该损害赔偿之

---

① 张双根:《间接占有制度的功能》,《华东政法学院学报》2006 年第 2 期。

后可以向第三人求偿,此亦占有人的责任损害。

就所有权人向债权人所承担的必要支出费用和使用收益权利的损害而言,若因第三人侵害致使物损毁灭失,则此必要支付费用亦包含在物之损害赔偿中,在所有权人向第三人主张物之损害赔偿时亦取得了此赔偿部分,无须就此部分内容向第三人重复主张。对因第三人侵害致使债权人使用收益损害,在性质上属于所有权人的"纯粹经济损害",所有权人有权向侵害人主张赔偿此部分的损害。

综上,对于所有权人而言,其在占有保护上可以向侵害人主张占有保护请求权;在权利保护上,其可以向侵害人主张物权保护请求权,就物之价值损害向侵害人主张物权损害赔偿请求权,就债权人使用收益损害向侵害人主张"纯粹经济损害"赔偿请求权。

二、债权性占有中的损害求偿关系

当第三人侵害占有物时,涉及第三人、债权人和所有权人三者之间的关系,且包含了从占有事实保护到本权保护(债权、物权)的法律关系。对债权性占有的损害求偿关系,应当以"损害填补"作为损害求偿关系建立的目标,从合同关系外部和合同关系内部两个角度予以构建。

(一)合同外部的损害求偿关系

在合同关系外部,债权人对第三人享有占有保护请求权和占有损害赔偿请求权。占有保护请求权包括了恢复原状、排除妨害和消除危险。占有损害赔偿请求权是指当占有物受损毁灭失时,债权人先行请求第三人赔偿物之损害,此时债权人对此物之损害赔偿是暂时性的,是一种法律上的保有而非所有。

而所有权人享有对第三人的占有保护和物权保护。所有权人的占有保护是基于间接占有人的身份行使占有保护请求权,其可以向第三人主张将占有状态恢复至直接占有人。在物权保护上,所有权人享有物权保护请求权和物权损害赔偿请求权,其物权保护请求权包括返还原状、排除妨害、消除危险,物权损害赔偿请求权包括物之价值和债权人的使用收益损失。对于所有权人而言,其对物的间接占有和所有权人身份的证明没有差异,物权保护请求权在使用和效果方面均类似于占有保护权,所不同的是占有保护请求权是暂时性保护,而物权保护请求权是终局性保护。

在效力上,债权人的占有保护不能对抗所有权人的物权保护。当不发生占有物损毁灭失时，债权人的占有保护请求权和所有权人的物权保护请求权为占有之诉和本权之诉的区别，两者在诉讼模式上存有差异，但是效果一致，均指向对债权人占有物之状态的返还请求、消除危险和排除妨害。当发生占有物损毁灭失时，债权人在所有权人未主张或者来不及主张物权损害赔偿时，可以先行提出就物之损害的占有损害赔偿请求权，并保有物之损害赔偿。当所有权人同时就物之损害向第三人提出物权损害赔偿请求权时，则应当以所有权人的物权损害赔偿为先，对债权人已经先行保有物之损害赔偿的，应当将该损害赔偿转交至所有权人。就债权人的债权利益损害，所有权人可一并向第三人提出终局性的损害赔偿请求权。

（二）合同内部的损害求偿关系

在合同内部关系上，因第三人侵害占有导致债权人的债权损害时，还涉及合同内部关系的救济问题。根据《合同法》第 121 条的规定：“当事人一方因第三人的原因造成违约的，应当向对方承担违约责任。当事人一方和第三人之间的纠纷，依照法律规定或者按照约定解决。”因第三人原因而发生违约，应当以债之关系内容作为双方权利义务承担的基础，不能随意突破债之相对性原则，向第三人主张债权损害赔偿。

对于物之损害内容，若占有人负有保有物之完成的合同义务，则发生物之损毁灭失时，占有人应当向所有权人承担违约责任，在承担损害赔偿后，其享有对第三人的追偿权。所有权人也可以直接选择向侵害人主张损害赔偿责任，占有人和侵害人之间就物之损害构成不真正连带责任。若所有权人负有保有物之完整的合同义务，则物之损害在合同关系上无法得到赔偿，所有权人只能向侵害人主张损害赔偿责任。

对于债权人对物占有使用收益的损害，此物之使用收益属于债之关系，因第三人行为导致债权人的使用利益受损，债权人应向债务人主张债权损害责任。如承租人、借用人对房屋的使用或收益利益丧失，则应当根据合同约定或者法律规定，由所有权人作为债务人向债权人承担损害赔偿责任。所有权人可就此损害部分向侵害人提出绝对性的损害赔偿请求权。

在诉讼模式上，占有之诉包含了债权人的占有保护请求权和占有损害赔偿请求权；本权之诉包含了所有权人的物权保护请求权和债权人的债权保护请求权。占有之诉和本权之诉的内涵和价值并不相同，两者在请求权基础、立法目的、举证责任、诉讼时效（除斥期间）、诉讼效果上均有不同，对此前文已有说明。物权性占有中的占有之诉和本权之诉都直接指向侵害人，而在债权性占有中,占有之诉向第三人主张,本权之诉只能向相对人主张。

　　债权人对占有之诉的提出并不依赖本权。本权之诉和占有之诉,债权人可以同时提起,也可以分别提起,其一败诉时,仍可提起其他之诉,不受一事不再理的拘束。[①] 当债权人提出占有之诉时,侵害人不得直接以本权作为抗辩,法院也不得以本权作为裁判的依据。在占有之诉和本权之诉适用程序的关系上,当事人如欲以本权进行抗辩,应该提出反诉或者另行起诉。

---

　　①　王泽鉴:《民法物权》,北京大学出版社 2009 年版,第 550 页。

参考文献

一、专著类

1. ［德］鲍尔,施蒂尔纳. 德国物权法(上册)［M］. 张双根,译. 北京:法律出版社,2004.

2. ［德］鲍尔,施蒂尔纳. 德国物权法(下册)［M］. 申卫星,王洪亮,译. 北京:法律出版社,2006.

3. ［意］彼德罗·彭梵得. 罗马法教科书［M］. 黄风,译. 北京:中国政法大学出版社,1992.

4. 陈华彬. 物权法原理［M］. 北京:国家行政学院出版社,1998.

5. 陈永强. 英美法上的交易自治与交易安全——以房地产交易法为视角［M］. 北京:北京大学出版社,2009.

6. 房绍坤. 用益物权基本问题研究［M］. 北京:北京大学出版社,2007.

7. ［法］弗朗索瓦·泰雷,菲利普·森乐尔. 法国财产法(上、下)［M］. 罗结珍,译. 北京:中国法制出版社,2008.

8. ［意］盖尤斯. 法学阶梯［M］. 黄风,译. 北京:中国政法大学出版社,1996.

9. 高富平. 土地使用权和用益物权——我国不动产物权体系研究［M］. 北京:法律出版社,2001.

10. 高富平,吴一鸣. 英美不动产法——兼与大陆法比较［M］. 北京:清华大学出版社,2007.

11. 高富平. 物权法原论(上、中、下)［M］. 北京:中国法律出版社,2001.

12. ［德］黑格尔.法哲学原理［M］.范扬,张企泰,译.北京:商务印书馆,1996.

13. 黄风.罗马私法导论［M］.北京:中国政法大学出版社,2003.

14. 黄立.民法债编总论［M］.北京:中国政法大学出版社,2002.

15. 黄茂荣.法学方法与现代民法［M］.北京:法律出版社,2007.

16. ［日］近江幸治.民法物权Ⅱ·物权法［M］.王茵,译.北京:北京大学出版社,2006.

17. ［德］康德.法的形而上学原理——权利的科学［M］.沈叔平,译.北京:商务印书馆,2005.

18. ［德］卡尔·拉伦茨.法学方法论［M］.陈爱娥,译.北京:商务印书馆,2003.

19. ［德］卡尔·拉伦茨.德国民法通论(上、下册)［M］.王晓晔,等,译.北京:法律出版社,2003.

20. 李宜琛.日耳曼法概说［M］.北京:中国政法大学出版社,2003.

21. 李锡鹤.民法原理论稿［M］.北京:法律出版社,2012.

22. 梁慧星,陈华彬.物权法［M］.北京:法律出版社,2007.

23. 梁慧星.中国物权法研究［M］.北京:法律出版社,1998.

24. ［德］马克斯·韦伯.法律社会学［M］.康乐,简惠美,译.桂林:广西师范大学出版社,2005.

25. 马新彦.美国财产法与判例研究［M］.北京:法律出版社,2001.

26. ［德］迪特尔·梅迪库斯.德国民法总论［M］.邵建东,译.北京:法律出版社,2000.

27. ［德］迪特尔·梅迪库斯.德国债法总论［M］.杜景林,等,译.北京:法律出版社,2004.

28. ［德］迪特尔·梅迪库斯.请求权基础［M］.陈卫佐,等,译.北京:法律出版社,2012.

29. 孟勤国.物权二元结构论［M］.北京:人民法院出版社,2009.

30. ［法］孟德斯鸠.论法的精神［M］.张雁深,译.北京:商务印书馆,1987.

31. 邱聪智.新订民法债编通则(上)［M］.北京:中国人民大学出版社,2003.

32. ［德］萨维尼.当代罗马法体系［M］.朱虎,译.北京:中国法制出版社,2010.

33. 申卫星.期待权基本理论研究[M].北京:中国人民大学出版社,2006.

34. 史尚宽.物权法论[M].北京:中国政法大学出版社,2000.

35. 苏永钦.私法自治中的经济理性[M].北京:中国人民大学出版社,2004.

36. 苏永钦.走入新世纪的私法自治[M].北京:中国政法大学出版社,2002.

37. 孙宪忠.中国物权法总论[M].北京:法律出版社,2003.

38. 王泽鉴.民法学说与判例研究[M].北京:中国政法大学出版社,1998.

39. 王泽鉴.民法物权(用益物权·占有)[M].北京:中国政法大学出版社,2001.

40. 王泽鉴.民法物权(通则·所有权)[M].北京:中国政法大学出版社,2001.

41. 王泽鉴.法律思维与民法实例[M].北京:中国政法大学出版社,2001.

42. 王泽鉴.民法总论[M].北京:中国政法大学出版社,2001.

43. 魏振瀛.民法学[M].北京:北京大学出版社,高等教育出版社,2010.

44. 温世扬.物权法要论[M].武汉:武汉大学出版社,1997.

45. 史尚宽.民法总论[M].北京:中国政法大学出版社,2000.

46. 史尚宽.债法总论[M].北京:中国政法大学出版社,2000.

47. 史尚宽.债法各论[M].北京:中国政法大学出版社,2000.

48. 孙鹏.物权公示论——以物权变动为中心[M].北京:法律出版社,2004.

49. 孙宪忠.当代德国物权法[M].北京:法律出版社,1997.

50. [德]曼弗雷德·沃尔夫.物权法[M].吴越,李大雪,译.北京:法律出版社,2002.

51. [日]我妻荣.债权在近代法中的优越地位[M].王书江,译.北京:中国大百科全书出版社,1999.

52. [日]我妻荣.我妻荣民法讲义Ⅱ·新订物权法[M].罗丽,译.北京:中国法制出版社,2008.

53. [日]我妻荣.我妻荣民法讲义·新订民法总则[M].于敏,译.北京:中国法制出版社,2008.

54. ［日］我妻荣.我妻荣民法讲义・新订担保物权法［M］.申政武,封涛,郑芙蓉,译.北京:中国法制出版社,2008.

55. ［日］我妻荣.我妻荣民法讲义・新订债权总论［M］.王燚,译.北京:中国法制出版社,2008.

56. 谢在全.民法物权论(上、中、下)［M］.北京:中国政法大学出版社,1999.

57. 谢哲胜.财产法专题研究［M］.北京:中国人民大学出版社,2004.

58. 尹田.法国物权法［M］.北京:法律出版社,1998.

59. 郑玉波.民法总则［M］.北京:中国政法大学出版社,2003.

60. 周梅.间接占有中的返还请求权［M］.北京:法律出版社,2007.

二、期刊类

1. 常鹏翱.债权与物权在规范体系中的关联［J］.法学研究,2012(6).

2. 常鹏翱.物权法之形式主义传统的历史解读［J］.中外法学,2004(1).

3. 陈永强.未登记已占有的房屋买受人的权利保护［J］.环球法律评论,2013(3).

4. 陈永强.物权变动三阶段论［J］.法商研究,2013(4).

5. 程啸.论动产多重买卖中标的物所有权归属的确定标准——评最高法院买卖合同司法解释第 9、10 条［J］.清华法学,2012(6).

6. 程啸,尹飞.论物权法中占有的权利推定规则［J］.法律科学,2006(6).

7. 崔建远.个案调处不等于普适性规则——关于若干债法司法解释的检讨［J］.广东社会科学,2014(5).

8. 崔建远.为第三人利益合同的规格论——以我国《合同法》第 64 条的规定为中心［J］.政治与法律,2008(1).

9. 房绍坤.论用益物权的法律属性［J］.现代法学,2003(6).

10. 傅鼎生.义务的对价:双务合同之本质［J］.法学,2003(12).

11. 傅鼎生.赔偿责任竞合研究［J］.政治与法律,2008(11).

12. 高富平.物权公示与公信力原则新论［J］.华东政法大学学报,2001(5).

13. 孟勤国.占有概念的历史发展与中国占有制度［J］.中国社会科学,1993(4).

14. 江河.不动产占有人在交易中的权益保护［J］.北方法学,2014(4).

15. 解旦.论《合同法》第 121 条的存废［J］.清华法学,2012(5).

16. 金可可.论支配权概念——以德国民法学为背景［J］.中国法学,2006(2).

17. 金可可.预告登记之性质[J].法学,2007(7).

18. 金可可.私法体系中的债权物权区分说——萨维尼的理论贡献[J].中国社会科学,2006(2).

19. 金可可.债权物权区分说的构成要素[J].法学研究,2005(1).

20. 金可可.基于债务关系之支配权[J].法学研究,2009(2).

21. 金可可.论绝对权与相对权——以德国民法学为中心[J].山东社会科学,2008(11).

22. 金可可.论对物权、对人权与向物权概念的缘起——兼论注释法学派及后注释法学派对债权物权区分论的贡献[J].社会科学家,2008(9).

23. 金可可.论支配权的概念[J].中国法学,2006(2).

24. 金可可.债权物权区分说的构成要素[J].法学研究,2005(1).

25. 李锡鹤.物的概念和占有的概念[J].华东政法大学学报,2008(4).

26. 李锡鹤.论民事优先权的概念[J].法学,2004(7).

27. 李锡鹤.论物权优先之所在[J].法学,2002(3).

28. 李锡鹤.多重买卖效力探讨——《买卖合同司法解释》第 9 条第 2、3 款之质疑[J].东方法学,2015(6).

29. 刘保玉.论多重买卖的法律规制——兼评《买卖合同司法解释》第 9、10 条[J].法学论坛,2013(6).

30. 马新彦.罗马法所有权理论的当代发展[J].法学研究,2006(1).

31. 马新彦,邓冰宁.论不动产占有的公示效力[J].山东社会科学,2014(3).

32. 马新彦.一物二卖的救济与防范[J].法学研究,2005(2).

33. 彭诚信.占有的重新定义及其实践应用[J].法律科学,2009(2).

34. 申卫星.所有权保留买卖买受人期待权之本质[J].法学研究,2003(2).

35. 王洪亮.原物返还请求权——物上请求权抑或侵权责任方式[J].法学家,2014(1).

36. 王洪亮.原物返还请求权构成解释论[J].华东政法大学学报,2011(4).

37. 王洪亮.论登记公信力的相对化[J].比较法研究,2009(5).

38. 温世扬,武亦文.物权债权区分理论的再证成[J].法学家,2010(6).

39. 吴香香.论侵害占有的损害赔偿[J].中外法学,2013(3).

40. 许德风.不动产一物二卖问题研究[J].法学研究,2012(3).

41. 叶金强.第三人利益合同研究[J].比较法研究,2001(4).

42. 尹田.论一物一权原则及其与"双重所有权"理论的冲突[J].中国法学,2002(3).

43. 尹田.法国物权法上的占有制度[J].现代法学,1997(5).

44. 张驰.权利优先行使辨析[J].法学,1996(4).

45. 张驰.权利并存的类型化处理模式[J].华东政法大学学报,2013(1).

46. 章正璋.我国民法上的占有保护——基于人民法院占有保护案例的实证分析[J].法学研究,2014(3).

47. 章正璋.论侵害占有的损害赔偿责任[J].江苏社会科学,2015(1).

48. 周江洪.特殊动产多重买卖之法理——《买卖合同司法解释》第 10 条评析[J].苏州大学学报(哲学社会科学版),2013(4).

49. 周江洪.买卖不破租赁规则的法律效果——以契约地位承受模式为前提[J].法学研究,2014(5).

50. 庄家园.基于指示交付的动产所有权移转——兼评《中华人民共和国物权法》第 26 条[J].法学研究,2014(3).

三、论文类

1. 刘竞元.登记对抗下的物权变动及其对抗性问题研究[D].上海:华东政法大学,2012.

2. 仇晓洁.论合同的第三人效力[D].北京:中国政法大学,2011.

3. 魏潜.论物债二分理论及其对民法典体系建构的影响[D].北京:中国政法大学,2007.

4. 章礼强.民法本位论[D].重庆:西南政法大学,2004.

5. 赵晓钧.占有效力论[D].北京:中国政法大学,2008.

四、辞书类

1. 德国民法典[M].郑冲,贾红梅,译.北京:法律出版社,1999.

2. 法国民法典[M].罗结珍,译.北京:北京大学出版社,2010.

3. [英]沃克.牛津法律大辞典[M].北京社会与发展研究所,译.北京:光明日报出版社,1988.

4. 日本民法典[M].王书江,译.北京:中国法律出版社,2000.

5. 瑞士民法典[M].殷生根,王燕,译.北京:中国政法大学出版社,1999.

6. 意大利民法典[M].费安玲,译.北京:中国政法大学出版社,2004.

7. 意大利民法典[M].陈国柱,译.北京:中国人民大学出版社,2010.

8. 最新日本民法[M].渠涛编,译.北京:法律出版社,2006.

索　引

后　记

在物权债权二元权利体系下,所有权和买卖合同作为物权债权的理想形态,反映了最基本的物权债权区分的合理性和正当性。随着商品经济的发展与交易方式的多样化,所有权的功能和买卖合同的样式被不断拓展,对物分配利用的格局已不仅仅是简单的自己所有或卖与他人所有,所有权的权能被不断地分离,由此形成物权性占有和债权性占有的所有权二元利用模式。物权性占有来自于物权本权,而债权性占有来自于债权本权。物权和债权的区分,如权利的独立性、权利的实现形式、权利体现的意志、侵权行为构成、占有内容形式、权利的公示要求、权利期限、权利的可转让性、权利的继承性等各方面的差异,均可直接反应在物权性占有和债权性占有的效力差异上。

债权性占有基于债权债务关系而发生,系债权人请求受领债权人容忍对物占有、使用或收益的结果,体现了债之相对性本质。占有对于债权的意义在于,其是债权的权能表现,由此区别于其他一般债权。在物权性占有中,物权决定了占有是基于法律由物权人独立行使的权能,而在债权性占有,债权决定了占有只能是基于相对人授予的权能。从价值上看,债之相对性及由此产生的债之平等性、相容性、非公示性等,对于商品经济的发展具有重大意义。物权的强制性对于维持物的稳定秩序至关重要,而债权的自由性对于促进物之交易与利用甚为关键。随意破坏债权性占有的相对性,与债权性质不符,与债之价值亦不吻合。因而,本书聚焦于在不承认债权性占有具有物权化效力的基础之上,以债之相对性为视角分析和解决债权性占有的相关效力问题。

在潘托克顿法学派观念的塑造下,物权债权二元权利区分是严格贯彻形式理性的结果,以民法个人本位为价值基础。债之相对性原则是债权本质和债法制度的基础。通常情况下,债之相对性原则是形式理性和权利本位的逻辑结果;特殊情况下,因法律实质理性和社会本位的需要,法律会以制度形式适度突破债之相对性原则。这种突破反映了法律对形式理性过于严格的调和以及对社会经济发展中某些民法外在价值的保护。从效力根源上难以得出债权和物权的混同,或者出现中间型权利的现象。只有如此,才能杜绝法外因素侵蚀民法体格,维护债权制度的健全发达。

对债权性占有的对抗性、优先性和侵权保护中绝对性等问题的论述,其实都是殊途同归地从不同角度去把握债之相对性在权利处分和被侵害时,能否产生类似于物权性占有的支配性和绝对性的效力问题。基于对物占有的权利外观,债权人也享有类似于物权人的占有、使用和收益利益。但是,物权人对物的占有是独立的权利,而债权人对物的占有是相对的权利,债权人对物的利益均受制于其与相对人之间的债之关系。债之绝对性、优先性和侵权保护中的绝对性问题,均只能在债之相对性,及由此产生的债之相容性、非公示性、平等性、请求力、受领力、保持力中予以确定。

唯一对债之相对性原则产生突破的情形是,基于特殊主体保护、物之保值等社会价值需求,民法会改变债之相对性原则在某些方面的既有体系和规则,赋予特殊债权突破相对性的效力。对此,民法应当以民事制度的形式予以落实,如此才能保证民法权利本位的基础不发生改变,同时对某些社会利益予以特殊保护。在现有债法制度中,抵押制度中的法定担保物权、破产债权中的先取特权、"买卖不破租赁"中的法定债权债务概括继受等,均是以民事制度落实社会本位的体现。

因而,债权性占有突破相对性的原因不在于权利结构因占有事实发生了变化,其考虑的是占有与债权的结合是否有在某些情形下体现社会价值保护的需要。以社会本位价值的需要来保护某些特殊主体的债权利益,并没有改变物权债权二元权利体系的基本结构,也没有改变债之相对性的本质。在通过民事制度解决相关问题的前提下,不能得出债之效力发生异化的结论。

综上,本书的核心观点是,债权性占有是债权人基于债之关系享有对他人之物占有、使用或收益利益,其效力只能是债之相对性的结果。在不必承认债权性占有物权化效力的前提之下,基于实质理性和社会本位的需求,仅有先取特权和法定担保物权制度赋予某些债权人以特殊保护。由于债权性占有内容浩繁,学界对此问题从不同的角度和对象上作了诸多研究。本书在对现有理论和法律规则进行梳理分析的基础上,更多的是从民法基础理论上对争议问题作了检讨与反思,以试图明晰债权性占有效力问题的本来面貌和题中应有之义,从而为债权性占有的具体纠纷问题在理论研究和司法适用上提供借鉴。由于本人尚才疏学浅,在论证过程中必然存在瑕疵之处,期望能够得到前辈和专家的批评指正。

图书在版编目(CIP)数据

债之相对性视角下的债权性占有研究 / 叶涛著. —
杭州：浙江大学出版社，2017.3
ISBN 978-7-308-16691-1

Ⅰ.①债… Ⅱ.①叶… Ⅲ.①债权法－研究－中国
Ⅳ.①D923.34

中国版本图书馆 CIP 数据核字(2017)第 031318 号

债之相对性视角下的债权性占有研究

叶　涛　著

责任编辑	姜井勇
责任校对	杨利军　张　颖
封面设计	周　灵
出版发行	浙江大学出版社
	（杭州市天目山路 148 号　邮政编码 310007）
	（网址：http://www.zjupress.com）
排　　版	浙江时代出版服务有限公司
印　　刷	杭州日报报业集团盛元印务有限公司
开　　本	710mm×1000mm　1/16
印　　张	12.5
字　　数	218 千
版 印 次	2017 年 3 月第 1 版　2017 年 3 月第 1 次印刷
书　　号	ISBN 978-7-308-16691-1
定　　价	52.00 元